高等院校**会计学**
新形态系列教材

U0691983

Python
财务数据分析与应用

◆ 微课版 ◆

甄阜铭◎编著

ACCOUNTING

人民邮电出版社
北　京

图书在版编目（CIP）数据

Python 财务数据分析与应用：微课版 / 甄阜铭编著.
北京 ：人民邮电出版社，2025. --（高等院校会计学新
形态系列教材）. -- ISBN 978-7-115-66937-7

Ⅰ. F275

中国国家版本馆 CIP 数据核字第 20253RH216 号

内 容 提 要

　　本书第 1～3 章重点介绍 Python 编程知识；第 4、5 章介绍 NumPy 和 Pandas，包括数据科学基础知识、数据分析基础知识；第 6～8 章按照数据分析的过程，分别介绍 Pandas 数据清洗与函数应用、Pandas 数据集处理、数据可视化；第 9 章介绍 Python 财务数据分析进阶，包括文本数据处理、时间序列数据分析、基于机器学习的财务应用等内容。

　　本书配套丰富的教学资源，包括 PPT、教案、数据文件、以及习题参考答案和代码等，用书教师可登录人邮教育社区（www.ryjiaoyu.com）免费下载。

　　本书可作为高等院校会计学、财务管理等相关专业的数据分析或大数据财务相关课程的教材，也可作为财务领域工作人员学习数据分析基础知识的参考用书。

◆ 编　　著　甄阜铭
　　责任编辑　陆冠彤
　　责任印制　陈　犇

◆ 人民邮电出版社出版发行　　北京市丰台区成寿寺路 11 号
　　邮编　100164　电子邮件　315@ptpress.com.cn
　　网址　https://www.ptpress.com.cn
　　三河市兴达印务有限公司印刷

◆ 开本：787×1092　1/16
　　印张：13.25　　　　　　　　2025 年 6 月第 1 版
　　字数：346 千字　　　　　　 2025 年 6 月河北第 1 次印刷

定价：59.80 元

读者服务热线：(010)81055256　印装质量热线：(010)81055316
反盗版热线：(010)81055315

前　言

　　财务与会计本质上是从数据到信息的过程，从数据到信息的过程也就是数据分析。在大数据和人工智能渗透到各个领域的大背景下，传统的财务与会计知识和技能本身就属于数据处理范畴。数据处理是数据分析的基础，是为数据分析服务的；而数据分析是数据处理的目的，是更有价值的工作。因此，会计学、财务管理等相关专业的学生掌握基于现代信息技术的数据分析技能至关重要。

　　当把数据处理与数据分析连接成职业链条时，编者发现需要相关的信息技术来支撑。因此，编者尝试以Python+Pandas的方式，满足相关专业人才培养数字化、智能化转型的需求。

　　本书第1～3章主要介绍Python与数据分析工具、Python编程及Python编程进阶，使读者掌握数据分析所需的程序设计能力；第4、5章介绍Python数据科学基础NumPy和数据分析基础Pandas，为读者进行数据分析打好基础；第6～8章从不同技术视角出发，介绍数据处理和数据分析的相关知识，第6章介绍如何用Pandas进行数据清洗与函数应用，第7章介绍如何用Pandas处理数据集，第8章介绍数据可视化，主要介绍Matplotlib；第9章介绍Python财务数据分析进阶，主要介绍文本数据处理、时间序列数据分析和基于机器学习的财务应用等内容。

　　本书构造了完整的财务数据分析知识框架。学习完本书，读者应该可以使用Python和Pandas来完成大部分财务业务场景下的数据处理和分析工作。

　　编者在写作过程中贯彻以下原则。

　　1．理论和实践相结合。本书理论阐述通俗易懂，且尽可能避开计算机专业术语；同时本书突出实践，以便满足财经类专业学生对数据分析的需求。

　　2．案例丰富，立足市场。本书案例丰富，案例始终围绕资本市场上市公司的基本信息和财务数据，体现专业实务与数据分析的有机结合。

　　3．聚集应用，突出方法。本书内容讲解上聚焦于基础知识的应用，并提供了微课导学，同时聚焦于具体方法的讲解、聚焦于数据分析。

　　以下为编者推荐的适用本书的教学方案。

　　方案1：若学生具备Python基础，建议教学方案包括1.1节、第4～9章，根据学生学业情况安排36～54学时。

方案2：若学生不具备Python基础，建议教学方案包括第1~9章，根据学生学业情况安排54~72学时。

本书代码文件使用Code+章号+序号进行标注，并采用"#（序号）"分项说明，如"Code2-19#（2）"表示第2章第19代码段标注为（2）的语句序列。

本书案例和习题中的数据集部分来源于中国研究数据服务平台（CNRDS），编者对数据进行了必要的编辑处理。

本书配套丰富的教学资源，包括PPT、教案、数据文件，以及习题参考答案和代码等，用书教师可登录人邮教育社区（www.ryjiaoyu.com）免费下载。

本书配套习题及参考答案由厦门大学博士生甄嘉华提供。编者在编写过程中参考了国内外优秀的图书和网络资源，在此向这些作品和资源的作者表示感谢。由于编者水平有限，书中难免存在不妥之处，敬请读者批评指正。

编者

2025年春于大连

目　录

Python与数据分析工具

通常，我们需要借助计算机软件进行数据分析，而且越通用、越容易掌握的计算机软件，其可扩展性越好。Python就是这样一款数据分析软件。本章概括介绍Python语言，进而简述数据分析工具Anaconda，重点介绍Python在Anaconda中的使用，以及数据分析工具Jupyter Notebook的操作。

本章学习目标：

（1）了解数据分析与Python的关系，以及Python的编程规范；

（2）了解数据分析工具Anaconda的安装方法，了解其应用环境；

（3）掌握Jupyter Notebook的使用方法，能熟练使用其编辑菜单和快捷键。

1.1　Python概述

本节主要介绍编程语言和Python语言。

1.1.1　编程语言

编程语言是一种编写计算机程序的语言，它允许人们以特定的词汇和语法结构向计算机下达指令，从而让计算机执行特定任务。

不同编程语言的词汇和语法结构不一样，学习一门编程语言本质上就是学习如何使用这些词汇和语法结构。我们将一条条指令称为代码，这些代码共同组成一段计算机程序（以下简称程序），而用编程语言来编写程序的过程称为编程。

编程语言可分为3类：机器语言、汇编语言和高级语言。计算机只能理解一种非常低级的编程语言，也就是机器语言。机器语言由机器指令集构成，机器指令能够直接被机器执行。但是，使用机器语言编写的程序存在不便于阅读、难以记忆等问题。汇编语言本质上也是直接对硬件进行操作，其采用了助记符取代机器指令，较机器语言更便于书写和阅读。高级语言更接近人类语言，便于阅读和编写。

将高级语言转换为计算机可以执行的机器语言有两种方法，分别是编译和解释。

编译型语言使用编译器将自身转换成机器语言。编译型语言要求必须提前将所有源代码一次性转换成二进制指令，也就是生成一个可执行程序（如Windows下的.exe文件）。C语言、汇编语言等就是编译型语言。

解释型语言使用解释器将自身转换为机器语言。解释型语言可以实现一边执行一边转换，需要哪些源代码就转换哪些源代码，不会生成可执行程序。Python、JavaScript、PHP等就是解释型语言。

1.1.2　Python语言

　　Python的第一个版本发布于1991年。随着大数据和人工智能的兴起，其应用日益广泛。Python主要应用于网站开发、数据分析、人工智能、云计算等技术领域。

　　Python推崇"极简主义"，其已成为当今使用最广泛的编程语言之一。在数据科学领域，Python具有广泛的库（Library）支持。这些库各自具有独特的功能，包含数学运算、工程运算、数据挖掘、数据可视化和机器学习等。在执行数据分析任务时，分析师、工程师和科学家等可以利用Python库的强大功能来协助他们完成各自领域的工作。

　　Python语言的主要特点如下。

　　（1）易于学习和使用，即便是非计算机专业的初学者，也很容易上手。

　　（2）跨平台兼容，由于平台可安装不同的解释器，因此用户不用担心任何兼容性问题。

　　（3）拥有庞大的开发社区和丰富的生态系统，标准库和第三方库众多，功能强大，既可以用于开发小型工具，又可以用于开发企业级应用。

　　（4）应用广泛，适用于多个应用领域，如Web应用程序开发、科学计算、数据分析、自动化和游戏开发等。

1.2　数据分析工具Anaconda

　　对于程序开发初学者而言，如何使用编程环境往往是个难以把握的问题。因此，掌握一个友好的Python开发平台的使用方法对于程序开发初学者而言非常重要。本节介绍专门为Python数据分析搭建的简易开发平台——Anaconda。

1.2.1　Anaconda简介

　　Anaconda是一个安装、管理Python相关包（Packsge）的软件。Conda作为Anaconda的管理工具，管理超过180个科学包及其依赖项。Anaconda的主要模块如图1-1所示。Anaconda自带IPython、Jupyter Notebook、Spyder等编辑器。Anaconda具有开源、安装过程简单、可高性能使用Python和R语言、有免费的社区支持等特点。

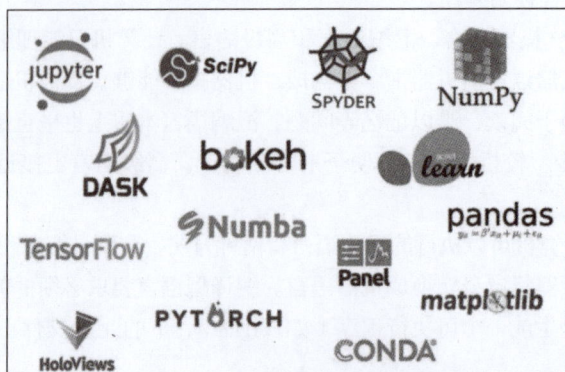

图1-1　Anaconda的主要模块

　　Anaconda 3对应的就是Python 3.x，默认编码方式为UTF-8。下面简要介绍本书涉及的Anaconda 3主要模块。

1. NumPy

NumPy是Numerical Python的缩写，是Python数值计算的基石，用于处理大型多维数组和矩阵。NumPy通常与SciPy（Scientific Python）和Matplotlib（绘图库）一起使用，这种组合被广泛用于替代MATLAB。我们将在第4章详细讲解NumPy。

2. Pandas

Pandas是基于NumPy的一种工具，是专门为数据分析任务创建的。Pandas的名称来自面板数据（Panel Data，经济学中关于多维数据集的术语）和Python数据分析（Data Analysis）。Pandas纳入了大量数据模型，提供了高效地操作大型数据集（Data Set）所需的工具。Pandas的功能主要是数据清洗、转换和分析，其能够简单、直观地处理关系型数据和标记型数据，广泛用于财经领域。我们将在第5～7章详细讲解Pandas的应用。

3. scikit-learn

scikit-learn（sklearn）是基于Python语言的机器学习工具。sklearn实际上是Python的本地机器学习库，它提供以下算法：支持向量机、随机森林、K-means聚类、光谱聚类、均值偏移、交叉验证等。我们可以很方便地使用sklearn进行数据预处理、分类、回归、降维、模型选择等。我们将在第9章详细介绍sklearn。

4. Matplotlib

数据呈现是数据分析的关键流程，其重要方法就是可视化。Matplotlib是Python的绘图库（也可称为数据可视化库），它能让使用者很轻松地将数据图形化。Matplotlib可以绘制静态、动态、交互式的图表，并且提供多样化的输出格式，包括线图、散点图、等高线图、条形图、柱形图、3D图形，甚至是图形动画等。Seaborn是Python中的另一个数据可视化库。使用Seaborn可提高可视化水平，可以用更少的资源创建各种复杂的可视化图形。我们将在第8章详细介绍Matplotlib和Seaborn。

1.2.2 Anaconda安装

1. 下载

（1）访问Anaconda开源网站。

在Anaconda开源网站可以便捷获取Anaconda安装包。Anaconda开源网站下载界面如图1-2所示。下载后即可得到Anaconda安装包。

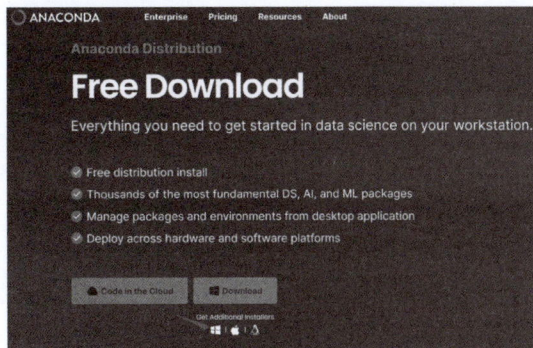

图1-2 Anaconda开源网站下载界面

（2）访问清华大学开源软件镜像站。

清华大学开源软件镜像站由清华大学信息化技术中心支持创办，为国内用户提供开源软件镜像，方便国内用户获取开源软件。我们也可以从镜像站中的"anaconda/archive/"目录中选择要安装的版本下载。注意，针对不同的操作系统、不同操作系统版本、不同位数的计算机，Anaconda有不同的安装包。

2. Anaconda安装步骤

Anaconda的安装非常简单，主要步骤如下。

（1）执行下载的安装包，显示安装版本信息，单击【Next】按钮。

（2）显示软件许可等信息，单击【I Agree】按钮。

（3）选择用户类型：该用户自己或所有用户。这里选择【All Users】（所有用户均可使用），单击【Next】按钮。

（4）选择安装路径，尽量不要安装在系统盘上。输入文件路径后单击【Next】按钮。

（5）配置高级选项，建议勾选多个复选框，单击【Install】按钮，如图1-3所示。接下来，系统会按照用户的设置进行简单配置，最后显示安装成功。

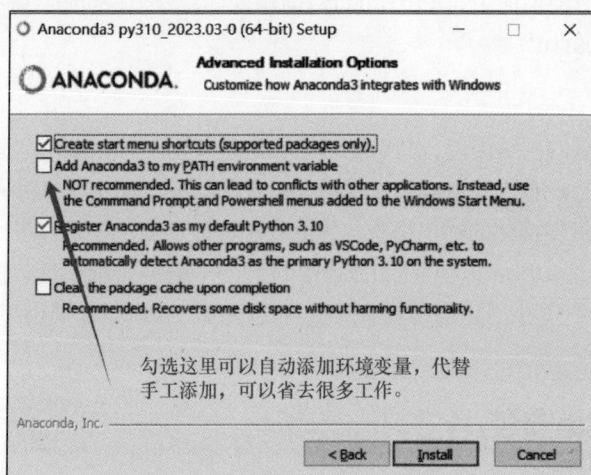

图1-3　Anaconda高级选项配置界面

3. Conda命令

Conda是为Python程序创建的，是一个开源的软件包管理系统和环境管理系统，用于安装多个版本的软件包及其依赖项，并可在它们之间轻松切换。Conda的常见命令主要用于如下场景。

（1）查看当前环境下已经安装的包的信息。

使用Conda list命令可以获取当前环境下已经安装的包的信息。

```
conda list
```

（2）查找包。

使用Conda search命令可以查找可供安装的包。

```
conda search --full-name
```

（3）安装包。

在当前环境下安装包。

```
conda install  package_name
```

若包无法使用conda install命令进行安装，可以使用pip命令进行安装。

```
pip install package_name
```

（4）更新包。

更新当前环境下所有的包。

```
conda update --all
```

有时只想更新某个包或某些包，如只想更新numpy包。

```
conda update numpy
```

1.3 数据分析工具Jupyter Notebook

Anaconda提供了一个整合的数据分析环境，而要编写具体的Python程序，需要使用程序开发工具。Jupyter Notebook是众多编程工具中的一种，且更适用于数据分析。

1.3.1 Jupyter Notebook简介

集成开发环境（Integrated Development Environment，IDE）是用于提供程序开发环境的应用程序，一般包括代码编辑器、编译器、调试器和图形用户界面等。较常用的Python IDE有Sublime、Spyder、Atom、Visual Studio Code、PyCharm、Jupyter Notebook等。

Jupyter Notebook是一个基于Web的应用程序。通过浏览器可以用网页形式直接打开Jupyter Notebook，在其页面中编写和运行Python代码，代码的运行结果直接显示在代码段下方。如果需要在编程过程中加入说明文档，可以在同一个页面中直接编写。Jupyter Notebook支持Markdown语法，支持使用LaTeX编写数学性说明，便于使用者对代码进行及时的说明和解释。Jupyter Notebook可以实现代码、文字的完美结合，受到数据科学领域相关人员的青睐。

使用Jupyter Notebook编辑的文档被保存为扩展名为.ipynb的JSON格式文件，便于版本控制和共享。文档还可以导出为HTML、LaTeX、PDF、PY等格式。

1. Jupyter Notebook安装

安装Anaconda时已经自动安装了Jupyter Notebook。也可以在Anaconda Prompt中执行以下命令安装Jupyter Notebook。

```
conda install jupyter notebook
```

或

```
pip install jupyter
```

2. 运行Jupyter Notebook

运行Jupyter Notebook，在终端将会显示一系列Jupyter Notebook的服务信息，同时浏览器将自动启动Jupyter Notebook。

3. Jupyter Notebook的基本使用方法

Jupyter Notebook的操作分为两种模式：命令模式（Command Mode）和编辑模式（Edit Mode）。

（1）命令模式。

命令模式结合了键盘命令与Jupyter Notebook菜单命令，且大多数菜单命令可以通过键盘上不同键的组合（即快捷键）来完成。在实际操作中，按Esc键进入命令模式。在该模式下，单元格的左侧边界线为蓝色粗线条，其余为灰色线条，如图1-4所示。

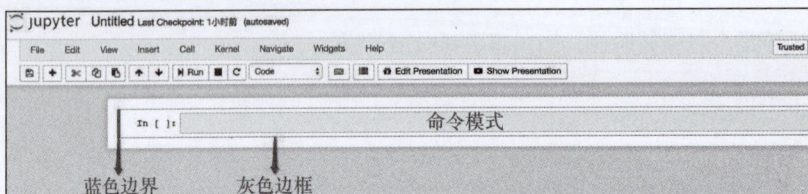

图1-4　Jupyter Notebook命令模式

（2）编辑模式。

在实际操作中，按回车键进入编辑模式。在该模式下，单元格边界均为绿色，如图1-5所示。在编辑模式下，用户可以在单元格内编辑代码或文档。

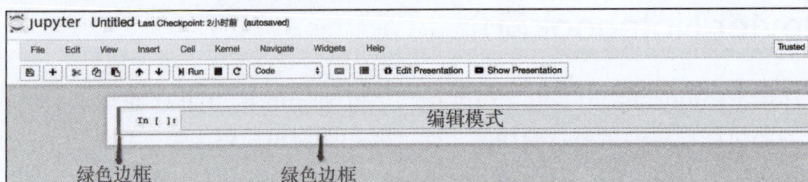

图1-5　Jupyter Notebook编辑模式

有关Jupyter Notebook的具体使用方法，请查阅帮助文档等相关资料，并勤于练习。

1.3.2　IPython与Jupyter Notebook

IPython是一个增强的交互式Python shell。Python shell通常指的是Python的交互式命令行解释器。当在命令行或终端中输入Python并按回车键时，就会进入IPython。在这个环境中，用户可以直接输入Python代码并执行，且能立即看到结果。这对于快速测试代码片段或学习Python语法非常有用。

IPython提供了许多额外的功能，如内联绘图、命令和输出着色、交互式帮助、命令别名、历史搜索等。

IPython本身是一个独立的库，但通常与Jupyter项目一起使用，以提供交互式和基于Web的数据科学环境。在Jupyter Notebook中，每个单元格都可以执行IPython的代码，并且可以使用IPython的所有功能。

下面介绍IPython的一些关键功能，这些功能在接下来的学习和实践中会用到。

· 代码补全：输入部分代码，并按Tab键可以自动完成变量、函数和模块（Module）名补全。

· 对象查验：使用?或??运算符（Operator）可以显示有关对象（Object）或模块的信息。

· "魔法"命令：IPython提供了一系列以%或%%开头的"魔法"命令，用于执行各种任务，如设置绘图后端、执行shell命令、控制循环和计时代码等。

· 丰富的格式输出：IPython可以以更易于阅读的方式显示输出，如表格、HTML和LaTeX等。

IPython的这些功能使其成为数据科学和分析任务中非常有用的工具。

1.3.3　使用Jupyter Notebook编程

1. Python程序执行

Python是一种解释型的脚本编程语言，这样的编程语言一般支持两种程序执行方式：交互式执行和源文件执行。

（1）交互式执行。

在Jupyter Notebook中的Code Cell中直接输入代码，按Shift+回车组合键就可以运行代码，并立即看到输出结果；执行完该段代码，还可以继续输入下一段代码，再次运行并查看结果……整个过程就好像在和计算机对话一样，所以这种编程方式被称为交互式编程。

（2）源文件执行。

任何编程语言的源文件都有特定的扩展名，Python源文件的扩展名为.py。扩展名只用来区分不同的编程语言，不会导致源文件的内部格式发生变化。Python源文件是纯文本文件。

源文件执行是指将所有代码放在源文件中，让解释器逐行读取并执行源文件中的代码，直到文件末尾，也就是批量执行代码。

2. Python交互式编程

利用Jupyter Notebook编写数据分析的代码，可以在交互式编程环境中输入任何复杂的代码（包括数学计算表达式、逻辑运算表达式、循环语句、函数调用等），通过交互得到运行结果。从这个角度来看，Python的交互式编程环境相当于一个功能无比强大的"计算器"，并能随时随地记笔记。

3. Python编程规范

Python的编程规范被称为PEP 8（Python Enhancement Proposal 8，Python增强提案8）。PEP 8中的一些简单规则如下。

（1）缩进规则：使用4个空格进行缩进，不建议使用制表符，制表符在不同的开发编辑器中可能会有不同的解析。

（2）行长规则：每行代码的长度不应该太长。如果一行代码太长，可以使用括号或反斜线（\）来拆分为多行。

（3）命名规则：变量名应该使用小写字母，可以使用下划线进行分隔。这条规则将在第2章进行详细讲述。

（4）注释规则：对于复杂的代码，应该添加注释来解释代码的功能和实现。注释可以标注在一行代码之上，也可以标注在一行代码之下。

PEP 8是Python社区中广泛采用的一套编程规范，感兴趣的读者可以查阅相关资料进行学习。遵循PEP 8编写的代码更易于阅读和维护。

【Python财务数据分析】——普通年金现值计算

1. 实践目的

通过计算普通年金现值的程序设计，熟悉Jupyter Notebook的交互编辑操作，以及Python的编程规则。

2. 财务问题

某投资项目于年初动工，当年投产，从投产之日起每年可得收益40000元，按年利率6%计算，预期10年收益的现值是多少？

现值的计算公式为：

$$P(A,i,n)=A\times\dfrac{1-\dfrac{1}{(1+i)^n}}{i}$$

其中，A=40000，i=6%，n=10。

3. 实践指南

（1）打开Jupyter Notebook。

在Windows的程序组中找到Anaconda3软件列表，单击【Jupyter Notebook】，或是在Anaconda Prompt中执行命令：

```
jupyter notebook
```

浏览器默认启动网页http://localhost:8888。其中，localhost指的是本机，8888则是端口号。同时，系统打开"默认"目录（读者可自己查阅资料修改默认目录，但不建议初学者做此项操作）。

在打开的Jupyter Notebook中可以看到主界面（Netbook Dashboard）。在菜单栏中有【Files】、【Running】、【Clusters】3个菜单。

- Files：列出了所有的文件和文件夹。
- Running：显示当前已经打开的终端和正在执行的Notebook文件。
- Clusters：由IPython parallel包提供的集群操作，用于并行计算。

使用最多的是【Files】菜单，通过该菜单可以完成浏览和新建文件等操作。

（2）创建IPYNB格式的Notebook文件。

选定或创建一个文件夹，之后在主面板的右上方单击工具栏中的【New】并选择【Python3 (ipykernel)】选项，新建一个Notebook文件，默认名称为【Untitled】，文件扩展名为.ipynb。单击【Untitled】将文件名修改为The_First_Module。这样，就创建了一个Notebook文件——The_First_Module.ipynb，可以在文件夹下看到这个文件，在编辑的过程中，Jupyter Notebook会对其进行动态更新。

（3）Cell编辑操作。

在The_First_Module.ipynb编辑界面中单击菜单【Help】→【Keyboard Shortcuts】，可得到快捷键列表。我们快速熟悉一下这些快捷键及其具体含义。1.3节介绍了Jupyter Notebook的Code Cell的两种模式，表1-1、表1-2所示为这两种模式下常用的快捷键。

表1-1　命令模式下常用的快捷键（按Esc键切换）

快捷键	功能	快捷键	功能
回车键	切换到编辑模式	Y	Cell变为Code形式
Shift+回车键	运行Cell，并进入下一Cell	M	Cell变为Markdown形式
Ctrl+回车键	运行所选的Cell	A	在上方插入Cell
Alt+回车键	运行Cell，并插入新的Cell	B	在下方插入Cell

表1-2　编辑模式下常用的快捷键（按回车键切换）

快捷键	功能	快捷键	功能
Tab	代码补全或缩进	Ctrl+M Esc	切换到命令模式
Shift+Tab	查看帮助文档	Shift+回车键	运行命令
Ctrl+]	缩进	Ctrl+Shift+Minus	在光标位置拆分Cell
Ctrl+[	取消缩进	Ctrl+S	保存文件和检查点
Ctrl+/	进行注释		

（4）输入Markdown格式的笔记内容。

在命令模式下按M键，再按回车键进入编辑模式，在Markdown的编辑Cell中输入代码Code1-1，并按Shift+回车组合键运行。

Code1-1

```
<div align='center'>
  <font size="5" face="黑体">普通年金现值计算</font>
</div>
```

按Esc键，进入命令模式，依次按B、M和回车键，进入一个新的Markdown的编辑Cell，输入代码Code1-2，并按Shift+回车组合键运行。

Code1-2

```
编写一个简单的程序，解决一个简单的财务问题：
>某投资项目于年初动工，当年投产，从投产之日起每年可得收益40000元，按年利率6%计算，预期10年收益的现值是多少？
**方案：**
\begin{equation}
P(A,i,n)=A × \frac{1 - \frac{1}{(1+i)^n}}{i}
\end{equation}
*其中：A=40000，i=6%，n=10*
```

分别在对应的Cell中按Shift+回车组合键运行，得到Markdown代码运行的结果，如图1-6所示。

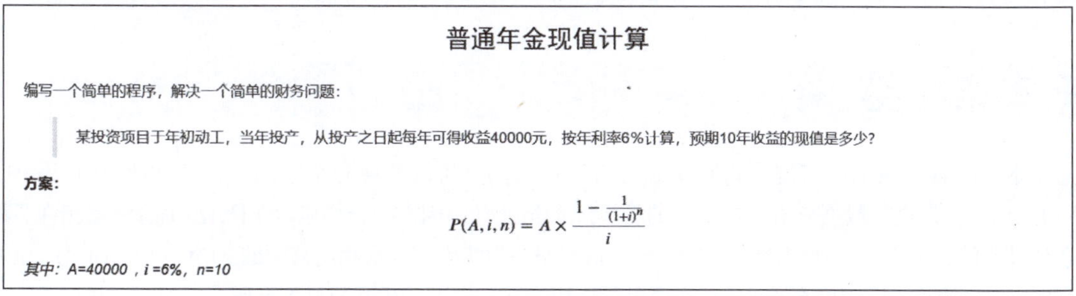
普通年金现值计算

编写一个简单的程序，解决一个简单的财务问题：

> 某投资项目于年初动工，当年投产，从投产之日起每年可得收益40000元，按年利率6%计算，预期10年收益的现值是多少？

方案:

$$P(A,i,n) = A \times \frac{1-\frac{1}{(1+i)^n}}{i}$$

其中：A=40000，i=6%，n=10

图1-6　Markdown代码运行的结果

（5）输入Python代码并运行。

在命令模式下按B键，插入一个新的Cell，按回车键进入Python代码编辑状态。输入代码Code1-3并运行，得到运行结果。

Code1-3

```
class 普通年金():
    """
    普通年金现值、终值计算
```

```
    参数：A为年末支付金额，i为年利率，n为年限
    """
    def 现值(self, A, i, n):
        p = A * (1 - 1/((1 + i) ** n)) / i
        p = round(p, 2)          # 保留小数点后两位小数
        return p
    def 终值(self, A, i, n):
        f = A * ((1 + i) ** n - 1) / i
        f = round(f)
        return f
# 主函数
if __name__ == '__main__':
    年金A = 普通年金()
    金额 = 40000
    年利率 = 0.06
    年限 = 10
    print("预期10年收益的现值：", 年金A.现值(金额, 年利率, 年限))
```

输入代码时请注意缩进、英文标点和符号，并观察字符的颜色。

（6）下载Python模块为TheFirstModule.py。

打开【File】菜单，选择【Download as】→【Python (.py)】，下载当前模块为TheFirstModule.py。

（7）在Anaconda Prompt下运行TheFirstModule.py。

将TheFirstModule.py复制到Anaconda的当前工作目录下，启动Anaconda Prompt并执行命令：

```
Python TheFirstModule.py
```

得到运行结果：

```
预期10年收益的现值：294403.48
```

本章小结

本章内容是全书内容的准备和基础。首先从数据分析的角度介绍了编程语言和Python语言，Python语言是进行数据分析"好用"的工具。Anaconda相当于一个包含了Python解释器和许多科学计算库的集成平台，我们介绍了Anaconda的安装和使用，以及利用其中的Jupyter Notebook编写Python程序，并对财务数据分析实例进行应用实践，为进一步学习打下基础。

习题

一、选择题

1．Python模块的文件扩展名为（　　　）。

    A．.ipynb   B．.py   C．.txt   D．.csv

2．Python 3.x 默认的源文件编码方式是（　　　）。

    A．ASCII   B．gbk   C．UTF-16   D．UTF-8

3. 下列有关Jupyter Notebook的说法，正确的是（　　　）。

    A．Jupyter Notebook的命令模式和编辑模式不能互相切换

    B．在Jupyter Notebook的编程过程中不能编写说明文档

    C．Jupyter Notebook可以在网页中直接编写代码，但是不能运行代码

    D．Jupyter Notebook相当于一个功能无比强大的"计算器"

4. Python是一种（　　）类型的编程语言。

    A．编译型语言　　　B．机器语言　　　C．汇编语言　　　D．解释型语言

5. Python的编程规范被称为（　　　）。

    A．PEP 8　　　　　B．HTML　　　　　C．HTML5　　　D．ECMAScript 6

二、判断题

1. 在Jupyter Notebook的编辑模式中按Esc键可切换到命令模式。（　　）

2. Python每行代码的长度没有限制，不能拆解成多行。（　　）

3. Anaconda是一个用于安装、管理Python相关包的软件。（　　）

4. 在Jupyter Notebook中，可以使用 Markdown 语法编写文档说明。（　　）

5. Python的编程规范PEP 8建议使用制表符进行缩进。（　　）

三、程序题

1. 使用Jupyter Notebook，在Cell Type的Markdown模式下，模仿【Python财务数据分析】中的内容，编辑、输入适当的格式文本，并得到图1-7所示的运行结果。

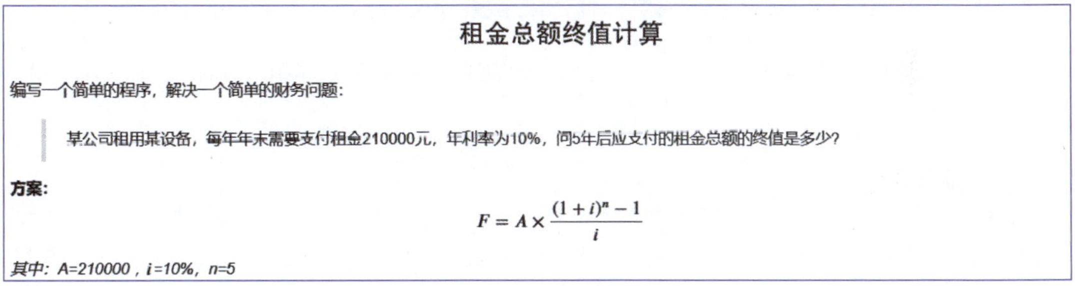

租金总额终值计算

编写一个简单的程序，解决一个简单的财务问题：

> 某公司租用某设备，每年年末需要支付租金210000元，年利率为10%，问5年后应支付的租金总额的终值是多少？

方案：

$$F = A \times \frac{(1+i)^n - 1}{i}$$

其中：A=210000，i=10%，n=5

图1-7　Markdown代码运行结果

2. 使用Jupyter Notebook，在Cell Type的Code模式下，编写（程序题1）"租金总额终值计算"代码并运行，得到的运行结果为"租金总额终值为：1282071"。尝试下载该Python代码为.py文件并运行该文件。

Python编程

数据分析具有多种技术方法，Python编程是一种比较普遍的方法。在学习数据分析之前，我们需要打好程序设计基础。虽然Python是较易学习的解释型编程语言，但其有完整的面向对象的程序设计体系。本章介绍Python的基本编程规则，包括常用关键字、简单数据类型、组合数据类型、程序流程控制，以及可迭代对象、推导式、生成器概念等。

本章学习目标：
（1）理解Python编程的基础概念和原理；
（2）熟练掌握Python基本数据类型的属性和方法；
（3）掌握Python程序流程控制；
（4）能利用Python基础知识编写简单的财务与会计的应用。

2.1　Python标识符和关键字

本节介绍编程语言中的存储实体命名（标识符）规则，包括系统命名和用户命名，还介绍Python的关键字。

2.1.1　标识符

标识符（Identifier）是一个被允许用作名称的有效字符串，是用来标识某个实体的一个符号，可以用作变量、函数、类（Class）、模块等对象的名称。对象是指在Python虚拟环境中被管理的所有实体，也就是在计算机内存中的所有可识别的"东西"。关于对象，后续章节会详细介绍。

1. 标识符命名规则

Python语言的标识符命名不是随意的，要遵守下列规则。
（1）标识符由字母、下划线和数字组成，但第一个字符不能是数字。
（2）标识符不能与Python中的关键字相同。
（3）Python语句中的标识符不能包含空格、@、%等特殊字符。
（4）标识符严格区分大小写字母。
（5）汉字可以用作Python标识符，但是在程序开发中应尽量避免使用汉字。由于本书的焦点是数据分析，因此有时用汉字作为标识符以增加可读性。

2. 特殊标识符

Python语言中以下划线开头的标识符有特殊含义。只有在特殊场景下才能使用以下划线开头的标识符，一般应避免使用这类标识符。

2.1.2　关键字

Python关键字（Keyword）也称为保留字，是Python语言中一些已经被赋予特定意义的标识符。一般要求用户在开发程序时，不能用关键字作为标识符给用户自己定义的变量、函数、类、模块等对象命名。

执行help("keywords")，会得到Python中包含的关键字。表2-1所示为Python关键字及其说明。

表2-1　Python关键字及其说明

关键字	说明
False	常量，逻辑假，其值为整数0
None	常量，表示空值
True	常量，逻辑真，其值为整数1
and	逻辑与运算符，用于表达式的双目运算
as	别名标识符，用于with、import、try、for语句
assert	用于添加断言，使程序为无副作用（Side Effect-Free）模式
break	用于流程控制，与for或while循环一起使用，以终止最内部的循环
class	用于定义类，类是某对象的类型，其对象具有相同的属性和方法
continue	用于流程控制，与for或while循环一起使用，以跳过当前循环（迭代），并继续执行下一次循环
def	用于定义函数，函数是封装了一段特定逻辑的结构，可以在需要时调用
del	用于删除对象的引用，而不是删除对象本身。对象的引用被删除，对象将被当作未引用对象处理，如果没有其他引用指向它，它会被垃圾回收器回收
elif	"else if"的缩写，用于if语句块。当if条件不满足时，程序会判断elif后面的条件
else	用于标识else语句块，else语句块在if-elif-else结构中总是作为最后一个块出现，用于处理所有其他未明确指定的情况，可用于for语句等
except	用于异常（Exception）处理，在try段发生异常时，程序会立即跳到与该异常相匹配的except段中执行，而不是继续执行try段中的后续代码
for	用于创建循环，该循环可遍历任何可迭代对象（如列表、元组、字典、字符串或集合等）的元素。当for与else结合使用，循环正常完成（即没有通过break提前退出）时，else段中的代码会被执行。for也用于推导式
finally	标识在try块执行完毕的清理操作，无论try块的代码是否引发了异常
from	通常与import语句一起使用，用于从模块中导入特定的对象。如果模块是一个包的一部分，使用点（.）表示包的层次结构
global	用于在函数内部声明变量是全局变量
if	用于标识条件语句，允许程序根据某个条件是否满足来决定是否执行代码段
import	用于导入一个模块或库
in	用于检查元素是否存在于集合中，如果存在，则返回True，否则返回False
is	用于比较两个对象的身份是否相同，是否是同一个对象在内存中的实例
lambda	用于创建匿名函数（Anonymous Function）
nonlocal	用于在嵌套函数（Nested Function）中声明变量，以指示该变量应该引用的是外部函数中最近的一个同名变量，而不是全局变量或局部变量
not	逻辑非运算符，用于对布尔值进行取反，或进行逻辑非运算，可将非0或非空值转换为False，将0或空值转换为True
or	逻辑或运算符，用于组合两个或两个以上的条件表达式
pass	空操作语句，该语句不执行任何操作，在语句中只起到占位作用
raise	使用raise语句可以显式地抛出异常，使程序的控制流跳转

关键字	说明
return	用于从函数中返回一个值。当return语句被执行时，它会立即结束函数的执行，并返回return后面的值
try	用于指定一个代码的异常处理，引发异常，程序不会立即崩溃，而是跳转到相应的异常处理代码（即except块）去继续执行。try、except、finally和else可以协同工作
while	控制该语句，根据条件表达式反复执行一段代码
with	用于简化资源管理，如简化文件、线程、网络连接等需要关闭或清理的资源
yield	用于定义生成器（Generator）函数，允许逐个生成值，使用yield可以在函数执行过程中保存其状态，并在下次调用时从该状态继续执行

这些关键字中包含大写字母的只有True、False、None，其他均为小写字母。由于Python区分大小写，所以in和IN是不一样的，IN不是关键字。在实际开发中，如果使用Python中的关键字作为标识符，解释器会报"SyntaxError: invalid syntax"错误。

2.2 Python对象与变量

Python是面向对象的编程语言，其一切实体都是对象，变量是对象的引用。本节介绍Python对象与变量的相关知识。

2.2.1 对象

在Python中，一切实体都是对象。这种表述比较抽象，你可以这样来理解，现实中的所有"东西"映射到计算机系统中后都是对象。对象的本质是分配的一块内存，并具有足够的空间去表示其所代表的值。或者说，一块内存拥有特定的"东西"，这个"东西"支持特定类型的相关操作。

在Python中，一个对象具有3个要素：标识（Identity，id）、类型（Type）、值（Value），如图2-1所示。

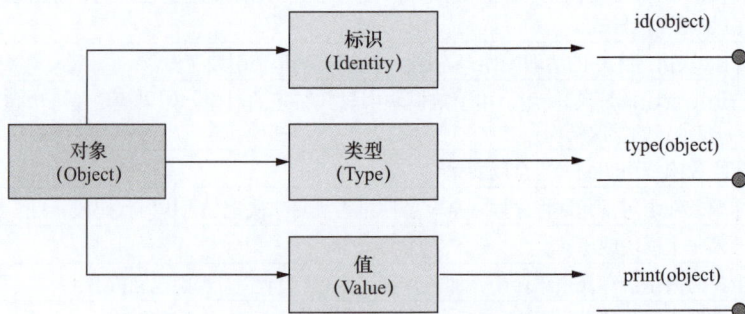

图2-1　对象的标识、类型和值

1. 标识

标识是对象唯一的身份标志，用于唯一标识对象，表示对象在计算机中的内存地址。使用内置函数id（object）可返回对象的标识。我们在Python中使用的对象都存储于计算机的内存中，每个对象都会被分配一个内存地址（可将其理解为门牌号）。对于代码Code2-1中的字符串对象"财务数据分析"，其内存地址为2778974176064。

2. 类型

Type的中文意思是类型。type()函数是较为复杂和抽象的元类，是类的类，我们在这里不做深入介绍。type()函数可用于查询圆括号（Parenthsis）中对象的类型，以确定该对象的取值范围及合法操作。通过type("财务数据分析")，得到"财务数据分析"这一对象的类型为str，即字符串类型，参见代码Code2-1。

3. 值

对象的值是其包含的数据，是对象的具体内容。使用内置函数print(object)可以直接输出值，参见代码Code2-1。

```
                                                                        Code2-1
[in]   type("财务数据分析")
[out] str
[in]   id("财务数据分析")
[out] 2778974176064
[in]   print("财务数据分析")
[out] 财务数据分析
[in]   print(lambda x:x+1)
[out] <function <lambda> at 0x0000028707C3E040>
```

对于代码Code2-1中的"lambda x:x+1"，我们不知道是什么，输出告诉我们，它是一个lambda函数存储在0x0000028707C3E040这个地址。

2.2.2　典型的Python对象

在Python中，对象是编程的基本单位。所有的"东西"在Python中都是对象，比如数字、字符串、列表、字典等。这些对象都有一些典型的特性和行为，都可以被赋值给变量，都可以作为函数的参数等。表2-2展示了Python的部分典型对象示例。

表2-2　Python的部分典型对象示例

对象	示例	说明
数字	123、888、1.3e5、4+3j	Python本身没有内置的数据大小限制
字符串	" "、'ABC'、'''boy'''	不同的引号（Quotes）作为定界符（Delimiter）的字符串
列表	[ ]、['b', 'due']、['a', 1, ['b']]	逗号（Comma）作为分隔符，[ ]作为定界符
字典	{1:'a', 2:'b', 3:'c'}	用冒号（Colon）连接的键值对，逗号作为分隔符，{}作为定界符
元组	(2,)、(1,2,3)	逗号作为分隔符，( )作为定界符
文件	f = open('data.dat', 'rb')	Open()内置函数使用指定模式打开的文件对象
集合	{'a', 1, (2,3,4)}	逗号作为分隔符，( )作为定界符
布尔型	True、False	只有两个值：True和False
空类型	None	特殊的单例类型，表示空或者不存在的值
编程单元	函数（def）、类（class）	用户自定义的可调用对象

2.2.3　变量

在Python中，变量是存储值的标识符。你可以将变量看作一个可以存储值的容器，并且这个值可以是任何数据类型，比如整型（int）、浮点型（float）、字符串（str）、列表（list）、元组（tuple）、字典（dict）等。

1. 变量的命名

变量用标识符表示，其命名规则参考标识符命名规则。变量是对象的引用，其通过存储对象的地址引用"对象"。我们对变量的操作实际上是对引用对象的操作。随着学习的深入，我们会逐步体会到变量的深层含义。

2. 变量的赋值

变量必须经过赋值来引用对象，存储对象的标识。对于Python管理的内存，可以将其理解为两个区，一个区存储变量，另一个区存储对象。赋值就是用一个变量来标识某个对象，其语法格式为：

```
变量=表达式
```

参见代码Code2-2。

```
                                                                    Code2-2
a = '财务数据分析'
b = a
a = 1000
```

Code2-2执行的过程解析如表2-3所示。表2-3中的"Global frame"表示全局变量，我们将在第3章详细讨论变量作用域。

表2-3　变量赋值的Python过程解析

语句	说明	执行结果
a = "财务数据分析"	字符串'财务数据分析'的标识传递给变量a，则变量a成为该字符串的引用	Global frame　a → str "财务数据分析"
b = a	赋值，使变量b也成了与a相同的字符串的引用	Global frame　a、b → str "财务数据分析"
a = 1000	变量a进行了2次赋值，引用了新的对象，与原来的引用对象不再有关联	Global frame　a、b → str "财务数据分析"；a → int 1000

变量可以重复赋值，且Python是动态类型语言，其解释器会根据变量的赋值自动确定其数据类型。当一个对象赋值给两个变量时，使用运算符is或==可以得到两个变量的关系。

判断两个变量是否指向同一个对象，可以使用is。is用于比较两个引用是否代表了内存中的同一个地址，可以通过id(object)返回值观察这一点，参见代码Code2-3。

```
                                                                    Code2-3
[in]  a = 100
      b = a
      a is b
[out] True
[in]  print(id(a),id(b))
      140715428295568 140715428295568
```

通过输出，我们知道a和b两个变量指向的是同一个对象。当id(object)的返回值相同时，is的运算结果为True，两个变量的类型和值肯定相同。==用于比较两个对象本身（类型和值）是否一致（默认会调用对象的__eq__()方法），参见代码Code2-4（1）。

a和b被赋值为一个列表（列表的概念我们在后面介绍），类型和值完全相同。我们考察它们是不是指向同一个对象（指向同一个地址），参见代码Code2-4（2）。

由is的运算结果可知它们不是指向同一个对象，我们看看它们的id(object)的返回值，参见代码Code2-4（3）。

```
                                                                           Code2-4
[in]  a = ['资产', '负债', '所有者权益']
      b = ['资产', '负债', '所有者权益']
      a == b
[out] True                          # (1)
[in]  a is b
[out] False                         # (2)
[in]  print(id(a), id(b))           # (3)
[out] 2778973954688  2778973957248
```

因此，当类型与值相同时，虽然==的运算结果为True，但两者的id(object)的返回值不一定相同。理解这一点对于我们后面的学习很重要。

2.3　Python表达式与解析

程序是由语句构成的，而语句是由关键字和表达式（Expression）组成的。表达式经过解析会得到一个值，或者一个对象。本节介绍与Python表达式解析相关的知识。

2.3.1　表达式

Python语句由解释器负责执行，语句中的表达式被解析"计算"，从而得到一个值。表达式是将运算符和操作数进行有意义排列所得的组合，其语法规则如下。

（1）操作数可以是值、变量或其他标识符等。

（2）变量是对象的引用，在表达式中代表对象的值属性（Attribute）。

（3）前后均有操作数的运算符是双目运算符，如加法运算符、减法运算符、取模运算符等。

（4）后边有操作数而前边没有操作数的运算符为单目运算符，如负号运算符、取反运算符等。

（5）运算符和操作数的组合必须符合语法规则，并且有意义，否则会返回错误。

单独的表达式是一段可以被求值的代码，以下都是具体的Python表达式。

```
a, 5 + 3, -1, b == c, c in a, a+b+c
```

这些表达式的有意义的组合也是表达式。在Python中，表达式的计算结果可以被赋值给变量、作为函数的参数传递，或者在条件语句或循环中使用。

2.3.2　运算符

运算符用于执行程序运算，会针对一个及以上操作数项目来进行运算。

1. 算术运算符

算术运算符+、-、*、/、%、**和//分别用于进行加法、减法、乘法、除法、取余、求幂次和商整运算，部分算术运算符的使用参见代码Code2-5。

Code2-5

```
[in] a, b = 3, 4
    a % b
[out] 3
```

2. 比较运算符

比较运算符==、!=、>、<、>=和<=分别用于进行等值比较、不等值比较、大于比较、小于比较、大于或等于比较和小于或等于比较运算，部分比较运算符的使用参见代码Code2-6。

Code2-6

```
[in] a, b = 3, 4
    a == b
[out] False
```

字符串之间的比较按照字符的ACSII或Unicode值从左到右逐个比较，直至得出结果。当一个字符串是另一个字符串的前缀时，较短的字符串会被认为更小。

3. 位运算符

Python的位运算按照数据在内存中的二进制位（Bit）进行操作，它一般用于底层开发，这里不进行详细讨论。位运算符&、|、^和~分别用于进行与、或、异或和取反运算。Python的位运算符常用于集合（set）运算和Pandas的关系运算。

4. 逻辑运算符

逻辑运算符and等价于数学中的"且"，a and b表示只有a和b两个表达式都为真时，结果才为真。逻辑运算符or等价于数学中的"或"，a or b表示只有a和b两个表达式都为假时，结果才为假。not逻辑非运算相当于取反，部分逻辑运算符的使用参见代码Code2-7。

Code2-7

```
[in] a, b = 3, 4
    (a == b) or (a != b)
[out] True
```

5. 成员运算符

成员运算符in与not in是Python独有的运算符，用于判断对象是否是某个集合的元素。其返回值为True或者False，部分成员运算符的使用参见代码Code2-8。

Code2-8

```
[in] c = a, b = 3, 4
    a in c
[out] True
```

6. 身份运算符

身份运算符包括is和is not，用于判断两个对象的内存地址是否一致，部分身份运算符的使用参见代码Code2-9。

```
                                                                            Code2-9
[in] a, b = 3, 4
    a is b
[out] False
```

7. 赋值运算符

赋值运算符包括=（赋值）、+=（加法赋值）、−=（减法赋值）、*=（乘法赋值）、/=（除法赋值）、//=（整数除法赋值）、%=（取模赋值）和**=（幂赋值）。

8. 其他运算符

Python还有逗号（,）运算符（用于元组）、点（.）运算符[用于访问对象的属性或方法（Method）]、函数注解中的类型提示（−>）等。

2.3.3 定界符

在Python中，定界符通常指的是用于分隔数据元素或语句组件的字符或字符序列。在不同的上下文中，定界符可能有不同的用途和表示方式。

常见的Python定界符包括：逗号用作分隔符；冒号用于表示接下来的代码段；引号用于定义字符串字面量；圆括号用于定义表达式组、函数调用和元组；方括号（Square Brackets）用于定义列表、字典、集合等数据结构中的元素以及访问列表；花括号（Curly Brackets）常用于定义字典和集合；反斜线用作续行符，将一行代码分成多行；等等。

2.3.4 表达式解析

在Python中，表达式解析是指对Python表达式进行语法和语义分析，将其转换为Python虚拟机能够执行的内部表示形式。这通常是由Python解释器在运行时自动完成的。

1. 用表达式赋值

一般，表达式可以写在赋值符号（=）右边，表示一个对象（右边）被某一个变量（左边）引用。

2. 三目表达式

Python中的三目运算符的语法格式为：

```
exp1 if condition else exp2
```

exp1和exp2是两个表达式，condition是判断条件。如果condition成立，就解析exp1，并把exp1的结果作为整个表达式的结果；如果condition不成立，则解析exp2作为整个表达式的结果，参见代码Code2-10。

```
                                                                           Code2-10
[in] a, b, c, d = 2,3,4,5
    a if a>b else c if c>d else d    # 应该理解成: a if a>b else ( c if c>d else d )
[out] 5
```

3. 表达式运算符优先级

所谓优先级，是指优先计算或处理的顺序。表达式中的运算遵循优先级高的运算符优先计算或处理，同级别的按从左往右的顺序（赋值是按从右往左的顺序）计算或处理的原则。

　　函数调用、寻址、索引（这部分内容后续会讨论）的优先级最高，其他运算与我们所学的数学运算大致相同。可以用圆括号来设置新的计算或处理顺序，参见代码Code2-11。

```
                                                                    Code2-11
[in]  3 + 2 ** 2 - 3 % 2 * (1+2)
[out] 4
```

4. 表达式解析函数eval()

　　eval()属于Python的内置函数，可以执行一个字符串形式的Python代码，相当于一个Python解释器。eval()执行完会返回解析的结果。exec()是与eval()类似的函数，但执行完不返回结果，参见代码Code2-12。

```
                                                                    Code2-12
[in]  a = '3 + 2 ** 2 - 3 % 2 * (1+2) '
      eval(a)
[out] 4
```

2.4　Python工作原理简述

　　本节简单介绍Python的工作原理，目的是帮助读者更有效率地编写Python程序。

2.4.1　Python解释器

　　Python解释器负责将Python代码转换为计算机可以执行的指令，是程序运行的环境。Python解释器有很多种，常用的有CPython、IPython等。其中，CPython是使用最广泛的Python解释器之一，它是用C语言开发的，具有速度快、功能丰富、兼容性好的特点。我们在第1章介绍过IPython，其是基于CPython的一个交互式解释器。

2.4.2　Python工作原理

　　Python工作过程可以分为解析、编译和执行3个步骤。

1. 解析

　　Python代码首先会被解释器读取并分析，解释器会把代码映射成抽象语法结构，并对其进行语义分析，这个步骤在编译和执行代码之前进行。Python解析的主要步骤如下。

　　• 词法分析（Lexical Analysis）：将源代码字符串转换为一系列的独立令牌（tokens）。tokens是源代码的最小语法单元，如关键字、标识符、数字、运算符等。Python的内置模块token和tokenize提供了tokens的定义和用于词法分析的工具。

　　• 语法分析（Syntax Analysis）：语法分析器将tokens转换为基于规则的抽象语法结构，即抽象语法树（Abstract Syntax Tree，AST）。AST反映了代码的语法结构。

　　• 语义分析（Semantic Analysis）：在语义分析中，解释器会检查AST是否具有意义，即是否满足语言的语义规则。例如，它会检查变量是否已定义、类型是否匹配等。

2. 编译

　　AST经过语义分析后，编译器将其编译成字节码文件（PYC文件）或直接编译成机器码文件。由于字节码和机器码文件可以重复使用，所以在下一次执行同样的代码时，不需要再次解析和编译，可以直接加载执行。

3. 执行

一旦代码被编译成字节码或机器码文件，Python虚拟机可以将其加载到内存中并执行。

2.5 Python数据类型

在Python中有多种内置的数据类型，每种数据类型都有其特定的用途和特点。整型、浮点型、布尔型（bool）等为简单数据类型。由若干简单数据类型对象组成的组合数据类型包括字符串、列表、元组、字典和集合等。

2.5.1 数据类型——简单数据类型

在Python中，能够直接处理的数据类型有以下几种。

1. 整型

整型用于表示没有小数部分的数字，即整数。Python中的整数包括正整数、0和负整数。对于很大的数，如10000000000，Python允许在数字中间以_进行分隔，因此，写成10_000_000_000和10000000000是完全一样的，参见代码Code2-13。

```
                                                                    Code2-13
[in] n = 10_000_000_000
     print(n)                        # 输出n
     print( type(n) )                # 输出n的类型
[out] 10000000000
     <class 'int'>
```

2. 浮点型

浮点型数据的写法可以参考数学上的写法，如3.14、-1.0051等。整数和浮点数在计算机内部的存储方式不同，并且整数运算永远是精确的，而浮点数运算则可能会有四舍五入的误差，参见代码Code2-14。

```
                                                                    Code2-14
[in] Pi = 3.14
     f = 12e4
     print("f_value: ", f)
     print("f_type: ", type(f))
     foo = Pi * 2**2
     print("foo_value: ", foo)
     print("foo_type: ", type(foo))
[out] f_value:  120000.0
     f_type:  <class 'float'>
     foo_value:  12.56
     foo_type:  <class 'float'>
```

3. 布尔型

在Python中，布尔型数据只有True和False两个值，要么是True，要么是False。布尔值可以用于and、or和not运算。

布尔型是整型的子类（继承整型），所以True==1和False==0会返回True，参见代码Code2-15。

Code2-15

```
[in]  print(2 > 1 and 3 > 2)
[out] True
[in]  print((2 > 1) + (3 > 2))
[out] 2
```

4. NoneType

空值（类型为NoneType）是Python中一个特殊的值，用None表示。None不能被理解为0，因为0是有意义的，而None是一个特殊的空值，是Python的内置常量。None常用来表示一个变量没有值，或者一个函数没有返回值。

在Python中，None与False是不同的。虽然None在布尔上下文中通常被当作False来处理（例如在if语句中），但它们不是同一种类型。你可以使用is或is not来检查一个变量是否真的是None。

2.5.2 字符串

Python中的字符串用于表示文本或字符序列。字符串在Python中是不可变的，这意味着字符串一旦创建，就不能更改其内容。但是，你可以通过一些操作（如连接、切片、替换等）来创建新的字符串。

1. 字符编码

计算机是以二进制的形式来存储数据的，它只认识0和1两个数字。我们在屏幕上看到的文字都会被计算机转换成二进制（0和1）序列来存储，在显示时也要根据二进制数找到对应的字符。因此，文字字符必然对应着固定的二进制编码，否则在转换时将发生混乱。将字符与二进制数对应起来的规范称为字符集（Character Set），也称字符编码（Character Encoding）。我们可以将字符集理解成一个很大的表格，其中列出了所有字符和二进制数的对应关系。计算机显示文字或者存储文字就是一个查表的过程。

（1）ASCII编码。

ASCII是"American Standard Code for Information Interchange"（美国信息交换标准码）的缩写，其收录了128个字符，包含基本的拉丁字母（英文字母）、阿拉伯数字（也就是1、2、3、4、5、6、7、8、9、0）、标点符号（如,、。、!等）、特殊符号（如@、#、$、%、^、&等）以及一些具有控制功能的字符（往往是非显示字符）用一个字节（Byte）中较低的7位表示（2^7=128）。

（2）Unicode编码。

Unicode是计算机的一项标准，是为解决传统的字符编码方案的局限性而制定的。它为每种语言中的每个字符设定了统一并且唯一的二进制编码。Unicode规定了字符的二进制编码，但是没有规定字符如何存储，因此出现了Unicode的多种存储方式。

随着互联网的普及，业界强烈要求出现一种统一存储的编码方式。UTF-8就是在互联网上使用最广的Unicode编码方式之一，同时也存在UTF-16以及UTF-32等编码方式。

（3）UTF-8编码。

UTF-8是Unicode编码方式之一。UTF-8是一种可变长的编码方式，其字符长度范围为1～4字节。越是常用的字符，其使用的字节越少，最前面的128个字符只使用1字节表示，与ASCII完全相同。

UTF-8的编码规则很简单，只有以下两个规则。

· 对于单字节的字符，字节的第一位设为0，后面7位为这个字符的Unicode编码。因此对于英语字母，UTF-8和ASCII是相同的。

· 对于需要n（$n>1$）字节的字符，第一个字节的前n位都设为1，第$n+1$位设为0，后面字节的前两位均设为10。剩下的没有提及的二进制位全部为这个字符的Unicode编码。

ASCII编码为1字节，而Unicode编码通常为2字节。Unicode编码可转化为"可变长编码"的UTF-8编码。UTF-8编码把常用的英文字母编码成1字节，把汉字通常编码成3字节。如果传输的文本包含大量英文字母，用UTF-8编码能节省空间。如表2-4所示，可以简单地看出这3种编码的区别。

表2-4　3种字符编码举例

字符	ASCII编码	Unicode编码	UTF-8编码
A	01000001	00000000 01000001	01000001
中	—	01001110 00101101	11100100 10111000 10101101

Unicode为所有字符提供一个唯一的编号，UTF-8、UTF-16等将字符的Unicode编号编码成相应的二进制代码进行存储或运算。所以对于相同的Unicode编号，若用不同的编码方式进行编码，最后会产生不同的二进制代码，这就是有时候文件出现乱码的原因。

2. 字符串表示

Python中的字符串是使用引号标识的任意文本，引号可以是单引号（' '）、双引号（" "）和三引号（'''或""" """）。

（1）可使用不同的引号标识字符串，例如，使用双引号标识字符串时，字符串内部可以使用单引号。反之亦然，参见代码Code2-16（1）。

（2）对引号进行转义。使用反斜线（\）将字符串中的特殊字符进行转义，参见代码Code2-16（2）。

```
Code2-16

str1 = "It's a code block."              # （1）字符串中含有单引号
str2 = 'Python is a "easy" language'      # 字符串中含有双引号
str3 = 'Python\'s a "friendly" language'  # （2）使用反斜线转义字符串中的单引号
str4 = """'Python'i a "slow" language"""  # 使用三引号标识字符串
```

3. 字符串拼接

字符串拼接是在同一行进行赋值拼接，参见代码Code2-17（1）。Python中真正用于拼接字符串的运算符是加号（+），参见代码Code2-17（2）。还可以使用字符串的join()函数拼接字符串，参见代码Code2-17（3）。

```
Code2-17

str5 = 'Hello,' "World"        # （1）同一行中两个紧挨着的字符串自动拼接
s1 = 'Hello'
s2 = ' World '
print(s1 + ', ' + s2)         # （2）使用加号拼接，输出为: Hello, World
print(",".join((s1, s2)))     # （3）使用join()拼接，输出为: Hello, World
```

4. str()和repr()函数

Python不允许直接拼接字符串和数值。直接拼接字符串和数值会产生TypeError错误，参见代码Code2-18。

```
                                                                                 Code2-18
2+"1"              # TypeError: unsupported operand type(s) for +: 'int' and 'str'
```

但是可先将数值转换成字符串后再拼接。可使用str()或repr()函数将数值转换成字符串，参见代码Code2-19（1）。

str()是Python的内置类型，repr()只是一个内置函数，其功能是以Python表达式形式来表示数值，参见代码Code2-19（2）。

```
                                                                                 Code2-19
s= "该企业资产："
value= 25_000.00
print(s + str(value))            #（1）输出为"该企业资产：25000.0"
print(s + repr(value))           #（1）输出为"该企业资产：25000.0"
a="1+2"
eval(str(a))                     # 输出 3
eval(a)                          # 输出 3
eval(repr(a))                    #（2）输出"1+2"
```

用repr()对数值进行转换时，输出的结果中字符串在引号内，是字符串的Python表达式形式。

5. 转义字符

转义字符的作用是在给定的字母表条件下，使得被转义字符具有不同于该字符在字母表中的语义的新的语义。在字符串中使用反斜线（\）进行转义。如果字符串本身含有反斜线，则需要使用双反斜线（\\）进行转义。常见的转义字符及含义如表2-5所示。

表2-5　常见的转义字符及含义

转义字符	含义	转义字符	含义
\b	退格符	\t	制表符
\n	换行符	\"	双引号
\r	回车符	\'	单引号

参见代码Code2-20。

```
                                                                                 Code2-20
[in] print('Hello,\nworld!')          # 在字符串中加入换行符 \n
     print('名称\t\t价格\t\t数量')      # 在字符串加入制表符\t
[out]Hello,
     world!
     名称         价格          数量
```

在Python中，\x是一个转义字符前缀，用于表示一个以十六进制值表示的ASCII字符。例如，\x41表示ASCII表中十六进制值为41的字符，即大写字母"A"。因此，可以使用\x来表示任何在ASCII表中存在的字符，参见代码Code2-21。

```
                                                                              Code2-21
[in]  print("Hello, \x41\x6c\x69\x63\x65!")          # 输出"Hello, Alice!"
      print("Line break: \x0a This is a new line. ")   # \x0a与\n表示换行符
[out] Hello, Alice!
      Line break:
      This is a new line.
```

在Python中，\u是一个转义字符前缀，用于表示一个以4个十六进制值表示的Unicode字符。这是Unicode转义序列的一种形式，它允许你在字符串中直接插入任何Unicode字符，而不仅仅是ASCII字符，参见代码Code2-22。

```
                                                                              Code2-22
[in]  print("Hello, \u0041\u006C\u0069\u0063\u0065!")      # 输出"Hello, Alice!"
      print("版权信息: \u00A9")                             # 输出"版权信息: ©"
      print("\u263A 这是一个笑脸符号")                       # 输出"☺ 这是一个笑脸符号"
[out] Hello, Alice!
      版权信息: ©
      ☺ 这是一个笑脸符号
```

6. 原始字符串

字符串定界符前面加字符r或R表示原始字符串，其中的特殊字符一般不进行转义。原始字符串一般用于正则表达式、路径名和URL（Uniform Resource Locator，统一资源定位符）等。

原始字符串不会把反斜线当成特殊字符。需要注意的是，特殊情况原始字符串中的反斜线会对引号进行转义，在字符串的结尾处不能有反斜线，否则字符串不能正确结束，参见代码Code2-23。

```
                                                                              Code2-23
[in]  print(r'c:\Python\Python39\Scripts\math.py')
[out] c:\Python\Python39\Scripts\math.py
[in]  print(r'Hello \nWorld!\')          # SyntaxError: incomplete input
      print(r'Hello \n\'World!\'')        # 输出为: Hello \n\'World!\'
      print(r'Hello \nWorld!\\')          # 输出为: Hello \nWorld!\\
```

7. 字节串

字节串（bytes）由多个字节组成，以字节为单位进行操作。字节以二进制格式序列来记录数据。采用合适的字符集，字符串可以转换成字节串；反之，字节串也可以恢复成对应的字符串。我们称字节串为bytes对象，可用于存储各种二进制格式的文件，如图片、音乐等文件。

字符串转换成字节串的3种方式如下。

（1）字符串全为ASCII字符时，可直接在字符串前加字母b来构建字节串。

（2）调用bytes()函数将字符串按指定字符集转换成字节串，如果不指定字符集，则默认使用UTF-8字符集。

（3）调用字符串本身的encode()方法将字符串按指定字符集转换成字节串，如果不指定字符集，则默认使用UTF-8字符集，参见代码Code2-24（1）。

字节串中的每个数据单元是一个字节，其中每4位可以用一个十六进制数（0～f）来表示，因此每个字节可以用2个十六进制数来表示。

输出时可使用decode()方法按指定字符集解码，此时输出字符串的内容，参见代码Code2-24（2）。

```
                                                                            Code2-24
[in]  b1 = b'Python'
      b2 = bytes('财务数据分析', 'utf-8')
      b3 = '财务数据分析'.encode()                                    # （1）
      print(b1)
      print(b2)
      print(b2)
[out] b'Python'
      b'\xe6\x95\xb0\xe6\x8d\xae\xe5\x88\x86\xe6\x9e\x90'
      b'\xe6\x95\xb0\xe6\x8d\xae\xe5\x88\x86\xe6\x9e\x90'
[in]  print(b2.decode('utf-8'))                                      # （2）
[out] 财务数据分析
```

UTF-8、UTF-16等都属于Unicode字符集。GB 2312、GBK、GB 18030是我国的字符集和编码格式，而且是向下兼容的。但是GB 18030与UTF-8并不兼容。图2-2展示了GB 2312等和UTF-8的关系。

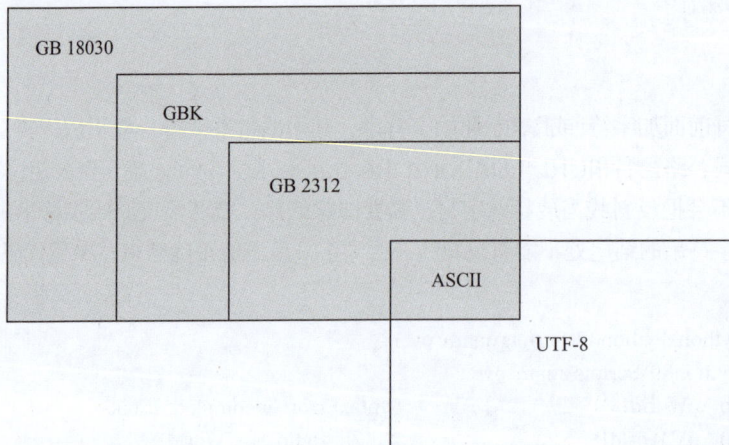

图2-2　GB 2312等和UTF-8的关系

GB 18030既是字符集又是编码格式，也就是说，字符在字符集中的编号以及存储用的编号是完全相同的，而Unicode仅仅是字符集，它只规定了字符的唯一编号，它的存储使用其他的编码方式，比如UTF-8、UTF-16等，参见代码Code2-25。

```
                                                                            Code2-25
b1 = bytes('数据分析', encoding='utf-8')    # 定义一个字节串，编码方式为UTF-8
print(b1.decode('gbk'))                     # 输出乱码，不能用GBK解码UTF-8字符串
print(b1.decode('GB 2312'))                 # 报错或不能用GB 2312解码UTF-8字符串
print(b1.decode())                          # 输出：数据分析
print(b1.decode('utf-8'))                   # 输出：数据分析
```

由于Python源代码也是一个文本文件，所以，源代码包含中文时，在保存源代码时，就需要指定保存为UTF-8编码。当Python解释器读取源代码时，为了让它按UTF-8编码读取，通常在文件开头写上下面两行注释。

```
#!/usr/bin/env Python3
# -*- coding: utf-8 -*-
```

第一行注释告诉Linux/OS X系统，这是一个Python可执行程序，Windows系统会忽略这个注释；第二行注释告诉Python解释器，按照UTF-8编码读取源代码，否则源代码中的中文输出可能会有乱码。

8. 字符串格式化

字符串的格式化输出有多种方式，这里简略介绍3种。

（1）占位符。

字符串格式化（字符串模板）使用"%"作为转换说明符（Conversion Specifier），"%"的作用是标识一个占位符，占位符会被后面的变量或表达式的值替换，参见代码Code2-26（1）。

下述代码中的第一部分是格式化字符串，格式化字符串中的"%s"表示占位符，表示这个位置会被第三部分的变量或表达式的值代替；第二部分是固定使用的分隔符"%"；第三部分是用于替换第一部分的占位符的内容。

字符串里面的%需要转义，用%%来表示一个%，参见代码Code2-26（2）。

```
                                                                        Code2-26
[in] '该企业%s，借方余额为￥%d. ' % ('应收账款', 1_000_000)              # (1)
[out] '该企业应收账款，借方余额为￥1000000. '
[in] '增长率: %d %%' % 8                                                  # (2)
[out] '增长率: 8 %'
```

（2）format()方法。

format()方法接收任意数量的参数，并按照指定的格式化字符串来格式化这些参数。格式化字符串可以包含文本和格式说明符。格式说明符用{ }进行标识，并可以在其中指定各种选项，如填充、对齐、宽度、精度等。format()方法参见代码Code2-27。

```
                                                                        Code2-27
[in] '科目，{0}，期末余额 {1:.2f}，比期初增长{2:.2f}%'.format('存货', 3555.666, 40)
[out] '科目，存货，期末余额 3555.67，比期初增长40.00%'
```

（3）f-string。

使用以字母f开头的字符串进行字符串格式化输出称为f-string。f-string如果包含{xxx}（xxx为变量名或表达式），字符串就会被对应的值替换，参见代码Code2-28。

```
                                                                        Code2-28
[in] income = 5_000_000; cost = 4_000_000
     GrossProfit = income - cost
     print(f'公司营业收入 {income}，营业成本{cost}，毛利润{ GrossProfit:.2f} ')
[out] 公司营业收入 5000000，营业成本4000000，毛利润1000000.00
```

在代码Code2-28中，{income}被变量income的值替换，{cost}被变量cost的值替换，{GrossProfit:.2f}被变量GrossProfit的值替换，后面的.2f指定了格式化参数（即保留了两位小数的浮点数）。

f-string的主要优点是易读，并且允许在字符串中直接嵌入复杂的表达式，而无须调用额外的格式化方法。此外，f-string还支持format()方法的所有格式化选项，如填充、对齐、宽度和精度等。

f-string是在Python中推荐使用的字符串格式化方法，特别是在Python 3.6及更高版本中。

9. split()和join()方法

在介绍字符串拼接时，我们初识了join()方法。下面详细介绍split()和join()方法。

- split()将字符串按指定分隔符分隔成多个字符串，参见代码Code2-29（1）。
- join()将多个字符串拼接成一个字符串，参见代码Code2-29（2）。

```
                                                                    Code2-29
[in]  s = "Python，一种解释型语言，用于数据分析，应用于财务领域！"          #（1）
      print(s.split(sep='，'))     # 使用逗号对字符串进行分隔
[out] ['Python', '一种解释型语言', '用于数据分析', '应用于财务领域！']
[in]  alist = s.split(sep='，')                                      #（2）
      print('，'.join(alist))        # 使用逗号作为连接符
[out] Python，一种解释型语言，用于数据分析，应用于财务领域！
```

由代码Code2-29可知，split()和join()方法互为逆操作，split()方法将字符串分隔成多个子串，组成列表；join()方法将多个子串的可迭代对象拼接成一个字符串。

2.5.3　列表与元组

1. 列表

列表是放在一对方括号（[ ]）内的元素序列，是Python中使用最频繁的数据类型之一。从形式上看，方括号内的相邻元素之间用逗号分隔，如下所示。

```
[元素1，元素2，元素3，…，元素n]        # 示例 ["pub/Python/"，100，3.0]
```

其中，元素1~元素n表示列表中的元素，其个数没有限制。从内容上看，列表可以存储整型、浮点型、字符串、列表、元组等任何类型的元素，并且同一个列表中的元素的类型也可以不同。

（1）创建列表。

在Python中，创建列表的方法有以下两种。

① 使用方括号直接创建列表。

使用方括号创建列表后，可以使用=将它赋值给某个变量，语法格式为：

```
listname = [元素1，元素2，元素3，…，元素n]      # listname为变量名
```

使用此方法创建列表时，列表中的元素可以有多个，也可以一个都没有。例如，创建一个空列表：

```
emptylist = [ ]
```

② 使用list()函数创建列表。

Python还提供了内置的list()函数，该函数可以将其他数据类型转换为列表类型，参见代码Code2-30。

```
                                                                    Code2-30
[in]  print(list("Hello"))                    # 将字符串转换成列表
      print(list(('Python', 'Java', 'C++')))  # 将元组转换成列表
      print(list({'a':100, 'b':42, 'c':9}))   # 将字典转换成列表
      print(list(range(1, 10)))               # 将区间转换成列表
      print(list())                           # 创建空列表
[out] ['H', 'e', 'l', 'l', 'o']
      ['Python', 'Java', 'C++']
      ['a', 'b', 'c']
      [1, 2, 3, 4, 5, 6, 7, 8, 9]
      []
```

这里要注意，list()的参数要求为可迭代对象，list(1, 2, 3)将返回TypeError错误。

（2）列表的方法。

列表操作包含以下常用方法。

① list. append(obj)：在列表末尾添加新的对象obj，参见代码Code2-31。

```
                                                                          Code2-31
[in]  inv= ['原材料', '库存商品', '在产品', '发出商品']
     inv. append('委托加工物资')
     print(inv)
[out] ['原材料', '库存商品', '在产品', '发出商品', '委托加工物资']
```

② list. count(obj)：统计某个元素obj在列表中出现的次数，参见代码Code2-32。

```
                                                                          Code2-32
[in]  balance= [1000, 2000, 1000, 100]
     balance. count (1000)
[out] 2
```

③ list. extend(seq)：在列表末尾一次性追加另一个序列seq，参见代码Code2-33。

```
                                                                          Code2-33
[in]  inv= ['原材料', '库存商品']
     inv. extend(['在产品', '发出商品', '委托加工物资'])
     print(inv)
[out] ['原材料', '库存商品', '在产品', '发出商品', '委托加工物资']
```

④ list. index(obj)：从列表中找出值obj的第一个匹配项的索引。

⑤ list. insert(index, obj)：将值obj插入列表中index的位置。

⑥ list. pop(obj=list[-1])：移除列表中的一个元素（默认为最后一个元素），并且返回该元素的值，参见代码Code2-34。

```
                                                                          Code2-34
[in]  inv = ['原材料', '库存商品', '在产品', '发出商品', '委托加工物资']
     p = inv. pop()
     print(inv)
     print(p)
[out] ['原材料', '库存商品', '在产品', '发出商品']
     委托加工物资
```

⑦ list. remove(obj)：移除列表中值obj的第一个匹配项，参见代码Code2-35。

```
                                                                          Code2-35
[in]  inv. remove('原材料')
     print(inv)
[out] ['库存商品', '在产品', '发出商品']
```

⑧ list. reverse()：反转列表中的元素，参见代码Code2-36。

```
                                                                          Code2-36
[in]   inv. reverse()
     print(inv)
[out] ['发出商品', '在产品', '库存商品']
```

⑨ list.sort([func])：对原列表使用函数func()进行排序，参见代码Code2-37。

```
[in]    inv.sort()
        print(inv)
[out]   ['发出商品', '在产品', '库存商品']
```
Code2-37

2. 元组

元组是Python中另一个重要的序列结构数据类型。与列表类似，元组由一系列按特定顺序排列的元素组成。通常情况下，元组用于保存无须修改的内容。

元组与列表的不同之处在于：列表是可变序列，列表的元素是可以更改的，包括修改元素值，以及删除和插入元素等；元组一旦被创建，它的元素就不可更改，所以元组是不可变序列。

元组的所有元素放在一对圆括号（()）中，并用逗号分隔，如下所示。

```
(元素1, 元素2, …, 元素n)  # ("//ceds.pub/Python/", 100, [2,'a',4], 3.0)
```

其中，元素1~元素n表示元组中的各个元素，元素同样没有个数和类型限制，并且在同一个元组中，元素的类型可以不同。

（1）创建元组。

元组的创建方式与列表的类似，只不过把方括号改成了圆括号，把list()改成了tuple()，这里不赘述。需要注意的是，单元素元组比较特殊，需要在元素后面加一个逗号，如t1=(1,)。因为t1=(1)会被认为是t1=1，所以单元素元组需要在元素末尾加一个逗号。

在Python中，tuple()是创建元组的内置函数，其作用类似于list()函数，这里不赘述。

（2）元组的方法。

由于元组是不可变序列，其没有append()、extend()、pop()、remove()等方法，只有count()和index()方法。

3. range()函数

在Python程序开发或者科学计算中，经常需要创建一个数字列表来组成数组。因此，Python在内置函数中给出了一个简便方法，即利用range()函数来创建列表。range()函数的作用就是根据不同的参数生成具有不同数字的整数列表，参见代码Code2-38（1）。

range()函数需要3个参数来完整地设置数组的生成范围，语法格式为：

```
range(start, stop[, step])
```

start表示数字生成从哪里开始，stop则表示数字生成的停止位置，所生成的数字不会包括stop位置的数字，而step为可选参数，其作用是指定每隔step个数字才生成新的数字，参见代码Code2-38（2）。

```
[in]  a=range(10)          # 等价于range(0, 10)                      # (1)
      list(a)              # 输出[0, 1, 2, 3, 4, 5, 6, 7, 8, 9]
      tuple(a)             # 输出(0, 1, 2, 3, 4, 5, 6, 7, 8, 9)
[in]  list(range(0, 100, 10))                                       # (2)
[out] [0, 10, 20, 30, 40, 50, 60, 70, 80, 90]
```
Code2-38

range()函数的结果虽然看起来是列表形式，但是它实际上的数据类型为迭代器（Inerator）对象，从上述代码可以看出，需要使用list()函数将其转换为列表。

4. 序列的索引与切片

（1）序列的索引。

序列（如字符串、列表、元组）中的元素是按一定顺序排列的，其元素可通过元素所在位置的编号（索引）来访问。如图2-3所示，序列中的每个元素都有属于自己的索引。从起始元素开始，索引值从0开始递增。

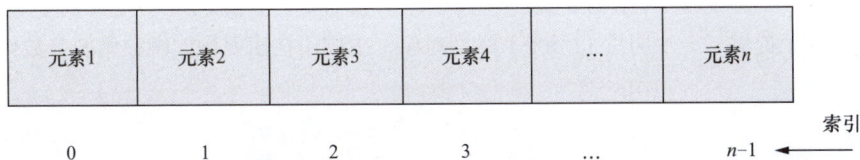

元素1	元素2	元素3	元素4	…	元素n
0	1	2	3	…	$n-1$

图2-3　序列元素索引值（正向）示意

除此之外，Python还支持索引值是负数，此类索引是从右向左计数的，即从最后一个元素开始计数，从索引值-1开始，如图2-4所示。

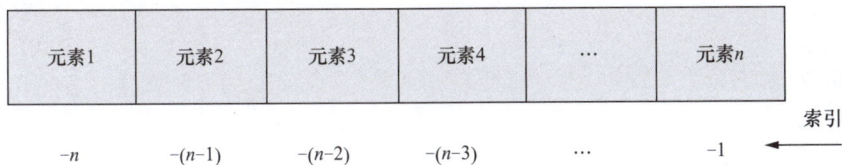

元素1	元素2	元素3	元素4	…	元素n
$-n$	$-(n-1)$	$-(n-2)$	$-(n-3)$	…	-1

图2-4　序列元素索引值（逆向）示意

（2）序列的切片。

切片是访问序列中元素的一种方法，它可用于访问一定范围内的元素。通过切片，可以生成一个新的序列，参见代码Code2-39～Code2-41。序列切片的语法格式如下。

```
sname[start : end : step]
```

说明如下。

- sname：表示序列的名称。
- start：表示切片的开始索引（包括该索引），默认为0。
- end：表示切片的结束索引（不包括该索引），默认为序列的长度。
- step：表示步长，即在切片过程中，每隔step个位置取一次元素，默认为1。

```
                                                              Code2-39
[in]  str1 = "Python是一种解释型语言，用于财务数据分析。"
      list1 = ['库存商品', '在产品', '发出商品', '委托加工物资']
      tuple1 = (0, 1, 2, 3, [1.0, 2.0, 3.0], 5, 6, 7, 8, 9)
      print(str1[:10:2])          # 从索引0开始，到索引10（不包含），步长为2
      print(list1[1::2])          # 从索引1开始，到结尾，步长为2
      print(tuple1[4][1:])        # 取索引为4的元素，从索引1开始到结尾
[out] Pto一解
      ['在产品', '委托加工物资']
      [2.0, 3.0]
```

也可以从右到左进行切片，这需要用到负索引值，参见代码Code2-40。

```
[in]  print(str1[::-1])                    # 把字符串逆向排列
      print(list1[-1:-3:-1])              # 从结尾开始，到索引-3，步长为-1
      print(tuple1[-2:-8:-2])            # 从索引-2开始，到索引-8，步长为-2
[out] 。析分据数务财于用，言语型释解种一是nohtyP
      ['委托加工物资', '发出商品']
      (8, 6, [1.0, 2.0, 3.0])
```

Code2-40

另外，Python提供了一个切片（slice）类型对象，主要用在索引操作函数里的参数传递，参见代码Code2-41。

```
[in]  a=range(10)
      s1, s2, s3, s4, s5 = slice(4), slice(4, 9), slice(4, 9, 2), slice(-2, -9, -2), slice(None)
      print(list(a[s1]))
      print(list(a[s2]))
      print(list(a[s3]))
      print(list(a[s4]))
      print(list(a[s5]))
[out] [0, 1, 2, 3]
      [4, 5, 6, 7, 8]
      [4, 6, 8]
      [8, 6, 4, 2]
      [0, 1, 2, 3, 4, 5, 6, 7, 8, 9]
```

Code2-41

2.5.4 字典与集合

字典与集合是没有排列顺序的数据组合体，没有整数索引和切片操作。

1. 字典

字典是Python映射数据类型。简单来理解，字典具有单项一对一的数据关系，通过一个元素，可以唯一找到另一个元素。在字典中，习惯将各个元素对应的索引称为键（Key），各个键对应的元素称为值（Value），键及其关联的值合称为"键值对"（Key:Value），如图2-5所示。

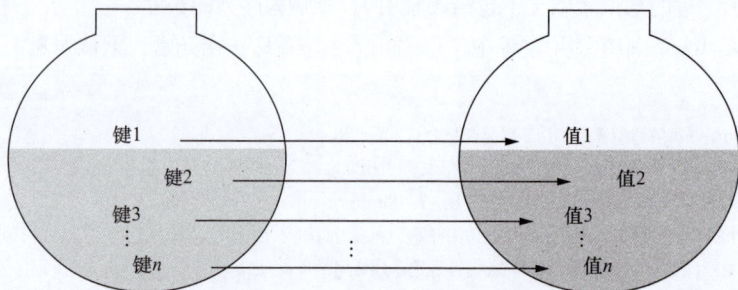

图2-5　字典中的键值映射关系示意

字典有如下特点。

- 通过键而不是通过整数索引来读取元素。
- 字典的元素可以是任意数据类型，并且元素是无序的。
- 字典是可变的，并且可以任意嵌套。

- 字典中的键必须唯一，且键必须为不可变数据类型。

（1）创建字典。

① 使用{ }创建字典。

在创建字典时，键和值之间使用冒号分隔，相邻元素之间使用逗号分隔，所有元素都放在花括号{ }中。使用{ }创建字典的语法格式为：

```
dictname = {键1:值1, 键2:值2, ..., 键n:值n}
```

其中，dictname表示变量名，"键n:值n"表示各个元素的键值对，参见代码Code2-42。

Code2-42
```
[in]  dict1 = { }                    # 创建空字典
      print(dict1)
      dict2 = {'库存现金': 95_000, '备用金': 7_005, '银行存款': 852_085}
      print(dict2)
      dict1 = {(4, 5): 'great', (3,): 'normal', (1, 2): 'low'}   # 使用元组作为键
      print(dict3)
[out] { }
      {'库存现金': 95000, '备用金': 7005, '银行存款': 852085}
      {(4, 5): 'great', (3,): 'normal', (1, 2): 'low'}
```

从代码Code2-42可以看出，字典的键可以是字符串、元组等，只要符合唯一和不可变的特性即可，而字典的值可以是Python支持的任意数据类型。

② 使用fromkeys()方法创建字典。

可以使用dict类型提供的fromkeys()方法创建带有默认值的字典，具体语法格式为：

```
dictname = dict.fromkeys(list, value = None)
```

其中，list参数表示字典中所有键的列表；value参数表示默认值，如果不传递该参数值，则其值为None，参见代码Code2-43。

Code2-43
```
[in]  names = ['库存现金', '备用金', '银行存款']
      dict4 = dict.fromkeys(names, 0.0)
      print(dict4)
[out] {'库存现金': 0.0, '备用金': 0.0, '银行存款': 0.0}
```

③ 使用dict()函数创建字典。

dict()函数创建字典的写法有多种，这里只给出部分写法，参见代码Code2-44。

Code2-44
```
[in]  dict5 = dict(库存现金=95000, 备用金=7005, 银行存款=852085)
      print(dict5)
      dict6 = dict((('库存现金', 95000), ('备用金', 7005), ('银行存款', 852085)))
      print(dict6)
      names = ['库存现金', '备用金', '银行存款']
      balance = [95000, 7005, 852085]
      dict7 = dict(zip(names, balance))   # zip()的用法在后面讲解
[out] {'库存现金': 95000, '备用金': 7005, '银行存款': 852085}
      {'库存现金': 95000, '备用金': 7005, '银行存款': 852085}
      {'库存现金': 95000, '备用金': 7005, '银行存款': 852085}
```

（2）字典的方法。

① get()方法。

不同于列表和元组通过索引来访问元素，字典通过键来访问对应的值，其不能用于切片操作。在Python中访问字典元素的语法格式为：

```
dictname[key]
```

其中，dictname表示字典变量的名称，key表示键。如果键不存在，则抛出异常，参见代码Code2-45（1）。

Python推荐使用get()方法来获取指定键对应的值。当指定的键不存在时，get()方法不会抛出异常，语法格式为：

```
dictname.get(key[, default])
```

其中，dictname表示字典变量的名称，key表示指定的键，default用于指定要查询的键不存在时，此方法返回的默认值，如果不指定，则返回None，参见代码Code2-45（2）。

```
                                                                    Code2-45
dict8 ={'库存现金': 95000, '备用金': 7005, '银行存款': 852085}              #（1）
print(dict8['备用金'])                   # 键存在，输出: 7005
print(dict8['原材料'])                   # 键不存在，抛出异常: KeyError: '原材料'
print(dict8.get('银行存款', '该键不存在'))   # 键存在，输出: 852085          #（2）
print(dict8.get('原材料', '该键不存在'))     # 键不存在，输出: 该键不存在
```

② keys()、values()和items()方法。

keys()、values()和items()方法都用于获取字典中的特定数据，参见代码Code2-46。

- keys()方法用于返回字典中的所有键。
- values()方法用于返回字典中所有键对应的值。
- items()用于返回字典中所有的键值对。

```
                                                                    Code2-46
[in]  dic ={'库存现金': 95000, '备用金': 7005, '银行存款': 852085}
      print(dic.keys())
      print(dic.values())
      print(dic.items())
[out] dict_keys(['库存现金', '备用金', '银行存款'])
      dict_values([95000, 7005, 852085])
      dict_items([('库存现金', 95000), ('备用金', 7005), ('银行存款', 852085)])
```

观察以上代码的输出结果，keys()、values()和items()的返回值的类型分别为dict_keys、dict_values和dict_items。可以使用list()函数，将这些方法返回的数据转换成列表。另外，这些类型的返回值都可用于迭代。

③ update()方法。

update()方法可以使用一个字典包含的键值对来更新已有的字典，如果被更新的字典已包含对应的键值对，则原值会被覆盖；如果被更新的字典不包含对应的键值对，则该键值对添加进被更新的字典，参见代码Code2-47。

```
                                                                    Code2-47
[in]  dic ={'库存现金': 95000, '备用金': 7005, '银行存款': 852085}
```

```
     dic.update({'库存现金': 100000, '原材料': 8000})
     print(dic)
[out] {'库存现金': 100000, '备用金': 7005, '银行存款': 852085, '原材料': 8000}
```

从上述代码可以看出，'库存现金'键的值被更新，并且dic新加入了"'原材料':8000"键值对。

④ pop()和popitem()方法。

pop()和popitem()用来删除字典中的键值对，前者用来删除指定的键值对，后者用来随机删除一个键值对。由于它们的使用方法比较简单，这里不再举例说明。

⑤ setdefault()方法。

setdefault()方法用来设置某个键对应的值，其语法格式为：

```
dictname.setdefault(key, defaultvalue)
```

dictname表示字典变量的名称，key表示键，defaultvalue表示默认值（若不指定，则为None），参见代码Code2-48。

Code2-48

```
[in] dic ={'库存现金': 95000, '备用金': 7005, '银行存款': 852085}
     dic.setdefault('原材料', 8000)              # 键不存在，指定默认值
     dic.setdefault('固定资产')                   # 键不存在，不指定默认值
     dic.setdefault('库存现金', 100000)           # 键存在，指定默认值
     print(dic)
[out] {'库存现金': 95000, '备用金': 7005, '银行存款': 852085, '原材料': 8000, '固定资产': None}
```

（3）字典与字符串格式化。

字典可以用于字符串格式化输出等操作，参见代码Code2-49。

Code2-49

```
[in] temp='上市公司：%(name)s；股票代码：%(code)s；股本：%(share)010.2f；\
          注册地：%(zone)s'                       # 格式化字符串中使用键
     comp1 = {'name':'白云山', 'code':'600332', 'share':16.2, 'zone':'广东省'}
     comp2 = {'name':'上海医药', 'code':'601607', 'share':37.03, 'zone':'上海市'}
     print(temp % comp1)                          # 使用字典为格式化字符串中的键传入值
     print(temp % comp2)
[out]上市公司：白云山；股票代码：600332；股本：0000016.20；注册地：广东省
     上市公司：上海医药；股票代码：601607；股本：0000037.03；注册地：上海市
```

2. 集合

集合与字典类似，但不存储值，也是一组键的集合。由于键不能重复，因此在集合中没有重复的元素。从形式上看，集合将所有元素放在一对花括号{}中，相邻元素之间用逗号分隔，语法格式为：

```
{元素1, 元素2, ..., 元素n}    # 元素1~元素n表示集合中的元素
```

从内容上看，集合中只能存储不可变数据类型的元素，这些数据类型包括整型、浮点型、字符串、元组等，无法存储列表、字典、集合等可变数据类型的元素，否则Python解释器会抛出TypeError错误。集合中的元素必须保证唯一，对于重复元素，集合只会保留一份。

（1）创建集合。

Python提供了两种创建集合的方法，分别是使用{}创建和使用set()函数将列表、元组等类型的数据转换为集合。

① 使用{}创建集合。

创建集合时，可以像创建列表、元组和字典一样，直接将集合赋值给变量，从而实现集合的创建，参见代码Code2-50（1）。

② 使用set()函数创建集合。

set()内置函数将字符串、列表、元组、range对象等可迭代对象转换成集合，参见代码Code2-50（2）。

```
                                                                           Code2-50
[in]  set1 = {'600332', '600737', '000089', '301067'}              #（1）
      print(set1)
[out] {'600737', '301067', '600332', '000089'}
[in]  set1 = set("PythonPython")                                   #（2）
      set2 = set(['600332', '600737', '000089', '301067'])
      set3 = set(range(0, -100, -10)
      set4 = set((12.3, 12.3, 1, 0, 0, 0))
```

注意，因为Python解释器会将{ }视为一个空字典，因此空集合只能使用set()来创建。

（2）访问集合元素。

由于集合中的元素是无序的，因此无法像列表那样使用索引来访问其元素。访问集合元素常用的方法是使用迭代（一种循环结构），我们后续会介绍。

（3）集合的常用操作。

集合的常用操作是向集合中添加、删除元素，以及集合之间进行交集、并集、差集、对称差集等运算。

① 添加元素。

在集合中添加元素可以使用set类型提供的add()方法来实现，添加的元素的数据类型只能是整型、浮点型、字符串、元组或者布尔型等不可变数据类型，参见代码Code2-51。

```
                                                                           Code2-51
a_set = set(['600332', '600737', '000089', '301067'])
a_set.add('000999')        # 输出{'000089', '000999', '301067', '600332', '600737'}
a_set.add(['000999'])      # 抛出错误TypeError
```

② 删除元素。

删除集合中的指定元素可以使用remove()方法。使用此方法删除集合中的元素时，如果被删除元素没有包含在集合中，则此方法会抛出KeyError错误。

③ 集合的交集、并集、差集、对称差集运算。

集合运算包括交集、并集、差集以及对称差集运算，这些运算与数学集合论中的运算一致。我们通过简单的示例来了解其用法，参见代码Code2-52。

```
                                                                           Code2-52
set1 = {'a', 'b', 'c'}
set2 = {'b', 'c', 'd'}
set1 & set2        # 交集，取两个集合的公共元素，结果：{'b', 'c'}
set1 | set2        # 并集，取两个集合的全部元素，结果：{'a', 'b', 'c', 'd'}
set1 - set2        # 差集，取第一个集合中有，第二个集合中没有的元素，结果：{'a'}
set1 ^ set2        # 对称差集，取两个集合中不属于其交集的元素，结果：{'a', 'd'}
```

3. 可变数据类型与不可变数据类型

前文提到了可变数据类型和不可变数据类型，这里进行详细说明。

Python代码中的变量实际上都存储在计算机内存中，通过内置函数id()可以获取内存标识。借此，给出可变数据类型与不可变数据类型的概念。

- 可变数据类型：当数据类型对应的变量的值发生了变化时，如果它对应的id值没有改变，那么这个数据类型就是可变数据类型。

- 不可变数据类型：当数据类型对应的变量的值发生了变化时，如果它对应的id值改变了，那么这个数据类型就是不可变数据类型。

（1）可变数据类型。

可变数据类型包括列表、集合和字典。

① 可变数据类型的元素赋值。

通过变量赋值的列表操作，参见代码Code2-53。

```
                                                                    Code2-53
[in]  list1 = ['现金', '备用金']
      list2 = list1
      list2[0] = '库存现金'
      list1.append('银行存款')
      print(list1, list2)
[out] ['库存现金', '备用金', '银行存款'] ['库存现金', '备用金', '银行存款']
```

通过表2-6解析以上代码的执行过程。

表2-6　列表与不同变量引用操作解析

语句	说明	内存示意
list1 = ['现金', '备用金']	创建变量list1，存储对象的索引id，索引指向列表对象	
list2 = list1	变量list1与list2同时存储列表对象的id，并没有创建新的列表对象	
list2[0] = '库存现金'	变量list2的第1个元素由'现金'改变为'库存现金'，list1也会随之改变	

续表

语句	说明	内存示意
list1.append('银行存款')	在变量list1引用的列表对象中添加一个元素，list2当然也发生改变	

② 可变数据类型对应的内容更新。

将同一个列表赋值给不同的变量，参见代码Code2-54。

Code2-54

```
[in]  list1 = ['现金', '备用金']
      list2 = ['现金', '备用金']
      list2[0] = '库存现金'
      list1.append('银行存款')
      print(list1, list2)
[out] ['现金', '备用金', '银行存款'] ['库存现金', '备用金']
```

通过表2-7解析以上代码的执行过程。

表2-7　将列表分别赋值给不同变量，其引用操作解析

语句	说明	内存示意
list1 = ['现金', '备用金'] list2 = ['现金', '备用金']	变量list1与list2引用的内容相同，但是它们具有不同的id，是两个列表对象	
list2[0] = '库存现金'	变量list2的第1个元素由'现金'改变为'库存现金'，list1并不会随之改变	

续表

语句	说明	内存示意
list1.append('银行存款')	在变量list1引用的列表对象中添加一个元素，list2当然也不会发生改变	

③ 可变数据类型的方法的返回值。

使用赋值语句改变可变数据类型对应的变量的值，实际上是重新创建了一个变量，并赋予其新的内存地址，参见代码Code2-55。

Code2-55
```
[in] list1 = ['现金', '备用金']
     list1 = list1.append('银行存款')
     print(list1)
[out] None
```

通过表2-8解析以上代码的执行过程。

表2-8　使用赋值语句改变变量引用对象代码解析

语句	说明	内存示意
list1 = ['现金', '备用金']	创建变量list1，存储对象的索引id，索引指向列表对象	
list1 = list1.append('银行存款')	变量list1引用列表对象的append()方法，该方法没有返回值，默认为None	

现在读者可能不容易理解表2-8中第二条语句的结果。待我们介绍函数后，读者就会清楚为什么这里list1的值变成了None。

（2）不可变数据类型。

不可变数据类型包括整型、浮点型、布尔型、字符串和元组等，参见代码Code2-56。

Code2-56
```
[in] str1= "上市公司: 白云山; 股票代码: 600332 "
     list1 = str1.split(",")
```

```
str1 = ",".join(list1)
print(str1)
```
[out] 上市公司：白云山；股票代码：600332

通过表2-9解析以上代码的执行过程。

表2-9　字符串对象方法改变对象内容与创建新的对象代码解析

语句	说明	内存示意
str1= "上市公司：白云山；股票代码：600332"	创建一个字符串	
list1 = str1.split("，")	变量str1引用字符串对象的split()方法，创建新的列表对象，list1存储索引序列	
str1 = ",".join(list1)	list1引用的列表使用join()方法，产生一个新的字符串，并将其赋值给str1。str1原有的引用失效	

　　总之，对于不可变数据类型的对象来说，调用对象自身的任何方法都不会改变该对象自身的内容。这些方法会创建新的对象并返回，这样就保证了不可变数据类型的对象本身永远是不可变的。可变数据类型的对象的情况刚好相反。

2.6　Python程序流程控制

　　Python程序一般按照从上到下的顺序逐行运行，这种顺序运行不重复执行任何代码，也不跳过任何代码。但是顺序运行的程序遇到程序流程控制关键字时，会产生流程执行分支或重复执行某段代码的情况。由关键字开头的语句叫作流程控制语句。流程控制语句以冒号结尾，会产生一个新的代码段或块，代码段使用不同的缩进，Python自动检测代码段的边界。

2.6.1　选择结构

　　选择结构也称分支结构，其目的是让程序"拐弯"，即选择性地执行代码，跳过一部分代码，执行另一部分代码。

　　if elif else结构是典型的分支结构。if-elif-else语句对条件进行判断，然后根据不同的判断结果执行不同的代码，从而达到程序进行选择或者执行分支的目的。Python中的分支语句可以细分为3种形式，分别是if语句、if-else语句和if-elif-else语句，其语格式和执行流程如表2-10所示。

表2-10 分支语句的语法格式与执行流程

语法格式	说明	执行流程
if 表达式: 　　代码段	代码段只有在表达式为True时才执行，表达式为False时则跳过	

if 表达式:
　　代码段1
else:
　　代码段2
	如果表达式为True，就执行代码段1；如果表达式为False，就执行代码段2	

if 表达式 1:
　　代码段1
elif 表达式 2:
　　代码段 2
…//# 其他elif
else:
　　代码段*n*
	从上到下逐个判断表达式是否为True，若某个表达式为True，就执行其后面紧跟的代码段；剩下的代码不再执行。如果所有的表达式都不为True，就执行else后面的代码段	

还有一个重要的知识点需要注意。if和elif等后面的表达式被判断为True或False并不是布尔值的结果，而是一个特殊的逻辑。表达式的形式不限于逻辑表达式，只要求表达式返回一个值，该值不限于布尔值。Python判断表达式结果是True或False依据的特殊逻辑如下。

- 表达式的值为布尔值时，依据其值判断为True或False。
- 表达式的值为数字时，会把0和0.0判断为False，把其他值判断为True。
- 表达式的值为其他类型值时，当对象为空或者为None时，将其判断为False，为其他时判断为True。

下面介绍一个简单的示例，参见代码Code2-57。

Code2-57

```
[in]  str1 = "Python"
      if str1:
          print(str1)
[out] Python
```

2.6.2 while循环结构

while循环结构和if选择结构类似，while循环结构的不同之处在于，只要表达式为True，while循环结构就会一直重复执行相应代码段。while循环结构的语法格式为：

```
while 表达式:
    代码段
```

这里的代码段在循环结构中，因此也称为循环体。while循环结构执行的具体流程为：首先判断表达式的值，其值为True时，执行循环体中的语句；执行完毕，再重新判断表达式的值，仍为True则继续重新执行循环体；如此循环反复，直到表达式的值为False，才终止循环体的执行。while循环结构的执行流程如图2-6（a）所示。

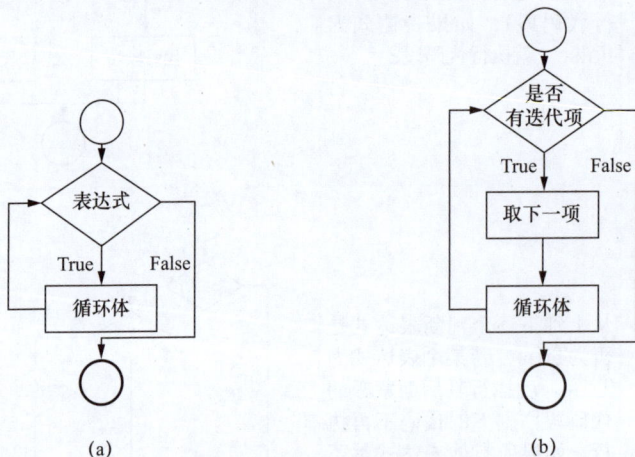

图2-6　循环结构执行流程示意

2.6.3 for循环结构

Python中的另一个循环结构是for循环结构，它常用于遍历字符串、列表、元组、字典、集合等类型的对象，以逐个获取对象中的元素。for循环结构的语法格式为：

```
for 迭代变量 in 字符串|列表|元组|字典|集合等: # 可迭代对象
    循环体
```

在上述语法格式中，迭代变量用于获取可迭代对象中读取出来的元素。for循环结构的执行流程如图2-6（b）所示。

2.6.4 特殊流程控制

在执行while循环或者for循环时，只要循环条件满足，程序就会一直执行循环体，直到条件不满足为止。但在某些场景中，我们希望在循环结束前就强制结束循环，Python提供了以下2种强制离开循环体的方法。

- 使用continue语句，可以跳过执行本次循环体中剩余的代码，转而执行下一次循环。
- 使用break语句，终止当前循环。

我们通过举例来说明。现有列表['600332', '00525', '600332', '000999', '600305', '300112', '中铁', '000747']，要把列表中的A股上市公司提取出来，但是如果列表中有不能被识别的编码，则判定该列表未清洗干净，需要提示提取失败。最后需要给出已提取公司编码列表。参见代码Code2-58。

Code2-58

```
[in] list1 = ['600332', '00525', '600332', '000999', '600305', '300112', '中铁', '000747']
     list_new = set()
     for i in list1:
         if i.isdigit() and len(i)==6:
             list_new.add(i)
         elif not i.isdigit():
             print('列表数据未清洗！')
             break
         else:
             continue
     print(f"已提取的公司编码：\n{list_new}")
[out]列表数据未清洗！
     已提取的公司编码：
     {'000999', '600305', '600332', '300112'}
```

上述代码执行时，首先进入for循环第1次迭代，取出list1中的第一个元素，判断该元素首位是否为数字并且元素长度是否为6。'600332'项满足条件，把该元素加入list_new集合中。第2次迭代时，'00525'的长度为5，不满足条件；进入elif判断其是否不为数字，'00525'为数字（该编码为港股编码），不满足elif条件；从而进入else代码段，执行continue语句，进入下一次迭代。循环迭代'600332'、'000999'、'600305'、'300112'项，迭代过程与'600332'项一样，直到'中铁'项，因其不为数字，满足elif条件，输出"列表数据未清洗！"，并结束循环。最后输出已提取的公司编码集合。

2.7 可迭代对象、推导式、生成器

本节从存储空间和代码效率角度出发，深入讨论组合数据类型数据的推导式和生成器。

2.7.1 可迭代对象

for循环的执行是重复反馈的过程，每一次重复称为一次迭代，每一次迭代的结果会作为下一次迭代的反馈初值。Python提供一种迭代器（Iterator）数据类型，迭代器是可遍历的对象，也就是说，可以通过遍历访问迭代器对象中的各个元素，又不必展现迭代器整体。我们不讨论迭代器的构建，只需要知道可迭代对象用于for循环和推导式。

在Python中，任何具有__iter__()方法的对象都被称为可迭代对象。调用该对象的__iter__()方法会返回一个迭代器。常见的可迭代对象有列表、元组、字典、集合和字符串等。

迭代器是一个抽象概念，它是遵循迭代器协议的对象。迭代器协议要求对象必须实现两个方法：__iter__()和__next__()。__iter__()方法返回迭代器对象本身，__next__()方法返回迭代器的下一个元素，当没有更多元素时抛出StopIteration异常。

2.7.2 推导式

推导式是一种独特的数据处理方式，是可以从一个数据序列构建另一个新的数据序列的结构体。

1. 列表推导式

列表推导式的语法格式为：

```
[表达式for 变量 in 可迭代对象]    或者
[表达式 for 变量 in 可迭代对象 if 条件]
```

其中，"表达式"为列表生成元素表达式，也可以是有返回值的函数。"for变量in可迭代对象"表示一个迭代过程：将可迭代对象的元素逐项传入"表达式"，并依次将结果加入生成的列表中。附加"if条件"子句，可以过滤列表中不符合条件的值，参见代码Code2-59。

Code2-59

```
[in] names = ('万科A', '中国平安', 'ST新梅', '獐子岛', '东风股份', '海螺水泥')
     new_names = [name for name in names if name.strip().lower()[:2] !='st']
     print(new_names)
[out] ['万科A', '中国平安', '东风股份', '海螺水泥']
```

2. 其他推导式

字典推导式的基本语法格式为：

```
{键表达式:值表达式 for 变量in 可迭代对象 if 条件}
```

集合推导式的基本语法格式为：

```
{表达式 for 变量in 可迭代对象 if 条件 }
```

元组推导式的基本语法格式为：

```
(表达式 for 变量in 可迭代对象 if 条件)
```

可以使用下面的代码生成一个包含数字0~20的偶数元组，参见代码Code2-60。

Code2-60

```
[in] a = (x for x in range(0, 21, 2))
     print(a)
[out]<generator object <genexpr> at 0x7faf6ee20a50>    # 返回的是生成器对象
[in] tuple(a)        # 使用tuple()函数，可以直接将生成器对象转换成元组
[out](0, 2, 4, 6, 8, 10, 12, 14, 16, 18, 20)
```

2.7.3 生成器

如果列表元素可以按照某种算法推算出来，那么是否可以在循环过程中不断推算出后续的元素呢？这样就不必创建完整的列表，从而节省大量的空间。在Python中，这种一边循环一边推算的机制称为生成器。生成器是一种特殊的迭代器，其可以使用关键字yield逐个生成值，而不是一次性生

成所有的值。

创建一个生成器有很多种方法。一种很简单的方法是把一个列表生成式的[]改成()，就可以创建一个生成器，参见代码Code2-61。

```
                                                                    Code2-61
[in]  a = [x * x for x in range(10)]
      print(a)
[out] [0, 1, 4, 9, 16, 25, 36, 49, 64, 81]
[in]  t = (x * x for x in range(10))
      print(t)
[out]  <generator object <genexpr> at 0x000002081CAC43C0>
```

在上述代码中，创建a和t的区别仅在于最外层的[]和()，a是一个列表，而t是一个生成器。可以直接输出列表的每一个元素。但如果要把生成器的元素一个个输出，则需要通过next()函数获得生成器的下一个元素，参见代码Code2-62。

```
                                                                    Code2-62
[in]  next(t)
[out] 0
[in]  next(t)
[out] 1
      ...
[in]  next(t)
[out] 81
[in]  next(t)
[out ]Traceback (most recent call last):   File "<stdin>", line 1, in <module>
      StopIteration
```

生成器保存的是算法，每次调用next(t)，就返回t的下一个元素的值，直到最后一个元素。当没有更多的元素时，抛出StopIteration异常。

【Python财务数据分析】——根据企业营业收入等判定企业类型

1. 实践目的

通过地区政策对企业类型判定程序进行设计，掌握Python数据类型和程序流程控制结构的使用方法。

2. 财务问题（2-1）

假设某地区政策规定：行业门类为"农、林、牧、渔业"的企业，其营业收入为20000万元及以上的为大型企业，营业收入为500万元及以上的为中型企业，营业收入为50万元及以上的为小型企业，营业收入为50万元以下的为微型企业。

现有某牧业企业PyFean，其营业收入为60万元，请编写程序判断其企业类型。

3. 实践指南（2-1）

运用列表、元组等数据类型，构建基础事实数据，并采用if-elif-else分支语句完成程序编写，参见代码Code2-63。

```
                                                                          Code2-63
[in] 企业行业 = ('农', '林', '牧', '渔')
     企业类型 = ('大', '中', '小', '微')
     企业a ={'企业名称':'PyFean', '企业行业':'牧', '营业收入':60}
     if 企业a['企业行业'] in 企业行业:
         if 企业a['营业收入'] >= 20000:
             print(企业a['企业名称']+"是%s型企业"%企业类型[0])
         elif 企业a['营业收入'] >= 500:
             print(企业a['企业名称']+"是%s型企业"%企业类型[1])
         elif 企业a['营业收入'] >= 50:
             print(企业a['企业名称']+"是%s型企业"%企业类型[2])
         else:
             print(企业a['企业名称']+"是%s型企业"%企业类型[3])
     else:
         print("无法判定%s企业类型!"%企业a['企业名称'])
[out]PyFean是小型企业
```

执行以上程序会判定：PyFean是小型企业。

4. 财务问题（2-2）

如果牧业企业PyFean当前的营业收入为60万元，编写设计程序，考察当该企业营业收入以年增长率20%增长时，该企业在10年后能否成为大型企业。

5. 实践指南（2-2）

在财务问题（2-2）中，该企业经过一定增长率（20%）进行10年的增长，我们通过得到的营业收入来判定其类型，参见代码Code2-64。

```
                                                                          Code2-64
[in] 企业a = {'企业名称':'PyFean', '企业行业':'牧', '营业收入':60}
     年 = 1
     营业收入 = 企业a['营业收入']
     年增长率 = 0.20
     while 年 <= 10:
         营业收入 = 营业收入 * (1 + 年增长率)
         年 += 1
     print("企业a经过10年年增长率为20%的增长，其营业收入为%d万元"%营业收入)
[out] 企业a经过10年年增长率为20%的增长，其营业收入为371万元
```

执行以上程序，得到PyFean在10年后的营业收入为371万元，并不会成为大型企业。

注意，在使用while循环时，一定要保证循环的值表达式可变成False，否则这个循环将成为一个死循环。所谓死循环，指的是无法结束循环的循环结构，若Code2-64中的while循环中没有"年+=1"语句，该循环就会变成死循环，程序会一直运行，除非我们强制关闭解释器。

6. 财务问题（2-3）

企业PyFean的营业收入年增长率为20%时，经过10年并不能成为大型企业。那么经过10年，PyFean的营业收入以多大的年增长率增长才能成为大型企业？

7. 实践指南（2-3）

先给出一个增长率列表：

> 增长率=[0.10, 0.20, 0.30, 0.40, 0.50, 0.60, 0.70, 0.80, 0.90, 1.00]

按这个增长率序列编程，输出企业营业收入，参见代码Code2-65。

```
[in] 企业a = {'企业名称':'PyFean', '企业行业':'牧', '营业收入':60}
     增长率 = [0.10, 0.20, 0.30, 0.40, 0.50, 0.60, 0.70, 0.80, 0.90, 1.0]
     收入预测 = {0:企业a['营业收入']}
     for i in 增长率:
         年 = 1
         营业收入 = 收入预测[0]
         while 年 <= 10:
             营业收入 = 营业收入 * (1 + i)
             营业收入 = round(营业收入)
             年 += 1
         收入预测.update({i:营业收入})
     print(收入预测)
[out] {0: 60, 0.1: 157, 0.2: 372, 0.3: 819, 0.4: 1736, 0.5: 3450, 0.6: 6608, 0.7: 12067, 0.8: 21352,
      0.9: 36841, 1.0: 61440}
```

Code2-65

在代码Code2-65中，企业PyFean营业收入的年增长率为80%时，10年后就会成为大型企业。

本章小结

本章主要介绍了Python的基础知识，首先介绍各种数据类型及其操作方法，其中的难点是数据的可变与不可变、有序与无序等性质，我们需要反复练习体会其中的差异；接着介绍了程序流程控制（顺序、分支和循环）及能够进行迭代的数据类型。最后结合一个财务数据分析实例，深刻体会这些知识的应用，为进一步学习打下实践基础。

习题

一、选择题

1.（　　）可以作为Python的合法标识符。
   A. Variable%　　B. my_variable　　C. 12variable　　D. Dummy var
2. 在Python语句中，如果字符串内部既包含'，又包含"，则需要借助（　　）。
   A. 分隔符|　　B. 占位符%　　C. 转义字符\　　D. 没有办法
3. 在Python数据类型中，（　　）是可变序列。
   A. 元组　　B. 字符串　　C. 列表　　D. 字节串
4. 以下关于列表操作的描述，错误的是（　　）。
   A. append()方法可用于向列表添加元素
   B. extend()方法可用于将另一个列表中的元素逐一添加到当前列表
   C. add()方法可用于向列表添加元素
   D. insert(index, object)方法可在指定位置index前插入对象object

5. 以下关于循环结构的描述，错误的是（　　）。

A. 使用range()函数可以指定for循环的次数

B. 在for循环中可以使用int指定循环次数

C. for i in range(5)表示循环5次，i的值为0～4

D. 用字符串作为迭代循环结构的可迭代对象，循环的次数为字符串的长度

6. 对于以下Python代码，变量c的数据类型是（　　）。

```
a = [1, 2, 3]
b = (4, 5, 6)
c = a + list(b)
```

A. 字符串　　　　　B. 元组　　　　　C. 列表　　　　　D. 字典

7. 对于元组的赋值，以下描述不正确的是（　　）。

A. 解构赋值可用于元组的同时赋值，如 (a, b) = (1, 2)

B. 可以使用星号表达式来捕获多余的元素，如 (a, *b) = (1, 2, 3, 4)

C. 元组的解构赋值不支持嵌套，只能一层一层地解构

D. 元组的长度与解构赋值的变量数量不匹配，会引发 SyntaxError 错误

8. 下列代码执行后，my_list中的元素为（　　）。

```
my_list = []
for i in range(5):
  my_list.append(i * 2)
my_list.pop()
print(my_list)
```

A. [0, 2, 4, 6]　　　　　　　　　B. [0, 2, 4, 6, 8]

C. [2, 4, 6, 8]　　　　　　　　　D. [0, 2, 4]

9. 以下列表推导式的输出结果是（　　）。

```
numbers = [1, 2, 3, 4, 5]
squares = [x ** 2 for x in numbers if x % 2 == 0]
print(squares)
```

A. [1, 4, 9, 16, 25]　　　　　　　B. [1, 4, 9]

C. [4, 16]　　　　　　　　　　　D. [1, 3, 5]

10. 以下代码的输出结果是（　　）。

```
my_string = "hello world"
new_string = ""
for char in my_string:
  if char != 'o':
    new_string += char
print(new_string)
```

A. hello world　　B. hll wrld　　　C. hell wrld　　　D. Helloworld

二、判断题

1. 从数学上来理解x=x+5，无论如何都是不成立的，但在Python程序中可以这样使用，它是赋值语句。（　　）

2．Python中的变量名不区分英文字母大小写。（　　）

3．Python中的变量名必须是大小写英文字母、数字和_的组合，且不能用数字开头。（　　）

4．Python中的数据类型元组是可变序列。（　　）

5．Python流程控制表达式只能是逻辑表达式。（　　）

6．列表推导式只能用于创建新列表，不能用于修改现有列表。（　　）

7．使用关键字del可以删除字典中指定键的项。（　　）

8．在Python中，使用关键字break可以立即终止当前循环，跳出循环体继续执行循环之后的代码。（　　）

9．对于字 my_dict = {'a': 1, 'b': 2, 'c': 3}，my_dict.keys()返回一个包含字典所有键的列表。（　　）

10．在f-string中，无法对插入的变量进行格式化，只能插入其原始值。（　　）

三、程序题

1．判断企业类型

工业企业划分为大型、中型、小型、微型4种类型，划型标准如下。

企业从业人员为1000人以下或营业收入为40000万元以下的为中、小、微型企业，否则为大型企业。其中，企业从业人员为300人及以上，且营业收入为2000万元及以上的为中型企业；企业从业人员为20人及以上，且营业收入为300万元及以上的为小型企业；企业从业人员为20人以下或营业收入为300万元以下的为微型企业。要求如下。

（1）企业A有30人，营业收入为500万元。请编写程序，判断该企业是何种类型的企业。

（2）企业A每年营业收入和每年招聘人数增长率均为10%。请编写程序，判断10年后该企业是何种类型的企业。

2．英文文本文件的词汇和词频统计

现有下列文本：

"The Chinese Accounting Standards Basic Standards (CAS BS) are the fundamental principles and requirements that govern the accounting practices in China. These standards are issued by the Chinese government and are designed to ensure the accuracy, transparency, and comparability of financial information reported by Chinese entities.

The CAS BS covers a wide range of accounting topics, including asset valuation, liabilities, equity, revenue recognition,　expenses, and financial statements presentation. It aims to establish a consistent and internationally recognized framework　for accounting in China, in line with the development of its economy and capital market. "

编写程序统计文本中出现的词汇和词频。要求如下。

（1）运用列表表示文本中出现的词汇，并做适当的数据清洗。

（2）运用集合表示文本中出现的词汇表，不区分大小写。

（3）运用字典表示文本中出现的词汇和对应的词频。

（4）分别使用for循环结构和推导式完成要求（1）、（2）、（3）的编程。

3．根据企业净利润率等判定企业盈利能力

假设某地区政策规定企业盈利能力的划分标准为：净利润率在20%（含）以上的为高盈利能力企业；净利润率在10%（含）～20%的为中等盈利能力企业；净利润率在0%（含）～10%的为低盈利能力企业；净利润率为负值的为亏损企业。要求如下。

编写程序，接收企业的净利润和营业收入作为输入，然后根据政策规定的划分标准进行判断，输出该企业的盈利能力类型。如现有某家企业，其净利润为120万元，营业收入为600万元，通过程序判断该企业是何种盈利能力类型的企业。

4．根据政策规定判断企业污染水平

企业向环境排放的污染物主要有废水、废气和固体废物3种（"三废"）。假设企业向环境排放的3种污染物中超标2种（含）以上即为严重污染企业，超标1种为污染企业，未超标为合格企业。废水、废气和固体废物污染等级标准分别为50千克废水/百万元产能、1升废气/百万元产能和5千克固体废物/百万元产能。要求如下。

（1）有企业A，其年产能为2亿元，排放的废水、废气和固体废物分别为12吨废水、205升废气和800千克固体废物。请编写程序判断该企业是何种类型的污染企业。

（2）假设该企业进行了技术改进，在产能不变的情况下，每年"三废"的污染排放都会减少5%，请编写程序判断3年后该企业是何种类型的污染企业。

第**3**章

Python编程进阶

第2章介绍了Python编程的基础知识，学完第2章后，读者应该能够完成简单的程序开发和数据分析。但是要高效完成程序开发，并读懂较为专业的数据分析程序，我们还需要学习更多知识。因此，本章将深入介绍Python编程，帮助读者读懂较为专业的Python代码，从而提升Python编程水平。

本章学习目标：

（1）熟练掌握Python内置函数的调用方法；

（2）掌握Python函数定义和参数传递，以及函数式编程方法；

（3）理解面向对象程序设计方法，掌握简单类的设计方法；

（4）掌握模块操作和简单的系统交互方法；

（5）掌握文本文件的读取方法和上下文处理相关知识；

（6）了解Python异常处理机制，掌握简单的异常处理编程方法。

3.1　Python函数

本节介绍Python程序设计中常见的代码段封装（Encapsulation）——函数，包括函数的定义、执行、调用、参数传递，lambda表达式，以及Python内置函数。

3.1.1　Python函数定义

在程序设计过程中，有时会重复使用某项功能，从而反复执行特定代码段。Python将这样的具有特定功能的代码段封装成函数，使其可以重复使用，从而使程序开发模块化。

定义函数也称为创建一个函数，需要用关键字def来实现。定义函数的具体语法格式为：

```
def  函数名(参数列表)：
     函数体
     [return [返回值]]        # 用 [ ] 标识的为可选项
```

说明如下。

• 函数名：用户设置的符合Python语法的标识符，一般要求体现出该函数的功能。

• 参数列表：设置该函数可以接收的参数。

• 函数体：实现特定功能的多行代码。没有任何功能的空函数使用pass作为占位符。

• [return　[返回值]]：可选，用于设置该函数的返回值。函数可以有返回值，也可以没有，需要根据实际情况而定。若函数不包含return，则返回None。注意，函数在被调用时，只要执行了return语句，就结束了函数调用，返回被调用程序。

定义函数，参见代码Code3-1。

```
def roe(np, na):
    """ROE（净资产收益率）= np（净利润）÷ na（净资产）×100%"""
    roe = round(np/na*100, 2)
    return roe
```
Code3-1

在代码Code3-1中，关键字def后的roe为函数名，np和na为形式参数，函数体中的roe为变量，该函数会返回变量roe的值。

3.1.2　Python函数执行

运行代码Code3-1中的函数时，实际上是Python把函数roe写入了当前程序的内存，即函数roe成为内存的一个对象，参见代码Code3-2。

```
[in]  id(roe)
[out] 2105242545472
[in]  type(roe)
[out] function
[in]  print(roe)
[out]  <function roe at 0x000001EA2A3BED40>
```
Code3-2

代码Code3-2中的执行结果说明函数roe与我们学习过的变量类似，只是其类型为function。function这种类型的对象与存储数据的对象有区别，其为可调用对象。函数程序段执行也就是说，函数roe在当前程序的内存中已经存在，可以作为一个"工具"被随时使用。

3.1.3　Python函数调用

函数调用就是把创建的函数当作一个具有某种用途的工具来使用。函数调用的基本语法格式为：

```
[变量= ] 函数名([参数值列表])
```

在上述语法格式中，函数名指的是要调用函数的名称，参数值列表指的是创建函数时要求传入的各个参数的值。如果该函数有返回值，则可以通过一个变量来接收该值，当然也可以不接收。我们调用Code3-1中的函数，参见代码Code3-3。

```
[in]  ROE = roe(10, 120)
      print(ROE)
[out]  8.33
```
Code3-3

可以看到，roe(10, 120)调用了函数roe()，返回了8.33，并将其赋值给了变量ROE。

以上是简单的函数定义、执行和调用，真正设计程序时远没有这样简单。首先，对于函数的参数，有很多规则需要遵循；其次，函数的返回值也有可能有多个；最后，返回值子句有可能不是return。我们后续会逐步深入了解这些内容。

3.1.4　Python函数参数传递

函数参数的作用是传递数据对象给函数，令其对接收的数据对象做具体的处理。

1. 形式参数和实际参数

形式参数（形参）和实际参数（实参）的应用场景不同，分别用于定义函数的代码段与调用函数的代码段。

- 形参：在定义函数时，函数名后面圆括号中的参数就是形参，如下。

```
def foo(参数列表):          # 这里的参数列表中是形参
    pass
```

- 实参：在调用函数时，函数名后面圆括号中的参数为实参，如下。

```
[变量= ] foo (参数值列表)        # 这里的参数值列表中是实参
```

根据实参类型的不同，函数参数的传递方式可分为两种，分别为值传递和引用（地址）传递。

- 值传递：适用于实参类型为不可变数据类型（如字符串、数字、元组等）。
- 引用传递：适用于实参类型为可变数据类型（如列表、字典、集合等）。

值传递和引用传递有很大的区别。函数参数采用值传递时，形参的值会发生改变，但不会影响原始对象的值；而函数参数采用引用传递时，会改变形参的值，原始对象的值也会随之改变，参见代码Code3-4。

```
                                                                Code3-4
[in] list1 = ['600332', '00525', '600332', '000999']
     tuple1 = ('600332', '00525', '600332', '000999')
     def foo(code_list, code_tuple):
         ch_list = code_list
         ch_list.remove('000999')
         ch_tuple = code_tuple
         ch_tuple = ('600332', '00525', '600332')
         return ch_list, ch_tuple
     l1, t1 = foo(list1, tuple1)
     print(list1, l1)
     print(tuple1, t1)
[out] ['600332', '00525', '600332'] ['600332', '00525', '600332']
     ('600332', '00525', '600332', '000999') ('600332', '00525', '600332')
```

在代码Code3-4中，函数foo()的形参为code_list和code_tuple，调用该函数时传递了list1给code_list，是引用传递；传递了tuple1给code_tuple，是值传递。在函数体中，分别使用ch_list和ch_tuple接收传递的变量，对于前者，使用remove()方法去除'000999'项，对于后者，重新赋值。最后返回ch_list和ch_tuple。返回值分别用l1和t1来接收。从输出来看，list1值由于函数调用而发生了变化，但是tuple1没有发生变化。

2. 位置参数

使用位置参数时，必须按照正确的顺序将实参传到函数中，调用函数时，传入实参的数量和位置都必须和定义函数时的形参保持一致，否则Python解释器会抛出TypeError异常。如果指定的实参和形参的位置不一致，但它们的数据类型相同，则会导致运行结果与预期不符。

3. 关键字参数

关键字参数是一种在函数调用时指定参数的方式，它允许明确指定每个参数的值，而无须按照函数定义时的参数顺序来传递它们。关键字参数在函数调用中使用关键字（即参数名）来指定对应的值，这使得代码更加清晰和易读。

使用关键字参数时，允许函数调用时的参数顺序与函数定义时的不一致，因为Python解释器能够用关键字来匹配参数值。

调用函数printinfo()时使用了关键字参数，参见代码Code3-5。

Code3-5

```
[in] def printinfo(name, code):
        print ("名字: {0}; 代码: {1}".format(name,code))
    printinfo( code='000999', name="华润三九" )
[out]名字: 华润三九; 代码: 000999
```

代码Code3-5中的(name, code)是形参的顺序，而(code, name)是参数传递的顺序，因为调用时采用关键字指定了形参，所以代码能够输出正确的结果。

4. 默认值参数

Python中的默认值参数（Default Parameter Values）是指在函数定义时为参数设定一个默认值，调用函数时如果没有传递该参数，Python会自动使用默认值。当且仅当形参有默认值时，可以不传递形参，参见代码Code3-6。

Code3-6

```
[in] def printinfo(name, code, stype='A股'):
        print ("名字: {0}; 代码: {1}; 类型: {2} ".format(name, code, stype))
    printinfo( code='000999', name="华润三九" )
[out]名字: 华润三九; 代码: 000999; 类型: A股
```

5. 不定参数*args和**kwargs

在定义函数时，如果不知道调用的时候会传递多少个参数，则需要包传递，调用函数时需要解包的过程。这里的包的概念我们无须关注，只需记住以下运用规则。

（1）函数定义时，确定的参数位于*args前面，*args位于**kwargs前面，语法格式为：

```
def func(arg1, arg2, …, /, *args, **kwargs):     # 函数定义
    函数体
func(pos1, pos2, …, /, positions, keywords)     # 函数调用
```

在上述语法格式中，arg1、arg2为位置参数；斜线（/）为特殊分隔符（不是必需的）；*args为不定数量位置参数，用于接收变量；**kwargs为不定数量关键字参数，用于接收变量。

（2）斜线前面的位置参数arg1、arg2在传递时必须严格按照参数位置进行传递。

（3）函数调用时，要求位置参数在关键字参数前面，否则抛出SyntaxError异常。

（4）函数调用时，若传递的位置实参数量大于位置形参数量，则会把多出的参数打包传给*args。

（5）函数调用时，若传递的关键字实参数量大于关键字形参数量，则会把多出的参数打包传给**kwargs。

具体示例参见代码Code3-7。

Code3-7

```
[in] def test_arg(a, b=100, *args, **kwargs):
        print (a, b, args, kwargs)
    test_arg(1, 2, 3, 4, c=5)          # a=1, b=2, args=(3, 4), kwargs={'c': 5}
    test_arg(1, c=5)                   # a=1, b=100, args=(), kwargs={'c': 5}
```

```
    test_arg(1, 2, 3, 4, 5)            # a=1, b=2, args=(3, 4, 5), kwargs={}
    test_arg(1, 2, 3, 4, {"c": 5})     # a=1, b=2, args=(3, 4, {'c':5}), kwargs={}
[out] 1 2 (3, 4) {'c': 5}
    1 100 () {'c': 5}
    1 2 (3, 4, 5) {}
    1 2 (3, 4, {'c': 5}) {}
```

调用函数test_arg(1, 2, 3, 4, c=5)时，1、2、3和4是位置参数的实参，1和2严格按位置传递给了形参a和b；3和4没有形参接收，打包赋值给*args来创建元组(3,4)；c=5为关键字参数，在函数参数列表中没有形参接收，因此打包赋值给**kwargs，以创建字典{'c':5}。其他调用不再一一解释，请读者自己体会。

3.1.5 lambda表达式

lambda表达式又称匿名函数，常用来表示内部仅包含1行表达式的函数。如果一个函数的函数体仅有1行表达式，则该函数可以用lambda表达式来代替。

定义lambda表达式必须使用关键字lambda，语法格式为：

```
lambda 参数列表: 表达式
```

lambda表达式也是一个函数对象，可以把lambda表达式赋值给一个变量，再利用变量来调用lambda表达式，参见代码Code3-8。

Code3-8
```
[in]  (lambda x, y: 2*x+3*y) (1, 2)
[out] 8
[in]  f = lambda x, y: 2*x+3*y
      f(1, 2)
[out] 8
```

3.1.6 Python内置函数

Python内置函数可以直接调用。要调用一个函数，需要知道函数的名称和参数。接下来，分门别类地介绍部分Python内置函数，在介绍函数式编程（Functional Programming）时，将继续深入介绍Python内置函数。

1. 运算函数

Python的运算函数包括abs(x, /)、round(number, ndigits=None)、max(x, key=None)、min(x, key=None)、pow(x, y, mod)、sum(x, start=0)等。

例如，max(x, key=None)函数的参数x是可迭代对象或者多个参数，该函数返回其中的最大值。max()函数可以通过指定关键字参数key来返回最大值，参见代码Code3-9。

Code3-9
```
[in]  print(max([1, 3, 5, -9, 9.8, -10], key=abs))
[out] -10
```

2. 转换类型函数

Python的转换类型函数包括int(x)、float(x)、complex(real, imag)、bool(x)、str(x)、 bytearray(x, encoding="utf-8")、bytes(x, encoding="utf-8")等。例如，int(x)将输入的数字或者字符串x转换为整数形式，如果x数值为空，则返回0。Python的转换类型函数还有list(x)、dict(x)、set(x)、frozenset(x)、tuple(x)、range(x)、slice(x)、object()、super()等。

3. 编码转换函数

在ord(c)函数中，c表示单个Unicode字符的字符串，返回其Unicode码的整数部分。例如，ord('a')返回整数97，ord('€')返回整数8364。

chr(i)函数用于返回Unicode码为整数i的字符串。例如，chr(97)返回字符串'a'，chr(8364)返回字符串'€'。chr()是ord()的逆函数。

4. 枚举函数

enumerate(iterable, start=0)函数针对一个可迭代对象，返回一个枚举对象。该函数从start（默认为0）开始，通过迭代iterable获得值，并对值进行整数编码，参见代码Code3-10。

```
                                                                      Code3-10
[in]  tuple1 = ('600332', '00525', '600332', '000999')
      list(enumerate(tuple1, start=1))
[out] [(1, '600332'), (2, '00525'), (3, '600332'), (4, '000999')]
```

5. 序列操作函数

all(x)函数针对可迭代对象x中的每一个元素进行操作，如果有一个元素为False，则返回False。any(x)函数与之类似，若可迭代对象x中有一个元素为True，则返回True。

zip(*iter)函数对多个不同的迭代器进行对应位置的元素聚合，并返回新的迭代器，参见代码Code3-11。

```
                                                                      Code3-11
[in]  z = zip(('600332', '00525', '000999'), ['白云山', '广深铁路', '华润三九'])
      list(z)
[out] [('600332', '白云山'), ('00525', '广深铁路'), ('000999', '华润三九')]
```

6. 对象元素操作函数

help(object)函数用于查询object对象的信息，包括内置方法、属性等信息。id(object)函数用于返回object对象的标识值（整数），且在对象的生命周期中保持唯一。type(object)函数用来返回object对象的所属类型。dir(object)函数用于返回object对象的有效属性列表，如果没有实参object，则返回的是当前本地作用域中的名称列表。len(object)函数用于返回object对象的长度或者其包含的元素个数。

以上介绍的内置函数仅为部分内置函数，理解和使用这些函数并不容易，需要读者不断加深对其的理解，勤于练习。

3.2 函数式编程

本节深入探讨函数在程序设计中的作用，以及如何利用函数解决较复杂问题等。重点介绍高阶函数和装饰器。

3.2.1 函数式编程的含义

函数是对代码的一种封装。把大段代码拆分成函数，通过函数调用，就可以把复杂任务分解成若干简单的任务，这种分解称为面向过程程序设计。函数就是面向过程程序设计的基本单元。

函数式编程是一种抽象程度很高的编程范式，虽然也可以将其归为面向过程程序设计，但其思想更接近数学计算。函数式编程的特点是：允许把函数本身作为参数传入另一个函数，并返回一个函数。

3.2.2 高阶函数

所谓高阶函数，就是指在函数中传递另一个函数作为参数的函数。

1. 把函数赋值给变量

变量和函数的标识本质上都是对象引用，因此可以把函数赋值给变量，这样变量就成为函数的引用，参见代码Code3-12（1）。

在代码Code3-12（1）中，abs()函数本身被赋值给变量f。如果一个变量指向了一个函数，那么可通过该变量来调用这个函数，参见代码Code3-12（2）。

代码Code3-12（2）说明变量f已经指向了abs()函数本身。直接调用abs()函数与调用变量f完全相同。

2. 函数名也是变量

函数名其实就是指向函数的变量。因此，对于abs()函数，可把函数名abs看成变量，它指向一个可以计算绝对值的函数。如果把abs指向其他对象，它就不是原来的函数了，参见代码Code3-12（3）。

```
                                                                    Code3-12
[in]  f = abs    # 变量f为内置函数abs()的引用              #（1）
      print(f)
[out] <built-in function abs>
[in]  f(-100)                                              #（2）
[out] 100
[in]  abs = 10                                             #（3）
      abs(-10)
[out] ...TypeError: 'int' object is not callable
```

在代码Code3-12（3）中，abs指向整数10后，对abs(-10)的解释就不同了。因为abs这个变量已经不指向计算绝对值的函数，而是指向整数10。整数10作为int的实例（Instance），不是可调用对象，因此产生TypeError错误。要使用abs()函数，需要重启Python解释器。

3. 函数作为参数

指向函数的标识也是变量，其他函数能够将其作为参数引用接收，参见代码Code3-13。

```
                                                                    Code3-13
[in]  def add(x, y, f):        # x、y、f都是形参
          return f(x) + f(y)   # 返回的是f作为函数，x、y作为参数的函数表达式
      add(-10, 10, abs)
[out] 20
```

当调用add()函数时，我们传递的实参中的f必须是指向函数的变量，如add(-10, 10, abs)，参

数x、y和f分别接收-10、10和abs。根据函数定义，推导计算过程如下。

- 参数赋值：x=-10，y=10，f=abs。
- 返回值计算：f(x)+f(y)==>abs(-10)+abs(10)==>20。

4. 高阶内置函数

（1）map()函数。

map()函数接收两个参数，语法格式为：

> map(function, iterable)

其中，function为一个函数，iterable为可迭代对象。map()的功能是将传入的函数依次作用到可迭代对象的每个元素，并把结果作为新的迭代器返回。

例如，有一个函数f()，要把这个函数作用在列表[0, 1, 2, 3, 4, 5, 6, 7, 8, 9]上，就可以用map()来实现，参见代码Code3-14（1）。

在代码Code3-14（1）中，传入map()的第一个参数是f，即函数对象本身。由于结果res为一个生成器可迭代对象，而iterable是一种惰性序列，因此对于惰性序列，需要使用next()函数依次获取序列中的元素，参见代码Code3-14（2）。

```
                                                          Code3-14
[in]  def f(x):                                #（1）
          return x ** 2
      res = map(f, range(10))
      print(res)
[out] <map object at 0x000001E4F55E7B80>
[in]  next(res), next(res), next(res)          #（2）
[out] (0, 1, 4)
[in]  list(res)
[out] [9, 16, 25, 36, 49, 64, 81]
```

每执行一次next(res)，返回一个序列元素，也可以通过list()函数把整个序列都计算出来并返回一个列表。

（2）filter()函数。

filter()函数用于过滤序列，它同样产生一个iterable。与map()类似，filter()也接收一个函数和一个可迭代对象。与map()不同的是，filter()把传入的函数依次作用于序列的每个元素，然后根据返回值是True还是False来决定是保留还是丢弃该元素，语法格式为：

> filter(function | None, iterable) →# 返回filter对象

例如，删掉一个列表中的奇数，只保留偶数，参见代码Code3-15（1）。用None过滤掉布尔值为False的对象，参见代码Code3-15（2）。

filter()函数返回的是一个filter对象，也是一种惰性序列，所以要显示filter()的结果，需要用list()函数来获得列表。

（3）sorted()函数。

sorted()可以对元素进行排序，即根据可迭代对象中的项返回一个新的已排序的列表，语法格式为：

> sorted(iterable, key=None, reverse=False)

　　sorted函数中的两个可选参数都必须被指定为关键字参数。key指定带有单个参数的函数，用于从iterable的每个元素中提取用于比较的键，默认值为None（表示直接比较元素）。reverse为一个布尔值，如果设为True，则每个列表元素将按倒序排列。

　　例如，按绝对值从小到大排序，参见代码Code3-15（3）。

```
                                                                    Code3-15
[in]  def is_even(n):                                        #（1）
          return n % 2 == 0
      list(filter(is_ even, [1, 2, 4, 5, 6, 9, 10, 15]))
[out] [2, 4, 6, 10]
[in]  list(filter(None, [0, False, 2, 4, "", 6, 8, [], {}]))    #（2）
[out] [2, 4, 6, 8]
[in]  sorted([36, 1, -12, 9, -20] , key=abs)                  #（3）
[out] [1, 9, -12, -20, 36]
```

5. 装饰器

　　装饰器是函数的函数，其传入的参数是一个函数，通过实现各种功能来对这个函数的功能进行增强，然后返回这个函数。因此，装饰器是通过某种方式来增强函数的功能的。

　　装饰器本身也是一个函数，假设其函数名为round2，需要在被装饰函数前加@round2进行修饰，参见代码Code3-16。

```
                                                                    Code3-16
[in]  def round2(func):
          def wrapper(*args):
              return round(func(*args), 2)
          return wrapper
      @round2
      def roe(np, na):
          """ROE（净资产收益率）=np（净利润）÷na（净资产）×100%"""
          roe = np/na*100
          return roe
      roe(10, 120)
[out] 8.33
```

　　在代码Code3-16中，如不加@round2进行修饰，则roe(10,120)的运行结果为8.333333333333332。如果想保留2位小数，则可以在返回值之前加上round(roe,2)函数。对于一个函数，可以这样来处理，但是如果所有的函数都有这个需求，装饰器就能发挥其作用了。

　　我们介绍装饰器的目的不是要编写装饰器，而是要理解装饰器的作用。装饰器本质上是复合函数，参见代码Code3-17。

```
                                                                    Code3-17
[in]  def round2(func, *args):
          return round(func(*args), 2)
      def roe(np, na):
          """ROE（净资产收益率）=np（净利润）÷na（净资产）×100%"""
          roe = np/na*100
          return roe
      round2(roe, 10, 120)
[out] 8.33
```

代码Code3-17说明，@round2和roe(10,120)等价于round2(roe,10,120)。

3.3 面向对象程序设计

面向过程的方法往往通过把复杂系统划分为若干子程序（函数）来降低系统的复杂度。本节学习另一种程序设计——面向对象程序设计（Object-Oriented Programming，OOP）。面向对象程序设计的基本特性分别是封装、继承（Inheritance）、多态（Polymorphism）和抽象。

3.3.1 面向对象的相关术语

面向对象程序设计也采用了封装的思想，它把模拟的真实世界中的事物（将其视为对象）以及描述事物特征的数据和代码段（函数）封装到一起。在系统学习面向对象程序设计之前，要了解有关面向对象的常用术语。

1. 类

类可以理解为一个框架，通过它可以创建无数个具体实例。比如我们学过的列表是类，它表示的只是数据的一个种类，通过它可以创建无数个列表实例，代表各种不同内容的列表（如[]、[1,2,3]、['a','b','c']）。

2. 实例

类是一种抽象，而类创建的实例才是对真实事物的描述。通过类创建的具体内容就是实例。例如，list('abc')用于创建列表实例['a','b','c']。

3. 属性

类和实例的所有变量称为属性。例如，当Python创建一个类之后，系统就自带了一些属性，这些属性叫作内置类属性。其属性名用双下划线开始和结束，参见代码Code3-18（1）。

需要注意的是，当前正在编辑的程序也是对象，它也有属性，参见代码Code3-18（2）。

4. 方法

方法是指封装在类体（代码段）中的函数，是指类和实例能够执行的操作。根据调用方式的不同，方法分成3类，分别是类方法、实例方法和静态方法。使用dir(obj)函数可以返回对象obj的属性和方法列表，参见代码Code3-18（3）。

```
                                                                          Code3-18
[in]  str.__name__          # 当前定义的类的名称              #（1）
[out] 'str'
[in]  str.__module__        # 类或实例所属的模块名
[out] 'str'
[in]  print(__name__)       # 当前模块的__name__属性          #（2）
[out] __main__
[in]  dir("abc")                                             #（3）
[out] ['__add__', '__class__', …, 'title', 'translate', 'upper', 'zfill']
```

当不传递任何参数给dir()函数时，返回当前命名空间的变量列表。

3.3.2 Python类的定义

Python使用关键字class实现类定义，其基本语法格式为：

```
class classname (baseclass):
    suite        # 类体
```

与变量名一样，类名（classname）本质上就是一个标识符。在给类命名时，最好使用能代表该类功能的单词，例如，用"Student"作为学生类的类名。建议每个单词的首字母大写，其他字母小写。

类定义的圆括号内的参数为基类（baseclass）列表。定义的类会继承基类的属性和方法。object是所有类的基类，当新定义的类没有指定基类时，默认基类为object。

冒号（:）后面的类体（suite）是类的内部功能——封装在类中的属性和方法。其实，属性就是包含在类中的变量；而方法就是包含在类中的函数。换句话说，类属性和类方法分别是包含在类中的变量和函数的别称。

3.3.3 简单类和实例

Python中的所有数据类型都可以被视为对象，当然也可以自定义对象。自定义数据类型就是面向对象中的自定义类。下面自定义一个类PerpetualAnnuity，参见代码Code3-19。

永续年金（PerpetualAnnuity）也称永久年金或无限期年金，是指无限期等额收付的年金（Annuity），可将其视为普通年金的特殊形式。例如，无限期附息债券的利息。

Code3-19
```
class PerpetualAnnuity (object):
    """永续年金是指无限期等额收付的年金"""
    def __init__(self, A, i):
        self.A = A
        self.i = i
    def presentvalue (self):
        p = self.A / self.i
        return p
```

在代码Code3-19中，类名为PerpetualAnnuity，object作为基类，__init__()和presentvalue()为实例方法，其中的变量A和i为实例属性。

代码Code3-19执行之后，可以通过dir(PerpetualAnnuity)得到该类的类属性和类方法：['__class__', '__delattr__', '__dict__', ..., 'presentvalue']。

从上面的示例可以看出，面向对象的抽象程度比函数的要高，因为一个类既包含数据，又包含操作数据的函数。

3.3.4 构造函数与实例化

1. __init__()方法

在创建类时，一般要添加__init__()方法，该方法是一个特殊的实例方法，称为构造函数。构造函数用于创建实例对象，每当创建一个类的实例对象时，Python解释器都会自动调用它。__init__()

可以包含多个参数，但至少包含一个名为self的参数，且self必须作为第1个参数，如上例中的构造函数__init__(self, A, i)。

2. 实例化

可对已定义好的类进行实例化，其语法格式为：

> 实例名 = 类名(参数)

例如，对已定义的PerpetualAnnuity类创建一个实例a_PA，参见代码Code3-20。

```
                                                                    Code3-20
[in]  支付金额 =10000
      年利率= 0.05
      a_PA = PerpetualAnnuity(支付金额，年利率)
      isinstance(a_PA, PerpetualAnnuity)
[out] True
```

PerpetualAnnuity（支付金额，年利率）传递的参数并不包括self参数。self参数不需要手动传递，Python会自动将实例对象传递进来。在上述代码中，构造函数除self参数之外，还包含A和i参数，且没有设置默认参数，因此在实例化类对象时，需要（支付金额、年利率）传入相应的A值和i值。

3.3.5 访问实例属性和调用实例方法

实例化后的对象属性可以访问、修改或删除，方法也可以动态添加。使用已创建的对象访问类中的实例属性的语法格式为：

> 对象名.变量名   # 对象名和变量名之间用点（.）连接

使用对象调用类中的实例方法的语法格式为：

> 对象名.方法名(参数)   # 对象名和方法名之间用点（.）连接

访问类中的实例属性、调用类中的实例方法，参见代码Code3-21。

```
                                                                    Code3-21
[in]  print(a_PA.A, a_PA.i)      # 访问实例属性
      a_PA.presentvalue()        # 调用实例方法
[out] 10000  0.05
      200000.0
```

修改实例属性的值，重新调用实例方法，参见代码Code3-22。

```
                                                                    Code3-22
[in]  a_PA.i = 0.1              # 修改实例属性的值
a_PA.presentvalue()            # 重新调用实例方法
[out] 100000.0
```

可以看到，重新调用实例方法得到的返回值为100000.0，而不是200000.0，这是采用新的参数i计算得出的。

3.3.6 类变量、实例变量、类中的局部变量

根据在类中的作用域的不同，变量可细分为以下3种类型。

- 类变量（类属性）：在类体中所有函数之外定义的变量。
- 实例变量（实例属性）：类体中所有函数内部以"self.变量名"的方式定义的变量。
- 类中的局部变量：类体中所有函数内部以"变量名=值"的方式定义的变量。

1. 类变量

在类中，类变量定义在所有函数之外，位于类名字空间（Namespace）的顶层，参见代码Code3-23。

```
                                                                    Code3-23
class PerpetualAnnuity (object):
    '''期末支付永续年金(Perpetual Annuity)'''
    end = True              # 每个期间的期末支付
    def __init__(self, A, i):
        self.A = A
        self.i = i
    def presentvalue (self):
        p = self.A / self.i
        return p
```

在上述代码中，变量end属于类变量。类的所有实例对象共享类变量，类变量在所有实例对象中是公用的。类变量的调用方式有两种，既可以使用类名直接调用，又可以使用类的实例对象调用，参见代码Code3-24。

```
                                                                    Code3-24
[in]  a_PA = PerpetualAnnuity (1000, 0.05)
      PerpetualAnnuity.end
[out] True
[in]  a_PA.end
[out] True
```

注意，可以使用类对象来调用其所属类中的类变量，但这样做有时会引起混乱。因为类变量为所有实例对象共有，通过类名修改类变量的值时，会影响所有的实例对象。

2. 实例变量

实例变量是在任意实例方法内部以"self.变量名"的方式定义的变量。实例变量只能通过对象名访问，无法通过类名访问。

3. 类中的局部变量

除了实例变量，在类方法中还可以定义局部变量。与前者不同，局部变量直接以"变量名=值"的方式定义。局部变量只能用于其所在函数中，函数执行完成后，局部变量也会被销毁。

3.3.7 实例方法、类方法和静态方法

在类体中用@classmethod修饰的方法为类方法，用@staticmethod修饰的方法为静态方法，不使用任何修饰的方法为实例方法。

1. 实例方法

一般在类中定义的方法默认都是实例方法。前面我们已经定义了不止一个实例方法。类的构造函数也属于实例方法，只不过它比较特殊而已。

实例方法最大的特点就是至少包含一个self参数，用于绑定调用此方法的实例对象。Python会自动完成绑定，调用时不需要用户手动输入。Python支持使用类名调用实例方法，这时需要手动给self参数传值，参见代码Code3-25。

```
                                                                              Code3-25
a_PA. presentvalue ()
PerpetualAnnuity. presentvalue (a_PA)        # 程序运行结果与a_PA. presentvalue ()一致
```

2. 类方法

理解了前面的知识，尤其是参数self，那么类方法也好理解了。Python的类方法和实例方法相似，它至少包含一个参数cls（与self类似，参数名称本身没有特殊意义）。Python会自动将类本身绑定到cls参数上。在调用类方法时，Python同样会自动传递cls参数。与实例方法不同，类方法需要使用@classmethod修饰符修饰，参见代码Code3-26。

```
                                                                              Code3-26
[in]  class PerpetualAnnuity (object):
          '''期末支付永续年金 '''
          end = True      # 每个期间的期末支付
          def __init__ (self, A, i):
              self. A = A
              self. i = i
          def presentvalue (self):
              p = self. A / self. i
              return p
          @classmethod
          def finalvalue (cls):
              return None
          @staticmethod
          def info (obj):
              return vars (obj)
      a_PA = PerpetualAnnuity (1000,  0.05)
      print (PerpetualAnnuity. finalvalue ())
[out] None
[in]  a_PA. info (a_PA)
[out] {'A': 1000,  'i': 0.05}
```

在代码Code3-26中，如果没有使用@classmethod，则Python解释器会将finalvalue ()方法认定为实例方法，而不是类方法。

3. 静态方法

静态方法没有类似self、cls这样的特殊参数。静态方法本质上就是我们学习过的函数，不同的是，静态方法定义在类体中，而函数则定义在程序所在的空间 [全局名字空间（Global Namespace）] 中。

Python解释器不会对静态方法包含的参数做任何类或对象的绑定操作。静态方法需要使用@staticmethod来修饰，如代码Code3-26中的info ()函数。

3.3.8　Python继承机制及其使用方法

Python是一种面向对象程序设计语言，继承是它的一个重要特性。继承是指在一个类中可以使用另一个类中已有的属性和方法，这样可以减少代码的重复性，方便代码的维护与更新。使用类定义实现继承机制时，在定义子类时通过基类列表指定父类，这样就可以使子类继承父类的属性和方法。

1. object类

object类是所有类的父类，默认所有的类都继承object类，都继承系统给定的属性和方法，参见代码Code3-27。

```
                                                                Code3-27
[in]  print(dir(object))
[out] ['__class__', '__delattr__', ... , '__str__', '__subclasshook__']
```

我们在前面的示例中讨论的永续年金是年金的一种。下面定义一个年金（Annuity）类，参见代码Code3-28。

```
                                                                Code3-28
class Annuity(object):
    """年金是指一定期间内每期等额收付的款项。"""
    period = "年"
    def __init__(self, A, i, mode,):
        self.A = A              # 每期等额金额
        self.i = i              # 利息（年）
        self.mode = mode        # 支付或收款模式
    @staticmethod
    def info(obj):
        return vars(obj)
```

在代码Code3-28中，Annuity类的父类为object，因此继承了object的所有属性和方法。

2. 创建子类

要创建具有从其他类继承功能的子类，需要在创建子类时将被继承类（父类）作为参数写在class子句的基类列表中。为了简化问题，我们还是以永续年金为例来创建子类。

Python中的子类会继承父类所有的属性和方法。父类和子类具有相同方法时，子类自身的方法优先级更高。也就是说，若父类和子类都有__init__()方法，在构造实例时执行的是子类的__init__()方法，而不是父类的。如果要执行父类的方法，则需要使用super()函数，参见代码Code3-29（1）。

可以看出，a_PA实例通过super().__init__()方法继承了Annuity类的init()方法，从而得到属性值{'A': 1000, 'i': 0.05, 'mode': True}，而属性{'specific': '子类属性'}是PerpetualAnnuity类自己的实例属性，参见代码Code3-29（2）。

```
                                                                Code3-29
[in]  class PerpetualAnnuity(Annuity):      # Annuity为父类         #（1）
          '期末支付永续年金'
          def __init__(self, A, i, mode):
              super().__init__(A, i, mode)    # 调用父类的构造函数
              self.specific = "子类属性"
      a_PA = PerpetualAnnuity(1000, 0.05, True)
      print(vars(a_PA))
[out] {'A': 1000, 'i': 0.05, 'mode': True, 'specific': '子类属性'}
[in]  a_PA.info(a_PA)                                              #（2）
[out] {'A': 1000, 'i': 0.05, 'mode': True, 'specific': '子类属性'}
```

同时，a_PA继承了父类Annuity的静态方法info()。

3.3.9 Python的多态

封装、继承和多态是面向对象程序设计的几个重要特性。多态是指不同的子类对象调用相同的方法会产生不同的执行结果，这可以增加代码的灵活性。这里不深入讨论多态的概念，仅举例说明其工作原理，帮助读者提高阅读代码的能力，了解其用法。

年金分为普通年金、即付年金、递延年金和永续年金，它们都需要计算现值（Present Value），但是其计算方法又有区别。利用多态能提高编程效率，参见代码Code3-30。

```
                                                                         Code3-30
class Annuity(object):
    """年金是指一定期间内每期等额收付的款项。"""
    def __init__(self, A, i, mode):
        self.A = A                      # 每期等额金额
        self.i = i                      # 利息（年）
        self.mode = mode
    def presentvalue(self):
        pass
class PerpetualAnnuity(Annuity):
    '期末支付永续年金'
    def __init__(self, A, i, mode):
        super().__init__(A, i, mode)
    def presentvalue(self):
        p = self.A / self.i
        return p
class OrdinaryAnnuity(Annuity):
    "普通年金在一定时期内每期期末等额收付，也称后付年金"
    def __init__(self, A, i, mode, n):
        super().__init__(A, i, mode)
        self.n = n                      # 计息期数
    def presentvalue(self):
        p = self.A *(1/self.i - 1/(self.i*(1+self.i)**self.n))
        return p
```

presentvalue()方法究竟是如何调用的，我们需要构建一个方法类来说明，参见代码Code3-31。

```
                                                                         Code3-31
[in] class Cal():
        def presentvalue(self, who):  # who为对象，会调用其对应的方法
            return who.presentvalue()
    cal = Cal()
    a_PA = PerpetualAnnuity(1000, 0.05, True)
    a_OA = OrdinaryAnnuity(1000, 0.05, True, 10)
    print(cal.presentvalue(a_PA))
    print(cal.presentvalue(a_OA))
[out] 20000.0
    7721.734929184818
```

可以看到，PerpetualAnnuity类和OrdinaryAnnuity类都继承Annuity类，且各自都重

写了父类的presentvalue()方法。从运行结果可以看出，cal为一个Cal类实例，在执行同一个presentvalue()方法时，由于cal实际操作针对不同的对象，因此cal. presentvalue()调用的并不是同一个类中的presentvalue()方法，体现了Python的多态。

在此程序中，通过给Cal类中的presentvalue()函数添加一个who参数，其内部利用传入的who参数调用presentvalue()方法。当调用Cal类中的presentvalue()方法时，我们传给who参数的是哪个类的实例对象，它就会调用那个类中的presentvalue()方法。

3.4 Python模块与库

结构化程序设计的基本方法是，设计一个主程序（有时称主模块或主函数），通过主程序调用子程序（模块），从而实现一个系统功能。本节介绍模块的安装和调用。

3.4.1 Python模块与库概述

传统的结构化程序设计秉承"自上而下"的思想，即把需要解决的问题分成不同模块。模块化是指把问题划分为子问题，一层一层地分解功能，通过上层模块调用下层模块，直到解决问题。

模块本身就是Python程序。也就是说，任何独立的Python程序都是模块。函数是对Python代码的封装；类是对函数和变量的封装，也可以说是对功能和数据的封装；模块可以看作对代码更高级的封装，即把能够实现特定功能的代码编写在同一个.py文件中，使其成为一个独立的模块。

一个项目往往需要使用很多Python模块，如果将这些模块都堆放在一起，势必不好管理。为了在模块中有效避免冲突，如变量或函数重名，Python提出了包的概念。Python包（也称库）一般是指包含若干Python模块的文件夹。例如，安装NumPy模块之后，可以在Lib\site-packages安装目录下找到名为NumPy的文件夹。

Python默认安装仅包含基本模块或核心模块，启动时也仅加载基本模块。在编程需要时再导入和加载标准库和扩展库（又称第三方库）。

* 基本模块：基本模块中的对象称为内置对象，Python内置对象不需要导入就可以直接使用。
* 标准库：标准库是用Python和C语言预先编写的模块，这些模块通过Python安装程序直接安装在用户系统中，无须另外下载。Python标准库必须先使用import导入后才能使用。
* 第三方库：第三方库需要先使用pip或conda命令下载、安装到Python工作目录下，再使用import导入后才能使用。

3.4.2 pip工具

pip是一个命令行工具，可以在终端或命令提示符中使用，它是包管理器，它可以帮助我们安装、升级和卸载Python包。几个常见的pip命令如下。

```
pip list                              # 列出当前环境已经安装的所有模块
pip install package_name              # 安装包，如pip install numpy
pip install —update package_name      # 升级包，如 pip install - 更新的包名
pip uninstall package_name            # 卸载包
pip search package_name               # 搜索包，如pip search data analysis
pip show package_name                 # 查看包的信息，如pip show numpy
```

类似我们在第1章学过的conda install命令，下载、安装Python第三方库提供的模块，可以使用pip命令。例如，安装第三方库jieba（中文分词第三方库），在Anaconda提示符下输入如下命令并执行。

```
pip install jieba
```

安装成功后，打开Jupyter Notebook，导入jieba后，就可以使用其功能，参见代码Code3-32。

Code3-32
```
[in] import jieba
     jieba.lcut("Python数据分析与财务应用")
[out] ['Python', '数据分析', '与', '财务', '应用']
```

3.4.3 import用法

模块中可能包含若干函数、类、变量的定义。编写好一个模块后，后续编程过程中需要用到该模块中的某个功能（如函数、类等）时，直接在程序中导入该模块即可。在程序中导入模块，就能调用该模块中"现成"的类和函数等。

非内置模块需要安装在Python虚拟环境，导入后才能使用。import语句用于实现模块的导入。使用import导入模块的语法格式主要有以下两种。

（1）import <模块名> ［as <别名>］。

上述语法格式可用于导入模块中的所有对象。使用时，以模块名作为前缀，即"模块名.对象名"，参见代码Code3-33（1）。

（2）from <模块名> import <函数名> ［as <别名>］。

上述语法格式仅仅导入模块中指定的对象，使用该对象时，对象前面无须再加模块名作为前缀，参见代码Code3-33（2）。使用*可以一次性导入模块中的所有对象，参见代码Code3-33（3）。

Code3-33
```
[in] import math as m           # 导入标准库math，别名为m              #（1）
     print(m.sqrt(16))          # 输出：4.0。因为16的平方根为4
     print(m.pi)                # 输出：3.141592653589793。这是圆周率的近似值
[out] 4.0
     3.141592653589793
[in] from math import sqrt                                         #（2）
     print(sqrt(16))            # 输出：4.0。因为16的平方根为4
[out] 4.0
[in] from math import *                                            #（3）
     print(sqrt(16))            # 输出：4.0。因为16的平方根为4
     print(sin(3.14)
[out] 4.0
     0.0015926529164868282
```

我们在第1章编写了第1个模块代码Code1-3，并下载为TheFirstModule.py，现在把它导入，参见代码Code3-34（1）。

导入模块的过程就是把该模块的模块名（变量）纳入当前模块。下面详细解析其执行过程。

（1）将模块TheFirstModule.py读入内存，并赋值给变量me。

（2）执行TheFirstModule.py模块代码。

① 首先是类Annuity的定义，其执行过程为给类中的方法presentvalue()分配标识地址。

② 执行if __name__== '__main__': <代码段>

· 在当前模块中，__name__的值为'__main__'。但是导入执行TheFirstModule.py模块是在类体空间中，__name__的值是'me'，不是'__main__'。if __name__ == '__main__'子句的判断结果为False。

· if子句条件不成立，则不执行条件代码段，由于没有elif和else代码段，所以程序执行完成并返回。

导入TheFirstModule.py后，就可以直接使用该模块中的资源。模块自成一个名字空间，引用方式为"模块名.函数""模块名.类名"等。我们可以反复使用其功能，参见代码Code3-34（2）。

```
                                                                        Code3-34
[in] import TheFirstModule as me                              #（1）
     ann1 = me.Annuity()                                      #（2）
     ann1.presentvalue(1000, 0.05, 5)
[out] 4329.48
```

这里再讲解一下if __name__ == '__main__'语句的含义。__name__是系统默认的模块名，当主模块运行时，__name__的值为'__main__'。系统给定的"模块.__name__"是import语句使用的名称，是该模块独有的。至此，读者应该能够理解一般主程序有if __name__ == '__main__'这一语句的目的，即用于调试代码，而引入模块不需要执行这一语句。

3.5　Python名字空间与变量作用域

名字空间也称名称空间，Python通过名字空间来避免不同的代码段同时使用相同标识符而造成冲突。本节介绍名字空间与变量作用域，帮助读者掌握相关知识。

3.5.1　名字空间

名字空间就是存放变量名和变量值绑定关系的地方，其实质是内存地址空间。名字空间用于实现变量名和变量值的映射，这大部分是通过Python字典来实现的，它的键就是变量名，它的值就是变量值。

在程序执行期间存在3种名字空间，这3种名字空间的作用域存在包含关系，如图3-1所示。

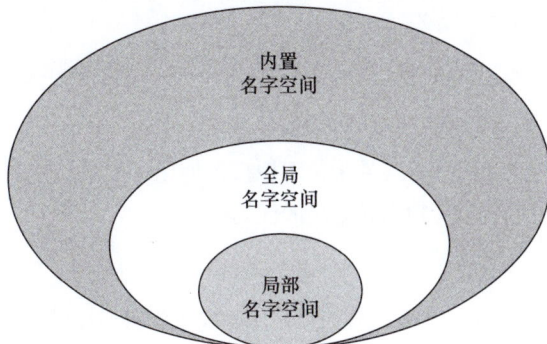

图3-1　3种名字空间

1. 内置名字空间

内置名字空间（Built-In Namespace）是Python解释器默认预定义大量内置函数和内置异常的名字空间。可以通过dir(__builtins__)来查看内置名字空间中的所有对象，参见代码Code3-35。

Code3-35

```
[in]  print(dir(__builtins__))
[out] ['ArithmeticError', 'AssertionError', ... , 'zip']
```

2. 全局名字空间

全局名字空间是模块中定义的对象的名字空间，包括变量、函数、类、导入的模块标识等。

3. 局部名字空间

局部名字空间（Local Namespace）是函数或类中定义的对象的名字空间，包括函数的参数、类的属性和局部定义的变量。

各个名字空间是独立的，没有任何关系，所以一个名字空间中不能有重名的变量，但不同的名字空间可以有重名的变量而不会有任何影响。

3.5.2 变量作用域

变量的访问权限取决于其声明的位置，这个位置被称为变量作用域。

1. 局部作用域

在函数内部声明变量时，该变量为局部变量，只能在函数内部使用。在函数调用结束后，其内部定义的局部变量会被销毁。如果在函数外部访问函数内部的局部变量，则需要将该变量作为函数的返回值传递来实现。

在类体中声明变量时，变量的生命周期和访问方式如下。

• 在任何方法之外赋值的变量属于类属性，其生命周期与类名称一致，但需要通过"类名.属性名"来访问。

• 在类体的类或方法本质上与类属性一样，具有与类属性类似的生命周期和访问方式。

• 在类体构造函数中以"self.变量名"赋值的实例属性，其生命周期与创建的实例对象一致，访问方式为"对象.属性名"。

• 在类体函数（包括构造函数）中赋值的变量为局部变量，其生命周期为函数执行期间，函数执行结束被销毁（不能访问）。

如果要在作用域外部使用具有局部作用域的变量，则需要使用关键字global声明。

2. 全局作用域

全局名字空间中的变量在整个.py文件中都可以直接使用。如果该变量名称与函数内部的局部变量名称冲突，则局部名字空间中的变量具有更高的优先级。

3. 内置作用域

Python解释器默认载入的函数和变量等的作用域都属于内置作用域，可以在任何地方直接使用。

以上讨论较为抽象，我们通过一个示例（参见代码Code3-36）来具体认识变量作用域，表3-1展示了代码Code3-36运行时，变量作用域的示例解析。

Code3-36

```
import random as rd
class Dubang():
    """杜邦分析"""
    entity = 'Dubang类属性'
    def roe(self, np, na):
        """ROE（净资产收益率）=np（净利润）÷na（净资产）×100%"""
        roe = round(np/na*100, 2)
        return roe
if __name__ == '__main__':
    dubang = Dubang()
    np = rd.choice([1, 2])
    na = rd.randint(10, 100)
    print(f'净利润{np}，净资产{na}，ROE为{dubang.roe(np, na)}')
```

表3-1　变量作用域的示例解析

次序	代码	说明	示例
1	import random as rd	导入random模块作为模块实例，其id值赋值给全局变量rd	
2	class Dubang(): ... entity = 'Du... def roe(self, ...	执行类Dubang的代码段，Dubang（类名）为全局变量；开辟类空间，entity和roe为类成员变量，分别指向对应对象	
3	if __name__ == ...	__name__是内置名字空间变量，值为'__main__'，因此if判断条件成立	—
4	dubang = Dubang()	对Dubang进行实例化，实例对象赋值给全局变量dubang	

次序	代码	说明	示例
5、6	np= rd.choice([1,2]) na= rd.randint...	执行rd的choice()和randint()函数，分别返回整数2和63并分别赋值给np和na，np和na为全局变量	
7	print(f'...,ROE{dubang.roe(np,na)}')	执行print()函数，首先进行函数参数表达式解析，然后打印输出	—
		第1步，首先解析np与na。然后将np和na的值(2,63)传给实例dubang的方法roe()，得到dubang.roe(2,63)后，调用实例方法	
		第2步，声明局部名字空间roe。进入Dubang类体中执行实例方法，传递参数{self:dubang, np:2, na:63}，得到方法roe(dubang, 2,63)，并进入函数体执行内置函数round()的表达式，把得到的值3.17赋值给局部变量roe	

续表

次序	代码	说明	示例
7	print(f'…,ROE{dubang.roe(np,na)}')	第3步，在roe局部名字空间中，将局部变量roe引用的对象3.17赋值给临时局部变量，并返回	
		第4步，dubang.roe(np,na)调用得到表达式的值3.17，同时销毁roe局部名字空间。调用内置函数print()输出：净利润2，净资产63，ROE为3.17	

　　以上解析烦琐且难以理解，需要仔细琢磨体会。在任意程序执行过程中，可以随时查看局部名字空间和全局名字空间中的变量。globals()返回的是由当前作用域内的全局变量及其数值构成的字典。locals()返回的是由当前作用域下局部变量及其数值构成的字典。

3.6　Python文件管理

　　Python数据存储在内存中，这种存储是暂时的，程序结束后数据就会丢失。如果希望程序结束后数据仍然可用，就需要将数据保存到文件中。因此，文件管理是编程语言的基本操作。本节介绍文件路径管理和Python文件基本操作，如打开文件、读取数据、操作数据、关闭文件等。

3.6.1 文件路径管理

文件路径简单来说就是文件的存放位置，它包括具体的盘符（磁盘分区）、文件夹（目录）和文件的名称+扩展名。

1. os模块

OS是操作系统（Operating System）的英文缩写。os模块是Python基于操作系统操作接口的标准库模块。os模块提供了大多数操作系统的功能接口函数，其引入参见代码Code3-37（1）。

2. 当前工作目录

每个运行在计算机上的模块都有一个"当前工作目录"。在Python中，使用os.getcwd()函数可以得到当前工作目录的字符串，也可以使用os.chdir()进行修改，参见代码Code3-37（2）。

```
                                                                              Code3-37
[in]  import os                                                          # (1)
      os.getcwd()                                                        # (2)
[out] 'C:\\Users\\DELL\\Desktop\\Python '
[in]  os.chdir('C:\\Windows\\System32')
      os.getcwd()
[out] 'C:\\Windows\\System32'
```

在Windows操作系统中，书写路径时使用反斜线（\）作为文件夹之间的分隔符。这里需要使用两个反斜线表示转义。从代码Code3-37中可以看到，原本当前工作目录为"C:\\Users\\DELL\\Desktop\\Python"，通过os.chdir()函数将其改成了"C:\\Windows\\System32"。

3. 绝对路径与相对路径

明确一个文件所在的路径有两种方式：通过绝对路径和通过相对路径。

（1）绝对路径。

在Window操作系统中，每个磁盘分区都有自己的根文件夹，以分区盘表示，如盘符（如C:、D:等）作为根文件夹。当描述一个文件路径时，从根文件夹开始描述的为绝对路径描述。

调用os.path.abspath(path)将返回path参数的绝对路径的字符串，参见代码Code3-38（1）。

（2）相对路径。

相对路径是相对于当前工作目录来定位文件或目录，而不是从根文件夹开始。如果当前工作目录为"C:\Windows"，文件atext.txt位于该工作目录，则atext.txt的相对路径表示为".\atext.txt"。".\"表示的是当前工作目录。与此类似，"..\"表示的是当前工作目录的上一级目录。

调用os.path.relpath(path, start)将返回从start路径到path的相对路径的字符串，参见代码Code3-38（2）。如果没有提供start参数，就使用当前工作目录作为start路径。

```
                                                                              Code3-38
[in]  os.path.abspath("atext.txt")                                       # (1)
[out] 'C:\\Windows\\System32\\atext.txt'
[in]  os.path.relpath('C:\\Windows', 'C:\\')                             # (2)
[out] 'Windows'
[in]  os.path.relpath('C:\\Windows', 'C:\\Python\\data')
[out] '..\\..\\Windows'
```

3.6.2　Python文件对象

1.　文本文件

文本文件是一种存储纯文本的文件。在计算机中，文本文件通常使用扩展名.txt。文本文件的内容可以由任何文本编辑器（如Notepad++、Sublime、Visual Studio Code等）读取和编辑。

文本文件只包含字符编码（如ASCII、UTF-8等），不包含其他二进制数据（如图片、音频、视频等）。在编程中，文本文件常用于存储数据，常见文本文件如配置文件、日志文件、源代码文件等。在Python中，可以使用内置的open()函数来读写文本文件。

2.　二进制文件

二进制文件（Binary File）是在计算机中直接存储为二进制编码的文件，通常不包括可以被人类直接读取的文本信息。二进制文件包括机器语言的数据（即0和1）或接近机器语言的数据，这些数据是为特定的应用程序或硬件系统设计的。二进制文件可以是可执行文件（如.exe、.bin文件等），也可以是数据文件（如.dat、.bin文件等）。

3.　文件读写

对文件的操作有很多种。创建、删除、修改权限等操作作用于文件本身，属于系统级操作。文件的系统级操作功能单一，比较容易实现。可以借助Python中的标准库模块（如os模块等），调用指定函数来实现文件的系统级操作。

文件写入、读取等操作作用于文件内容，属于应用级操作。文件的应用级操作的实现过程相对比较复杂。一个文件必须在打开之后才能对其进行操作，并且在操作结束之后，还应该将其关闭。文件的应用级操作分为以下3步。

（1）使用open()函数打开文件，该函数会返回一个文件对象。

（2）对文件对象进行读写操作。

① 可以使用read()读取文本文件或二进制文件数据，返回文件全部或指定数量的字符串或字节串，参见代码Code3-39（1）、Code3-39（5）。

② 可以使用readline()方法从文本文件中读取一行数据，包括"\n"字符，参见代码Code3-39（2）。如果指定参数，则读取指定字节数的字符。

③ 可以使用readlines()方法以行为单位读取文本文件的多行数据，读取的数据存入列表中，参见代码Code3-39（3）。可以指定参数来读取相应的行数。

④ 可以使用write()函数向文件中写入内容，参见代码Code3-39（4）。

（3）完成对文件的读写操作之后，需要使用close()函数关闭文件。

4.　open()函数

open()函数用于创建或打开指定文件，该函数的常用语法格式为：

```
file = open(file_name [, mode='r' [, buffering=-1 [, encoding = None ]]])
```

其中，各个参数的含义如下。

- file_name：要创建或打开的文件的文件名称，包括路径（默认为当前目录）。
- mode：可选参数，用于指定文件的打开模式，默认为只读模式。
- buffering：可选参数，表示是否使用缓冲区。
- encoding：手动设定打开文件时使用的编码方式。

open()函数支持的文件打开模式如表3-2所示。

表3-2　open()函数支持的文件打开模式

打开模式	说明	注意事项
r	以只读模式打开文件，文件指针位于文件的开头位置	操作的文件必须存在
rb	以二进制格式、只读模式打开文件	
r+	打开文件后，可以从头读写文件，写入的内容会覆盖等长度的原有内容	
rb+	以二进制格式、读写模式打开文件	
w	以只写模式打开文件，若该文件存在，打开时会清空文件	若文件存在，则覆盖文件；否则创建文件等
wb	以二进制格式、只写模式打开文件	
w+	打开文件后，会对原有内容进行清空，对该文件有读写权限	
wb+	以二进制格式、读写模式打开文件	
a	以追加模式打开文件，只有写入权限，文件指针位于文件末尾；若文件不存在，则创建文件	若文件存在，则追加内容；否则创建文件等
ab	以二进制格式只写模式打开文件，写入数据时追加到文件末尾	
a+	以读写模式打开文件，文件指针位于文件末尾	
ab+	以二进制格式读写模式打开文件，写入数据时追加到文件末尾	

文件打开模式决定了后续可以对文件做哪些操作，参见代码Code3-39。

Code3-39

```
[in]  file = open(r"..\data\zen.txt",mode="r")          #（1）
      conten = file.read()                               # 读取文件所有内容
      file.close()
      print(conten)
[out] The ...
[in]  file = open(r"..\data\zen.txt",mode="r")          #（2）
      content = file.readline()                          # 读取文件第一行
      while content:                                     # 判断是否读到文件末尾
          print(content, end='')                         # 使用 end='' 避免输出额外的换行符
          content = file.readline()                      # 继续读取下一行
      file.close()
[out] The ...
[in]  file = open(r"..\data\zen.txt",mode="r")          #（3）
      content = file.readlines()                         # 以行的形式读取文件
      file.close()
      for line in content:
          print(line, end='')                            # 使用 end='' 避免输出额外的换行符
[out] The ...
[in]  file = open(r"..\data\zen.txt",mode="w")          #（4）
      content = "ROE（净资产收益率）=np（净利润）÷na（净资产）×100%"
      file.write(content)
      file.close()
[in]  file = open("..\data\zen.txt","rb")               #（5）以二进制格式、只读模式打开文件
      bcontext = file.read()
      context = bcontext.decode(encoding = "GBK")        # 正常显示需要解码
      print(context)
      file.close()
[out] The ...
```

对于一般的数据文件，我们通常通过Pandas来读取文件，在第5章会详细介绍。

3.7　Python异常处理机制

异常是在程序执行过程中出现的不正常事件。本节主要介绍Python如何捕获和处理异常。

3.7.1　Python异常处理

当Python无法正常处理程序时，表示程序出现了错误。程序需要捕获并处理错误，否则会终止执行。

1. 错误类型

编写Python程序时遇到的错误大致可分为两类，分别为Python语法错误和Python运行错误。

（1）Python语法错误。

Python语法错误（Syntax Error）也就是解析代码时出现的错误，是由编写人员疏忽而造成的错误。当代码不符合Python语法规则时，解释器在解析时会提示语法错误，并明确指出探测到错误的语句，参见代码Code3-40（1）。

（2）Python运行错误。

Python运行错误即程序在语法上都是正确的，但在运行时发生了错误。Python运行错误是程序内部隐含的逻辑问题造成的数据错误或系统错误，参见代码Code3-40（2）。

```
                                                                           Code3-40
[in]  100a + 110                                          # （1）
[out] ...... SyntaxError: invalid decimal literal
[in]  a = 1/0                                             # （2）
[out] ...... ZeroDivisionError ...... : division by zero
```

2. 异常

在Python中把运行时产生错误的情况叫作异常。Python把异常归为一种类型，异常也是Python对象。Python常见异常如表3-3所示。

表3-3　Python常见异常

异常	含义	示例
AssertionError	当关键字assert后的条件为False时，程序运行会停止并抛出此异常	assert 0 > 1
AttributeError	当试图访问的对象属性不存在时，抛出此异常	a=1 a. len
IndexError	索引超出序列范围时抛出此异常	list1=['a', 'b'] list1 [2]
KeyError	在字典中查找一个不存在的关键字时，抛出此异常	d={} d['a']
NameError	当尝试访问一个未声明的变量时，引发此异常	Nonce
TypeError	执行不同类型数据之间的无效操作时，引发此异常	10+'100'
Zero DivisionError	除以零时抛出此异常	10/0

当一个程序发生异常时，默认情况下，程序要终止运行。要避免非正常终止运行就需要进行异常处理。

3. 异常处理

先捕获异常对象，再通过一定的逻辑代码让程序继续运行，这种根据异常做出相应的逻辑处理叫作异常处理。异常处理可提高程序的健壮性和人机交互的友好性。Python捕获和处理异常一般使用try-except语句来实现。

try-except语句的基本语法格式为：

```
try:
    有可能产生异常的代码段
except [ (Error1, Error2, … ) [as e] ]:
    处理异常的代码段1
except [ (Error3, Error4, … ) [as e] ]:
    处理异常的代码段2
…
except [Exception]:
    处理其他异常的代码段
```

在上述语法格式中，[ ]标识的部分为可选参数，其中各部分的含义如下。

- Error1，Error2，… 表示具体的异常类型。也就是说，一个except块可以同时处理多种异常。
- as e为可选参数，表示给异常类型起一个别名e。
- Exception表示程序发生了能够被捕获的异常以外的异常。

在try-except语句语法格式中，except块可以同时处理多种异常，但只有一个try子句被执行。当程序捕获到异常时，Python解释器会根据该异常类型选择对应的except块来处理该异常，参见代码Code3-41。

Code3-41

```
[in]  class Dubang():
          """杜邦分析"""
          entity = 'Dubang类属性'
          def roe(self, np, na):
              """ROE（净资产收益率）=np（净利润）÷na（净资产）×100%"""
              roe = round(np/na*100, 2)
              return roe
      if __name__=='__main__':
          dubang = Dubang()
          while True:
              try:
                  np = float(input('请输入企业净利润: '))
                  na = float(input('请输入企业净资产: '))
                  print(f"ROE:{dubang.roe(np, na)}")
                  break
              except TypeError:
                  print("请重新输入企业的净利润和净资产! ")
              except ZeroDivisionError:
                  print("净资产不能为0，请重新输入! ")
              except Exception:
                  print("不知道出了什么错误! ")
```

```
[out] 请输入企业净利润: $100
      不知道出了什么错误!
      请输入企业净利润: 100
      请输入企业净资产: 0
      净资产不能为0, 请重新输入!
      请输入企业净利润: 100
      请输入企业净资产: 500
      净资产收益率: 20.0
```

代码Code3-41实现了手动输入np和na的值, 并把输入的字符串转换成浮点数, 再调用类方法来计算ROE。为了避免异常使程序非正常中断, 在代码段中使用了while循环和try子句。依次输入$100、100、0、100、500后, 执行结果如代码Code3-41所示。

3.7.2　raise语句用法

程序由于错误而产生的运行异常可以通过优化程序来解决。但有些异常是程序正常运行时故意抛出的, 比如用raise语句手动引发的异常。

raise语句的基本语法格式为:

```
raise [exceptionName [(reason)]]
```

参见代码Code3-42。

Code3-42

```
[in] try:
         p = int(input("请输入查询的会计期间: "))
         if (p not in range(1, 13)):
             raise ValueError("必须输入1~12的数字! ")
     except ValueError as e:
         print("输入的数据错误", repr(e))
[in] 2
[out] 请输入查询的会计期间: 2
[in] 13
[out] 请输入查询的会计期间: 13
      输入的数据错误 ValueError('必须输入1~12的数字! ')
[in] q
[out] 请输入查询的会计期间: q
      输入的数据错误 ValueError("invalid literal for int() with base 10: 'q'")
```

在代码Code3-42中, 为了确保输入的会计期间为1~12, 采用了raise语句。如果输入的p值不是1~12的数字, 则抛出一个异常, 并进行相应处理。

3.7.3　Python上下文处理

对于系统资源, 如文件、数据库连接等, 应用程序打开这些资源并执行完业务逻辑之后, 必须做的一件事就是关闭该资源。Python为实现上述操作, 提供了上下文管理器, 它使用with子句来处理上下文管理对象。

with子句可以看作对try子句的简化, 用于对软件系统中的资源进行管理。with子句常用的语法格式为:

```
with open(file, 'r') as f:
    代码段
```

参见代码Code3-43。

```
[in] with open("..\data\zen.txt") as f:
         zen = f.read()
         print(zen)
```
Code3-43

在代码Code3-43中，先打开zen.txt，读取文件内容后，上下文管理器会自动关闭文件，无须用户手动关闭。

【Python财务数据分析】——普通年金现值系数表

1. 实践目的

通过Python财务数据分析实例——普通年金现值系数表，深刻体会Python函数和类的编程思想。

2. 财务问题

年金可以分为以下几类。

- 普通年金：每期期末收付等额款项的年金，也称后付年金。这种年金在日常生活中最为常见。

- 即付年金：每期期初获得收入的年金，也称先付年金。

- 递延年金：第一次收付款项发生时间不在第一期期末，而是隔若干期后才开始发生的系列等额收付款项。它是普通年金的特殊形式。

- 永续年金：无限期等额收付的年金，可视为普通年金的特殊形式，如存本取息的利息、无限期附息债券的利息等。

构建一个年金类，以便随时结算年金，或生成报表。

3. 实践指南

年金属性包括等额收付的金额A、利率i、期数n、增长率g等。可以定义年金类——Annuity，参见代码Code3-44。

Code3-44

```
class Annuity(object):
    """普通年金是指一定期间内每期等额收付的款项。"""
    def __init__(self, A, i, n=None, g=0):
        self.A = A                          # 每期等额
        self.i = i                          # 利率
        self.n = n                          # 期数
        self.g= g                           # 增长率
```

普通年金为年金的一种类型，是年金的子类。普通年金的属性包括等额收付的金额A、利率i、期数n。普通年金现值的计算公式为：

$$P(A,i,n) = A \times \frac{1 - \dfrac{1}{(1+i)^n}}{i}$$

定义普通年金类OrdinaryAnnuity，其为Annuity类的子类，参见代码Code3-45。

Code3-45

```
class OrdinaryAnnuity(Annuity):
    """普通年金在一定时期内每期期末等额收付，也称后付年金"""
    def P(self):                    # 现值计算方法
        p = self.A *( 1/self.i - 1/(self.i*(1+self.i)**self.n))
        return round(p,2)           # 保留2位小数
```

普通年金现值系数是指当A等于1的现值，通常表示为$(P/A,i,n)$，计算公式为：

$$(P/A,i,n) = P(1,i,n) = 1 \times \frac{1 - \dfrac{1}{(1+i)^n}}{i}$$

为降低编程复杂度，只输出利率为0.01～0.1，期数为1～10年的普通年金的现值系数表，参见代码Code3-46。

Code3-46

```
def table(r_max,n_max):
    # 输出表头
    print("普通年金现值系数表".center(79))
    print("(P/A, i, n) = [1-1/(1+i)^n]/i".center(79))
    # 输出表格第一行，标题行
    tablehead(r_max)
    # 输出表体
    tablebody(r_max,n_max)
def tablehead(r_max):
    print("-"*(76+int(r_max*100)))
    print("P/A(%)".center(int(80/int(r_max*100+1))),end='')
    for t in range(1,int(r_max*100+1)):
        print("|"+str(t).center(int(80/int(r_max*100+1))),end='')
    print("",end="\n")
    print("-"*(76+int(r_max*100)))
def tablebody(r_max,n_max):
    for i in range(1,n_max+1):
        print(str(i).center(int(80/int(r_max*100+1))),end='')
        for j in range(1,int(r_max*100+1)):
            rate = j/100
            a0 = OrdinaryAnnuity(1,rate,i)
            p = a0.P()
        print("|"+str(p).center(int(80/int(r_max*100+1))),end='')
        print()
    print("-"*(76+int(r_max*100)))
```

在上述代码中，r_max为输入的利率上限，n_max为期数上限。

代码Code3-47是普通年金现值系数表主程序，完成现值系数表。打印输出在主程序中，我们的目标是调用table(r_max,n_max)函数。在调用该函数之前，需要用户输入普通年金现值系数表的

利率上限和期数上限，为了提升程序的容错能力，使用while循环和try子句，以保证输入在允许范围内，参见代码Code3-47。

Code3-47

```
if __name__ =='__main__':
    while True:
        try:
            r_max = float(input("请输入r_max: "))
            if not 0.01<r_max<=0.1:
                raise ValueError("r_max最大值必须为0.01～0.1的数字")
                n_max = int(input("请输入n_max: "))
            if not 1<n_max<=10:
                raise ValueError("n_max最大值必须为1～10的数字")
                break
        except ValueError as e:
            print("输入数据范围错误! ",repr(e))
        except Exception:
            print("输入数据类型错误! ")
    table(r_max,n_max)
```

任意输入利率上限r_max和期数上限n_max，可得到普通年金现值系数表，程序运行结果如图3-2所示。

```
请输入r_max: 0.5
输入数据范围错误! ValueError('r_max最大值必须为0.01～0.1的数字')
请输入r_max: 0.08
请输入n_max: 9
                      普通年金现值系数表
                   (P/A,i,n)=[1-1/(1+i)^n]/i
--------------------------------------------------------------------------------
P/A（%）|   1   |   2   |   3   |   4   |   5   |   6   |   7   |   8
--------------------------------------------------------------------------------
   1   | 0.99  | 0.98  | 0.97  | 0.96  | 0.95  | 0.94  | 0.93  | 0.93
   2   | 1.97  | 1.94  | 1.91  | 1.89  | 1.86  | 1.83  | 1.81  | 1.78
   3   | 2.94  | 2.88  | 2.83  | 2.78  | 2.72  | 2.67  | 2.62  | 2.58
   4   | 3.9   | 3.81  | 3.72  | 3.63  | 3.55  | 3.47  | 3.39  | 3.31
   5   | 4.85  | 4.71  | 4.58  | 4.45  | 4.33  | 4.21  | 4.1   | 3.99
   6   | 5.8   | 5.6   | 5.42  | 5.24  | 5.08  | 4.92  | 4.77  | 4.62
   7   | 6.73  | 6.47  | 6.23  | 6.0   | 5.79  | 5.58  | 5.39  | 5.21
   8   | 7.65  | 7.33  | 7.02  | 6.73  | 6.46  | 6.21  | 5.97  | 5.75
   9   | 8.57  | 8.16  | 7.79  | 7.44  | 7.11  | 6.8   | 6.52  | 6.25
--------------------------------------------------------------------------------
```

图3-2　程序运行结果

本章小结

本章主要介绍了Python编程相对深入的知识。在程序设计时，出于效率和安全等考虑，需要把代码封装成函数和类，其中的函数式编程是读者必须掌握的内容。同时，读者需要掌握简单的面向对象程序设计方法，理解面向对象中的封装、继承和多态的概念。了解变量作用域、文件管理、异常处理和上下文管理器等内容，能够使读者编写的程序更专业，但要熟练运用这些内容需要经历一个逐步深入的过程。

习题

一、选择题

1. 下面有关Python面向对象的思想，不正确的是（　　）。

A. 将常用的代码打包成一个函数是语句封装

B. 容器类数据类型是数据封装

C. 把所有代码写在一个主程序中是程序封装

D. 描述事物特征的数据和代码段是类封装

2. 下面关于Python类的描述，不正确的是（　　）。

A. 可以访问或修改实例属性，甚至可以添加或者删除实例属性

B. 可调用实例对象的方法，也可给类对象动态添加方法

C. 构造函数用于创建实例对象，类也可以没有构造函数

D. 创建类的实例对象时，Python解释器不会自动调用构造函数

3. 下面关于filter()函数的语法格式，正确的是（　　）。

A. filter(lambda, iterable)

B. filter(iterable, function)

C. filter(function | None, iterable)

D. filter(iterable, function | None)

4. 从根文件夹开始描述一个文件的路径为（　　）。

A. 当前路径　　　B. 相对路径　　　C. 绝对路径　　　D. 复杂路径

5. Python语句"foo = (lambda x,y:x>y)(3,5)"运行后，foo的值为（　　）。

A. true　　　B. True　　　C. False　　　D. false

6. 当在主模块中运行Python程序时，__name__的值为（　　）。

A. "__file__"　B. "__class__"　C. "__module__"　D. "__main__"

7. 当代码不符合Python语法规则时，解释器在解析时会提示（　　）。

A. AssertionError　　　　　B. IndexError

C. SyntaxError　　　　　　D. KeyError

8. （　　）可以看作对try子句的简化，用于对软件系统中的资源进行管理。

A. with子句　B. for子句　　　C. if子句　　　D. while子句

9. Python中的包指的是（　　）。

A. 包含若干Python模块的文件夹　　B. 包含若干Python类的文件夹

C. 包含若干Python函数的文件夹　　D. 包含若干Python对象的文件夹

10. （　　）是调用函数function_name(x, y, z)时使用关键字参数的正确示例。

A. function_name(1, 2, 3)

B. function_name(x=1, 2, z=3)

C. function_name(1, z=2, y=3)

D. function_name(x=1, 2, 3)

二、判断题

1. 在Python中，可变数据类型的参数在函数调用时进行值传递。（　　）

2. 默认参数在函数定义中必须位于非默认参数之后。（　　）

3．map()函数返回的是一个列表。（　　　　）

4．类方法使用@classmethod修饰符进行修饰，而实例方法不需要使用修饰符。（　　　　）

5．静态方法在类的定义中是作为一个普通的函数存在的。（　　　　）

6．当Python程序发生异常时，默认情况下，程序会继续运行。（　　　　）

7．open()函数支持多种文件打开模式，使用r只读模式打开文件时，文件指针位于文件末尾。（　　　　）

8．基本模块是Python中的一个模块。该模块提供对Python的所有内置标识符的直接访问，不需要用户手动引用。（　　　　）

9．在Python中，return语句在同一函数中不可以出现多次。（　　　　）

10．在Python中，有一些异常是程序正常运行的结果，比如用raise语句手动抛出的异常。（　　　　）

三、程序题

1．请写出如下代码的运行结果。尝试输入并运行这些代码，验证自己的判断。

（1）input()函数。

```
凭证号=input("凭证号:") or '20230528'    # 键入回车
print(凭证号)
```

（2）用strip()去除字符串两端的空白符。

```
科目名称=input("科目名称:").strip("")    # 键入若干空格" 材料采购 "
print(科目名称)
```

（3）用split()解包input()接收的多个输入。

```
科目代码=input("科目代码:").split(",")    # 键入"1401，2221，100202"
print(科目代码)
```

（4）简单的交互。

```
response = input("保存记账凭证（Y/确认）: \n")    # 键入Y
if response.upper() =="Y":
  print("已保存记账凭证……")
else:
  print("已取消……")
```

（5）用print()输出多个变量或值。

```
记账凭证={'凭证号':'230052', '制单日期':'2023年5月28日'}
print(f"凭证号：{记账凭证['凭证号']}" + " "*4 +
  f"制单日期：{记账凭证['制单日期']}")
```

（6）使用end参数决定不换行输出，接第（5）题。

```
print(f"凭证号：{记账凭证['凭证号']:>8}",end="    ")
print(f"制单日期：{记账凭证['制单日期']:>12}",end="    ")
```

（7）使用sep参数决定用什么分隔符来分隔多个值或变量，接第（6）题。

```
print(f"凭证号：{记账凭证['凭证号']}" + " "*4 ,
  f"制单日期：{记账凭证['制单日期']}",sep='|')
```

（8）导入模块和函数应用。

```
import math
def move(x, y, step, angle=0):
  nx =round(x + step * math.cos(angle))
  ny =round(y + step * math.sin(angle))
  return nx, ny
move(0, 0, 1, 3.14/3)
```

2．接第2章的习题"三、程序题"中的第1题，要求如下。

（1）请编写函数和主程序，输入任意企业的从业人员和营业收入数据，判断企业类型。

（2）结合第2章"【Python财务数据分析】"中的"农、林、牧、渔业"行业企业类型的判断标准，采用类和函数编程，给定企业规模属性，判断企业类型。

3．接本章【Python财务数据分析】中的普通年金现值系数表程序，要求如下。

（1）修改原有代码，并增加"递延年金"和"预付年金"两个子类。

（2）编写或重写计算现值和终值的实例方法。

（3）编写主程序，输入任意年金的属性值，得到其现值和终值。

## 第4章

NumPy数据科学基础

NumPy是用Python进行科学计算的基础包，对于Python在数据分析、机器学习等领域的应用非常重要。NumPy和Pandas在数据处理和数据分析中各有优势，NumPy更适合处理数组，而Pandas更适合处理表格和混杂数据。在实际应用中，两者经常结合使用，以提供强大的数据处理和数据分析能力。本章介绍NumPy基础，为读者后续学习Pandas打下基础。

本章学习目标：
（1）掌握NumPy的ndarray对象的创建方法及其简单应用；
（2）了解NumPy提供的数学运算函数的应用；
（3）理解NumPy对不同形状数组进行数学运算的广播机制；
（4）掌握NumPy用于生成随机数或随机序列的方法。

4.1 NumPy基础

Anaconda包含NumPy，因此我们无须安装NumPy。ndarray对象（数组）是NumPy的核心，本节介绍NumPy ndarray对象的相关知识。

4.1.1 NumPy ndarray对象

1. 创建ndarray对象

ndarray对象是由具有相同数据类型（dtype）的元素组成的数组的集合。其每个元素都占有大小相同的内存块。可通过NumPy的array（）函数创建ndarray对象，参见代码Code4-1（1）。

可以用多种方法创建NumPy ndarray对象。创建ndarray对象最简单的方法之一是使用array（）函数。我们向函数传递包含一组列表的列表，要求这组列表的组成列表的长度相等。每个组成列表为ndarray对象中的一行，并且这些组成列表的元素填充了ndarray对象的列。由于示例输入的嵌套级别是2，因此生成的ndarray对象是二维的，参见Code4-1（1）。

2. ndarray对象与Python列表的比较

尽管ndarray对象与Python列表类似，但是它们在性能和操作上存在巨大差异。

（1）ndarray对象具有固定大小，在内存中的存储是连续的，这使得NumPy ndarray对象在进行数学运算时通常比Python列表更快。

（2）ndarray对象中的所有元素都必须具有相同的数据类型，而Python列表中可以包含不同数据类型的元素。

（3）ndarray对象提供了丰富的函数和工具，包括线性代数、统计、傅里叶变换等；Python列表没有内置这些功能，只能通过循环结构和内置函数（如sum()、len()等）进行基本的操作。

（4）ndarray对象支持广播（Broadcast）机制，这是一种处理不同形状数组之间的运算的强大功能；Python列表没有广播机制。

3. ndarray对象属性

ndarray对象属性包括：ndim，即维数（轴数）；shape，即ndarray对象的形状；dtype，即维度空间内的数据类型；size，即元素总数，也可以将其理解为维度空间内容纳的元素的数量等。具体示例参见Code4-1（2）。

```
                                                                          Code4-1
[in]  import  numpy  as  np                    # （1）
      a = np. array([[1, 2, 3],  [4, 5, 6]])    # 使用列表创建ndarray对象
      print(a)
      print(type(a))                           # 输出ndarray对象
[out] [[1 2 3]
      [4 5 6]]
      <class 'numpy.ndarray'>
[in]  print(f'a. ndim:{a. ndim}  a. shape:{a. shape}  a. dtype:{a. dtype}  a. size:{a. size}')    # （2）
[out] a. ndim:2 a. shape:(2,  3) a. dtype:int32 a. size:6
```

a是二维的，这意味着可以使用两个整数集对ndarray对象进行索引。计算ndarray对象维数最简单的方法是查询ndarray对象的ndim属性，也可以查询ndarray对象的shape属性来获取数组维数，ndarray对象维数等于在shape属性中看到的数字个数。对于a，这意味着它具有两行三列。NumPy ndarray对象的索引是从0开始的，第一个元素的索引为0，最后一个元素的索引为整数$n-1$，其中，n是ndarray对象在相应维度的长度。

4. ndarray对象维数

ndarray对象维数指的是轴数。例如，a是一个ndarray对象，若只有一个轴，用a[x]就可以精确定位其每个元素的位置。若a有两个轴，则用a[x][y]可以精确定位到它的一个元素。我们以三维ndarray对象为例进行说明，参见代码Code4-2。

```
                                                                          Code4-2
[in]  a = np. array([ [ [1, 2, 3],
                  [4, 5, 6] ],
                [ [7, 8, 9],
                 [10, 11, 12] ] ])
      print(a)
      print(f'a. ndim:{a. ndim}, a. shape:{a. shape}, a. dtype:{a. dtype}, a. size:{a. size}')
      print(f'a[0][0][0]:{a[0][0][0]}, a[1][1][1]:{a[1][1][1]}')
[out] [[[ 1  2  3]
       [ 4  5  6]]
      [[ 7  8  9]
       [10 11 12]]]
      a. ndim:3, a. shape:(2, 2, 3), a. dtype:int32, a. size:12
      a[0][0][0]:1, a[1][1][1]:11
```

在上述代码中，a有3个轴，用a[x][y][z]或者a[x, y, z]就可以精确定位到它的每个元素的位置。a. shape返回(2, 2, 3)。a[x][y][z]的索引取值不能超出这个范围，即x的取值范围为0～1，y的取值范围为0～1，z的取值范围为0～2。对a进行切片，有3个轴可以操作，如图4-1所示。

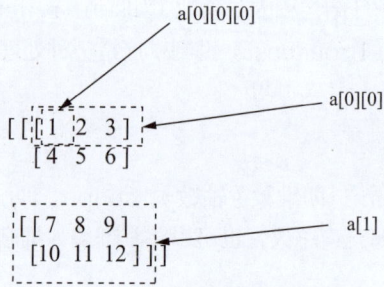

图4-1 ndarray对象a的切片示意

参见代码Code4-3。

Code4-3

```
[in]  a[0]                # 第一个方括号中的第一个元素
[out] array([[1, 2, 3],
     [4, 5, 6]])
[in]  a[0][1]             # 第一个方括号中的第一个元素中的第二元素
[out] array([4, 5, 6])
```

4.1.2 NumPy区间数组

在NumPy中可以创建特定区间范围的区间数组，用于生成一系列连续或间隔固定的数值。常用的函数包括np.arange()、np.linspace()。这些函数可以帮助快速创建不同类型的区间数组。

1. numpy.arange()函数

使用arange()创建给定数值范围的数组，语法格式为：

```
numpy.arange(start, stop, step, dtype)
```

arange()函数中的参数与内置函数range()的类似。但是range()中的参数要求是整数，而arange()没有这个要求，参见代码Code4-4。

Code4-4

```
[in]  np.arange(0.1, 1, 0.2)
[out] array([0.1, 0.3, 0.5, 0.7, 0.9])
```

2. numpy.linspace()函数

linspace()在指定的数值范围内，返回间隔均匀的一维等差数组，默认均分为50份，语法格式为：

```
np.linspace(start, stop, num=50, endpoint=True, retstep=False, dtype=None)
```

linspace()中的参数较容易理解，参见代码Code4-5。

Code4-5

```
[in]  x = np.linspace(1, 2, 5, endpoint = False , retstep = True)
    print(x)
[out] (array([1. , 1.2, 1.4, 1.6, 1.8]), 0.2)    # 0.2为公差
```

4.1.3　NumPy广播机制

广播机制是NumPy中的一项功能，它允许不同形状的数组在算术运算中进行自动扩展和对齐。

1. 形状相同的数组的计算

若两个数组的形状完全相同，则可以直接对其进行相应的对应数字位上的运算，参见代码Code4-6。

```
                                                                        Code4-6
[in]  a = np.array([0.1, 0.2, 0.3, 0.4])
      b = np.array([1, 2, 3, 4])
      c = a * b
      print(c)
[out] [0.1 0.4 0.9 1.6]
```

2. 具有不同形状的数组的计算

对两个形状不同的数组进行计算时，需要使用NumPy的广播机制来保持数组形状相同。广播机制的核心是对形状较小的数组，在横向或纵向上进行一定次数的复制，使其与形状较大的数组拥有相同的维度。

广播机制如下。

* 如果两个数组的维数不相同，那么将在具有较小维数的数组左侧补充1，直到它们的维数相同。在代码Code4-7中，a的形状为(4,3)，b的形状为(,3)。这样，b的形状不足，需要在其左侧补充1，变成(1,3)。

* 对于两个数组，从末尾的维度（即最右边的维度）开始比较。如果两个数组的对应维数相同，或者其中一个数组在该维数的大小为1，那么它们在这个维数上是兼容的。数组a和数组b最右边的维数同为3，接下来是4和1，因此数组兼容，可以进行广播。如果两个数组的对应维数大小都不为1，并且不相同，那么它们在这个维数上是不兼容的，无法进行广播。

* 输出数组的形状是输入数组的形状中各个轴上的最大值。当数组的某个轴的长度为1时，沿着此轴运算时都用该轴上的第一组数据。在代码Code4-7中，b的形状为(1,3)，要沿着该轴复制4份数据，如图4-2所示。

广播机制将维数或形状比较小的数组扩展到更大范围，使得参与操作的数组维数相同，各个维数的长度相同。当进行运算的两个数组形状不同时，NumPy会自动触发广播机制，参见代码Code4-7。

```
                                                                        Code4-7
[in]  a = np.array([[0, 0, 0],
            [1, 1, 1],
            [2, 2, 2],
            [3, 3, 3]])
      b = np.array([10, 20, 30])
      print(a + b)              # 形状不同的b与a计算
[out] [[10 20 30]
      [11 21 31]
      [12 22 32]
      [13 23 33]]
```

通过图4-2展示NumPy数组广播机制实现流程。

在图4-2中，a（二维数据4×3）与b（一维数据1×3）相加时，NumPy把b在纵向上从上向下扩展3次（将第一行复制3次），从而生成与a形状相同的数组，之后再与a进行运算。

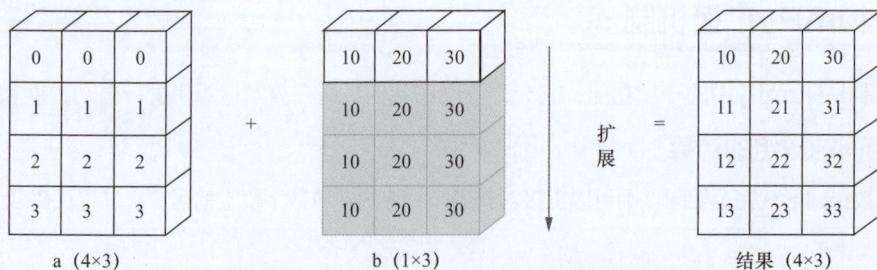

图4-2 NumPy数组广播机制实现流程示意

4.2 随机函数

本节详细介绍Python标准库random和numpy.random模块。

4.2.1 Python标准库random

在Python编程中，我们经常需要生成随机数来模拟真实情况、实现游戏逻辑、进行数据采样等。Python提供了一个名为random的Python标准库，其为我们提供了丰富的随机数生成功能。random库的功能包括随机数生成、随机数种子设置、随机元素选择、洗牌等。下面介绍random库的常用函数。

1. 基本随机数函数

（1）seed()函数。

random.seed()函数用于设置随机数种子。种子是一个整数，它决定了随机数序列的起点。为随机数设置一个特定的种子后，从该起点开始生成的随机数序列始终相同。具体示例参见代码Code4-8（1）。

（2）random()函数。

random.random()函数用于生成一个伪随机数，这个数在[0.0, 1.0)范围内，即包括0.0但不包括1.0。每次调用random()时，如果没有设置特定的随机数种子，则它都会返回一个不同的随机数。具体示例参见Code4-8（2）。

```
                                                                            Code4-8
[in]  import random              # 引入标准库random
      random.seed(10)            # 随机数种子为10                    #（1）
      random.random()            # 生成一个[0.0, 1.0)内的随机数        #（2）
[out] 0.5714025946899135
[in]  random.random()            # 生成另一个随机数                   #（2）
[out] 0.4288890546751146
[in]  random.seed(10)            # 重新设置随机数种子为10             #（1）
      random.random()            # 生成一个相同的随机数               #（2）
[out] 0.5714025946899135
```

2. 扩展随机数函数

（1）randint()函数。

random.randint(a, b)函数生成的随机数将是a~b（包括两端）的一个整数。如果不设置随机数种子（即不使用seed()），则每次调用都会返回不同的随机数。具体示例参见代码Code4-9(1)。

（2）randrange()函数。

random.randrange(start，stop[，step])函数用于生成一个在指定范围内的随机整数。函数参数有3个：start为随机整数的起始值（包含）；stop为结束值（不包含）；step（可选）为步长，默认为1。具体示例参见代码Code4-9（2）。

（3）uniform()函数。

random.uniform(a，b)函数生成的随机数将是a～b（包括两端）的一个浮点数。具体示例参见代码Code4-9（3）。

```
                                                                      Code4-9
[in]  random_int = random.randint(1, 10)        # 生成1～10的随机整数          # (1)
      print(random_int)
[out] 7
[in]  random_integer_with_step = random.randrange(0, 100, 10)                # (2)
      print(random_integer_with_step)          # 0, 10, 20, ..., 90 中的任意一个整数
[out] 90
[in]  random_float = random.uniform(1.0, 10.0)                              # (3)
      print(random_float)                       # 1.0～10.0的浮点数
[out] 1.1334920142209832
```

（4）choice()函数。

random.choice(seq)函数用于从一个非空序列（如列表、元组、字符串等）中随机选择一个元素。具体示例参见代码Code4-10（1）。

（5）shuffle()函数。

random.shuffle(seq)函数用于将序列中的元素随机打乱。具体示例参见代码Code4-10（2）。

```
                                                                      Code4-10
[in]  company = ["中国平安", "IBM", "中国石油", "Huawei"]                      # (1)
      random_company = random.choice(company)
      print(random_company)
[out] Huawei
[in]  num= [1, 2, 3, 4, 5, 6, 7, 8, 9, 10]                                  # (2)
      random.shuffle(num)  # 洗牌
      print(num)
[out] [8, 7, 9, 3, 5, 2, 10, 1, 6, 4]
```

（6）sample()函数。

random.sample(population，k)函数可以从指定的序列中随机选择k个元素。具体示例参见代码Code4-11（1）。

（7）gauss()函数。

random.gauss(mu，sigma)函数可以生成具有指定均值和标准差的随机浮点数，随机浮点数符合正态分布。具体示例参见代码Code4-11（2）。

```
                                                                      Code4-11
[in]  company = ["中国平安", "IBM", "中国石油", "Huawei"]        # (1)
      samples = random.sample(company, 2)
      print(samples)
[out] ['中国石油', 'Huawei']
```

```
[in]  random_num = random.gauss(0, 1)  # 均值为0、标准差为1的正态分布随机数   #（2）
      print(random_num)
[out] -0.3108219876228117
```

random为Python编程提供了强大的随机数生成功能。通过这些功能，可模拟真实情况、增强数据样本的多样性等。

4.2.2　np.random模块

与标准库random类似，np.random模块是NumPy提供的用于生成随机数的模块，它包含了各种随机数生成函数，支持多种概率分布和随机采样功能。

1. np.random.rand()函数

np.random.rand()函数用于生成一个或多个服从[0.0, 1.0)均匀分布的随机浮点数。如果没有传入任何参数，它会返回一个随机浮点数；如果传入一个整数d，则返回一个形状为(d_n)的一维数组；如果传入多个整数参数d_1, d_2, …, d_n，它会返回一个形状为$(d_1, d_2, …, d_n)$的多维数组。具体示例参见代码Code4-12。

```
                                                                          Code4-12
[in]  import numpy as np
      np.random.rand(3, 2)
[out] array([[0.27386254, 0.62518607],
             [0.02260494, 0.98260838],
             [0.63939615, 0.14138954]])
```

2. np.random.randint()函数

np.random.randint(low, high=None, size=None, dtype='1')函数的应用如代码Code4-13所示，其生成元素为1~9，形状为(3, 4, 2)的数组。

```
                                                                          Code4-13
[in]  random_array_3d = np.random.randint(1, 10, size=(3, 4, 2))
      print(random_array_3d)
[out] [[[1 6]
      ...  [4 2]]]              # 完整输出参见本书配套资源文件
```

3. np.random.randn()函数

np.random.randn()函数用于生成符合标准正态分布（高斯分布）的随机数，其均值为0，标准差为1。它将返回一个或多个（取决于传递的维度）从标准正态分布中抽取的随机样本。具体示例参见代码Code4-14（1）。

4. np.random.choice()函数

np.random.choice()函数适用于从一个离散集合中抽取随机样本的场景。该函数的基本语法格式如下。

```
np.random.choice(a, size=None, replace=True, p=None)
```

- a：一维数组或整数，为可选离散数据或给定的一个范围。
- size：输出数组的形状。

- replace：布尔值，表示选择时是否允许替换。
- p：一维数组，指定a中每个元素被选中的概率。

具体示例参见代码Code4-14（2）。

```
# 以下从标准正态分布中抽取随机样本                                              # （1）
np.random.randn()                   # 返回一个标量（单个数字）
np.random.randn(5)                  # 返回一个长度为5的一维数组，服从标准正态分布
np.random.randn(2, 3)               # 返回一个服从标准正态分布2×3的二维数组
# 从0~4中随机选择3个元素，允许替换                                              # （2）
samples = np.random.choice(5, size=3, replace=True)
# 从数组 [1, 2, 3, 4] 中随机选择3个元素，允许替换
samples = np.random.choice([1, 2, 3, 4], size=3, replace=True)
# 使用概率数组指定选中的概率
a = [1, 2, 3, 4]
p = [0.1, 0.2, 0.3, 0.4]   # 注意p的元素之和为1
samples = np.random.choice(a, size=5, p=p, replace=True)
```
Code4-14

5. np.random的其他函数

np.random.shuffle(x)用于将序列x中的元素随机打乱，与random.shuffle()不同，它接收NumPy数组作为输入；np.random.uniform(low=0.0, high=1.0, size=None)用于生成在[low, high)内的随机浮点数或数组；np.random.normal(loc=0.0, scale=1.0, size=None)用于生成服从正态分布的随机数或数组，其中，loc为均值，scale为标准差。

4.3　NumPy常用数学运算函数

本节简要介绍NumPy常用数学运算函数。

NumPy提供了丰富的数学运算函数，用于对数组中的元素进行各种数学操作。这些函数可以对数组进行逐元素的计算，也可以执行更高级的线性代数运算和统计操作。表4-1展示了一些常用的NumPy数学运算函数。

表4-1　常用的NumPy数学运算函数

函数	说明	示例
np.mean()	将数组中的所有元素相加，然后除以数组的长度得到均值	arr = np.array([1, 2, 3, 4, 5]) mean = np.mean(arr)
np.median()	将数组按升序排列，然后找到中间位置的元素作为中位数，如果数组长度为偶数，则取中间两个数的均值作为中位数	median = np.median(arr)
np.std()	计算数组的标准差。标准差用于衡量数据的离散程度，即衡量每个数据点相对于均值的偏离程度	std = np.std(arr)
np.var()	计算数组的方差。方差用于衡量数据的离散程度，它是每个数据点与均值的差的平方的平均值	var = np.var(arr)
np.min()/ np.max()	找到数组的最小值/最大值	min_value = np.min(arr) max_value = np.max(arr)
np.sum()	计算数组元素的总和	sum_value = np.sum(arr)
np.prod()	计算数组元素的乘积	prod_value = np.prod(arr)

续表

函数	说明	示例
np. percentile ()	计算数组的分位数	p = np.percentile (arr, 50)
np. any ()	检查数组中是否有任意一个元素满足条件	any_value = np. any (arr > 3)
np. all ()	检查数组中的所有元素是否都满足条件	all_value = np. all (arr > 0)

NumPy还提供了逐个作用于元素的数学运算函数，如numpy. sqrt ()、numpy. exp ()、numpy. log ()、numpy. log10 ()、numpy. sin ()、numpy. abs ()、numpy. floor ()、numpy. ceil ()、numpy. mod ()等。

NumPy的线性代数函数包括：计算方阵的特征值和特征向量的numpy. linalg. eig ()，计算两个数组的点积的numpy. dot ()，计算两个向量的点积的numpy. vdot ()，计算向量的范数或矩阵的范数的numpy. linalg. norm ()等。

【Python财务数据分析】——A股上市公司历年每股收益指标统计分析

1. 实践目的

通过财务管理实例——A股上市公司历年每股收益指标统计分析，深刻体会NumPy强大的科学计算功能。

2. 财务问题

表4-2所示为数据文件"每股指标na. csv"的前5行数据，是A股上市公司历年每股收益指标数据，我们需要对该数据进行探索性数据分析，分别计算A股上市公司每年的"每股收益""每股净资产""每股营业收入"的均值和中位数（Median）。

表4-2　A股上市公司历年每股收益指标

股票代码	统计日期	每股收益（元）	每股净资产（元）	每股营业收入（元）
873527	2022-12-31	0.66	6.31	6.1448
873339	2022-12-31	0.66	2.58	2.9512
873305	2022-12-31	0.61	6.68	2.9822
873223	2022-06-30	0.09	2.08	0.847
873223	2022-09-30	0.11	2.1043	1.2078

3. 实践指南

（1）读取"每股指标na. csv"数据文件的"统计日期""每股收益""每股净资产""每股营业收入"列。

np. loadtxt ()是NumPy中的一个函数，用于从文本文件中读取数据并返回NumPy数组。这个函数主要用于读取简单的文本文件，该文本文件中的数据是按行分隔的，并且每一行的数据项之间由空格、制表符或逗号等分隔。np. loadtxt ()的语法格式为：

```
np.loadtxt (fname, dtype=, comments='#', delimiter=None, converters=None, skiprows=0, usecols=None, unpack=False, ndmin=0)
```

上述语法格式中的部分参数说明如下。

- fname：要读取的文件的名称。
- dtype：数据的数据类型。例如，dtype=int或dtype=float。
- delimiter：数据项之间的分隔符，默认为空格。
- skiprows：要跳过的行数（从文件开头开始计算）。
- usecols：要读取的列，例如，usecols=(0，2，3)只读取第1、3和4列。

编写一个函数，读取数据文件，参见代码Code4-15。

```
                                                                      Code4-15
import numpy as np
def read_data(filename, use_cols):
    """读取filename数据文件, use_cols用于指定列 """
    with open(filename, 'r') as f:
        col_names = f.readline()[:-1]          # [:-1]表示不读取行末尾的换行符'\n'
        col_names_list = col_names.split(',')
    # 获取相应列名的索引号
    use_col_index_lst = [col_names_list.index(col) for col in use_cols]
    data_array = np.loadtxt(filename,          # 文件名
                delimiter=',',                 # 分隔符
                skiprows=1,                    # 跳过第一行, 即跳过列名
                dtype=str,                     # 数据类型
                usecols=use_col_index_lst)     # 指定读取的列索引号
    return data_array
```

通过代码Code4-15定义的函数读取"统计日期""每股收益""每股净资产""每股营业收入"列数据，使用data接收数据，参见代码Code4-16。

```
                                                                      Code4-16
filename = r'..\data\每股指标na.csv'
use_cols = ['统计日期', '每股收益', '每股净资产', '每股营业收入']
data = read_data(filename, use_cols)
```

（2）对读入的数据data进行数据处理，将"统计日期"列转化为年数据，参见代码Code4-17。

```
                                                                      Code4-17
years_lst = data[:, 0].tolist()                      # 将第一列数据转化为列表
years_lst = list(map(lambda x: x[:4], years_lst))    # 获取年数据
years_arr = np.array(years_lst)
data[:, 0] = years_arr                               # data的第一列数据转化为年数据
```

（3）将年数据进行均值和中位数计算，并按要求输出结果，参见代码Code4-18。

```
                                                                      Code4-18
years = np.unique(data[:, 0])   # 得到所有年数据的列表（唯一值）
print(' {:<6} {:<30} {:<30} {:<30}'.format("年度", use_cols[1], use_cols[2], use_cols[3]))
print('-'*102)
for year in years:   # 根据年数据列表进行均值和中位数计算，并输出结果
    filtered_data = data[data[:, 0] == year] # 获取指定年份的数据
    try:
        filtered_data = filtered_data[:, 1:].astype(float)
    except ValueError:
        continue   # 遇到不能转换为数值的字符串，跳过循环
```

```
        data_mean = np.mean(filtered_data, axis=0).round(2)         # 均值
        data_median = np.median(filtered_data, axis=0).round(2)      # 中位数
        print(' {:<6}均值：{:<10}中位数：{:<10}均值：{:<10}中位数：{:<10}均值：{:<10}中位数：{:<10}'.format
(year, data_mean[0], data_median[0], data_mean[1], data_median[1], data_mean[2], data_median[2]))
        print('-'*102)
```

得到输出表格如图4-3所示。

年度	每股收益		每股净资产		每股营业收入	
2005	均值：0.18	中位数：0.18	均值：2.59	中位数：2.59	均值：2.8	中位数：2.8
2006	均值：0.11	中位数：0.07	均值：2.6	中位数：2.56	均值：3.38	中位数：1.86
2007	均值：0.21	中位数：0.11	均值：2.9	中位数：2.73	均值：3.69	中位数：2.01
2008	均值：0.18	中位数：0.11	均值：3.03	中位数：2.8	均值：3.74	中位数：2.03
2009	均值：0.17	中位数：0.09	均值：3.09	中位数：2.82	均值：3.37	中位数：1.75
2010	均值：0.26	中位数：0.15	均值：4.04	中位数：3.29	均值：3.97	中位数：2.17
2011	均值：0.28	中位数：0.17	均值：4.52	中位数：3.81	均值：4.15	中位数：2.28
2012	均值：0.22	中位数：0.14	均值：4.4	中位数：3.86	均值：3.9	中位数：2.07
2013	均值：0.2	中位数：0.12	均值：4.28	中位数：3.8	均值：3.89	中位数：2.02
2014	均值：0.2	中位数：0.11	均值：4.28	中位数：3.76	均值：3.79	中位数：1.95
2015	均值：0.19	中位数：0.11	均值：4.34	中位数：3.78	均值：3.46	中位数：1.81
2016	均值：0.21	中位数：0.12	均值：4.37	中位数：3.79	均值：3.31	中位数：1.69
2017	均值：0.27	中位数：0.15	均值：4.72	中位数：4.06	均值：3.77	中位数：1.92
2018	均值：0.24	中位数：0.15	均值：4.83	中位数：4.18	均值：3.94	中位数：2.03
2019	均值：0.25	中位数：0.14	均值：4.91	中位数：4.17	均值：4.09	中位数：2.08
2020	均值：0.28	中位数：0.13	均值：5.38	中位数：4.36	均值：3.95	中位数：1.94
2021	均值：0.4	中位数：0.2	均值：6.2	中位数：4.82	均值：4.88	中位数：2.46
2022	均值：0.39	中位数：0.17	均值：6.91	中位数：5.19	均值：5.1	中位数：2.51

图4-3　主程序运行结果

本章小结

经过多年开发，NumPy已经成为Python科学计算的基石。NumPy的ndarray对象可用来处理多维数组和矩阵，这使得它非常适合用于进行数值计算。NumPy广播机制可用于处理不同形状数组之间的算术运算。同时，NumPy提供了大量的数学运算函数，与其他库集成可以形成强大的科学计算环境。

习题

一、选择题

1. 运行下列代码的结果是（　　　）。

```
import numpy as np
a = np.array([1, 2, 3, 4, 5])
b = np.where(a > 3, a, 0)
print(b)
```

  A. array([0, 0, 0, 4, 5])   B. array([1, 2, 3, 0, 0])

  C. array([0, 0, 0, 0, 0])   D. array([1, 2, 3, 4, 5])

2．运行下列代码的结果是（ ）。

```
import numpy as np
a = np.array([[[1, 2, 3],
              [4, 5, 6]],
             [[7, 8, 9],
              [10, 11, 12]]])
print(a[:, 1])
```

  A. `[4 5 6]` B. `[[ 4  5  6]` C. `[[ 7  8  9]` D. `[10 11 12]]`
         `[10 11 12]]`   `[10 11 12]]`

3．接第2题，运行下列代码的结果是（ ）。

```
print(a.shape)
```

  A. (2, 6)   B. (4, 3)   C. (2, 2, 3)   D. (3, 2, 2)

4．运行下列代码的结果是（ ）。

```
import numpy as np
np.arange(0.1, 0.5, 0.2)
```

  A. array([0.1, 0.3])   B. array([0, 0.3]

  C. array([0.1, 0.5]   D. array([0.3, 0.5]

5．（ ）不是ndarray对象的属性。

  A. ndim   B. shape   C. reshape   D. dtype

6．下列关于NumPy ndarray对象的描述，正确的是（ ）。

  A. NumPy ndarray对象的内存是不连续的

  B. NumPy ndarray对象的所有元素可以是不同的数据类型

  C. NumPy ndarray对象不支持数学运算

  D. NumPy ndarray对象的维数可以任意指定

7．（ ）函数用于生成均匀分布的随机浮点数。

  A. np.random.randint()   B. np.random.randn()

  C. np.random.choice()   D. np.random.rand()

8．下列（ ）是NumPy广播机制的规则。

  A. 数组的维数必须相同

  B. 较小维度的数组将会在其右侧补充1

  C. 输出数组的形状是输入数组的形状中各个轴上的最小值

  D. 如果两个数组的对应维度大小都不为1，且不同，那么它们在该维度上兼容

9．下列（ ）函数用于计算数组的标准差。

  A. np.mean() B. np.median() C. np.std()   D. np.var()

10．运行下列代码的结果是（ ）。

```
import numpy as np
a = np.array([[1, 2], [3, 4]])
b = np.array([[5, 6], [7, 8]])
```

```
c = np.dot(a, b)
print(c)
```

    A. array([[19, 22], [43, 50]])   B. array([[5, 12], [21, 32]])

    C. array([[17, 20], [39, 46]])   D. array([[23, 28], [51, 62]])

二、判断题

1. ndarray对象是由相同类型元素组成数组的集合。（　　）

2. NumPy的广播机制要求参与运算的数组的形状完全一致。（　　）

3. 在NumPy中，数组的所有元素的类型必须相同。（　　）

4. Python标准库random和NumPy的np.random模块都提供了生成随机数的功能。（　　）

5. np.random.randint()函数可以生成符合正态分布的随机数。（　　）

6. 广播机制的核心原则之一是对形状较大的数组，在横向或纵向上进行一定次数的复制，使其与形状较小的数组拥有相同的维度。（　　）

7. NumPy的np.dot()函数可以用于计算两个数组的内积。（　　）

8. NumPy提供的逐个作用于元素的数学运算函数包括numpy.sqrt()、numpy.exp()、numpy.log()等。（　　）

9. NumPy数组支持多维度切片操作。（　　）

三、程序题

1. 利用Python random完成以下任务。

（1）利用Python random构建形状为4×8×10的元素小于100的正整数列表list1。

（2）接上题，利用列表推导式构造一个形状为8×10的列表listnew，需满足其任意元素的值是list1相应位置的最小值。

2. 利用np.random完成以下任务。

（1）利用np.random.rand()函数生成一个100×4的数组，并对数组的元素按照小数点第一位四舍五入进行处理，得到一个新的数组arr_new。

（2）对上一题的数组arr_new进行筛选，分别得到：

- 数组的行元素的值最多有一个为1的行；
- 数组的行元素的值至少有一个为0的行；
- 数组的行元素的值为非全0的行；
- 数组的行元素的值为非全0又非全1的行。

3. 利用NumPy完成以下任务。

（1）随机生成指定范围（680000～680999）内的100个公司编码，并且确保这些公司编码是唯一的，列表名称为codes_1。

（2）生成范围在000001～000999的100个唯一公司编码，并确保这些公司编码是唯一的，列表名称为codes_2。

（3）将codes_1与codes_2合并，并从中随机取出10个公司代码。

4. 利用NumPy编写程序。

（1）假设有一家公司，其财务数据记录在一个NumPy数组中，数组的每一行代表一个月的财务数据，每一列代表不同的财务指标，如收入、支出、利润等。请分别编写函数，实现以下功能。

- 计算每个月的净利润（净利润=收入−支出）。

- 找出全年中净利润最高的月份。
- 找出全年中净利润最低的月份。
- 计算全年的总收入、总支出和总净利润。

（2）接第（1）题，假设财务数据存储在一个名为financial_data.csv的文件中，请编写程序，将该文件中的财务数据读入为NumPy数组，数组的形状为(12,3)，其中，12表示12个月份，3表示3个财务指标（收入、支出、利润）。

编写函数financial_analysis(financial_data)，函数应该返回一个包含（1）中每项计算结果的字典。

## 第 5 章

Pandas数据分析基础

Python扩展库提供了大量成熟、完备的数据分析工具，Pandas就是其中之一。本章主要介绍Pandas的功能和使用，为读者后续深入学习数据分析打好基础。

本章学习目标：

（1）了解Pandas的功能和应用领域；

（2）理解Pandas对象Series和DataFrame的结构，熟悉其属性和方法；

（3）熟练掌握Pandas数据文件的读取与写入方法；

（4）掌握Pandas Index对象的创建、设置及使用方法；

（5）掌握用Pandas对财务数据集进行简单操作的方法。

5.1　Pandas基础

扩展库Pandas是基于NumPy的数据分析模块，其提供了大量标准数据模型。本节首先简要介绍Pandas，然后重点介绍其基本数据对象。

5.1.1　Pandas简介

Pandas是为数据分析任务而创建的，其名称来自面板数据和数据分析（Data Analysis）。Pandas包含的处理数据的函数和方法能够高效处理大型数据集，其功能主要是数据清洗、转换和分析等，广泛用于财务、金融等领域的数据分析。

NumPy中的N维数组ndarray对象用于处理多维数值数组，其核心应用是科学计算，尤其是矩阵运算。与ndarray对象不同，Pandas中的数据对象（Series和DataFrame）都有索引，以便进行数据查询和筛选等操作；但不同于ndarray对象局限于数值类型，DataFrame对象可容纳不同的数据类型，这样既可以进行数值类型统计，又可以进行非数值类型统计。因此，Pandas更适合用于数据分析。

NumPy是Pandas的依赖项，因此Pandas的常规引入语句为：

```
import numpy as np
import pandas as pd
```

5.1.2　Pandas基本数据对象

Pandas的基本数据对象如下。

- Series（一维数据）：该数据对象是带标签的一维同构数组。

- DataFrame（二维数据）：该数据对象是带标签的二维异构表格。

Series对象和DataFrame对象可以视为在NumPy数组ndarray对象的基础上加入索引而形成的高级数据结构。它们是低维数据的容器，Series对象是标量的容器，DataFrame对象是Series对象的容器。使用这两种数据结构足以处理金融、统计、社会科学、工程等领域的大多数典型数据实例。

1. Series对象

（1）Series对象结构。

如图5-1所示，Series对象由一组索引（Label）和一组数据值组成，其中，索引与数据值之间是一一对应的关系。Series对象的索引是Pandas的Index对象，该对象是不可以修改的，以保证数据的安全。Series对象的数据值可以是不同类型的数据，如布尔型、字符串、浮点型等类型的数据。

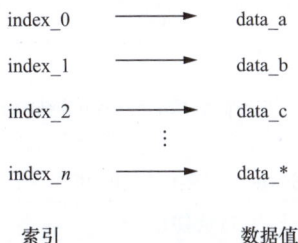

图5-1　Series对象结构示意

（2）创建Series对象。

创建Series对象时，可以指定Series对象的索引，也可以自动生成索引（默认索引是从0开始的非负整数）。Pandas使用Series()函数来创建Series对象，语法格式为：

```
pd. Series (data=None,        # 输入的数据可以是列表、常量、ndarray一维数组等
    index=None,               # 索引必须是唯一的，None则为np. arrange (n)
    dtype: 'Dtype | None' = None,
    name=None,
    copy: 'bool' = False,     # 表示不对数据进行复制，对其进行复制会影响Series
)
```

具体示例参见代码Code5-1。

```
                                                                            Code5-1
[in]  data = {'1001' : "库存现金", '1002' :"银行存款", '1601' : "固定资产"}
    index=pd. Index (['1001', '1002', '1003', '1601'], name='科目代码')
    account= pd. Series (data, index=index, name='科目名称')
    display (account)
[out]科目代码
    1001      库存现金
    1002      银行存款
    1003         NaN
    1601      固定资产
    Name: 科目名称, dtype: object
```

创建的Series对象如代码Code5-1的输出，当函数无法找到与传递的索引相对应的值时，使用NaN（非数字）填充。我们创建的Series对象account的各个部分的名称如图5-2所示，表5-1对Series对象account的各个部分进行了详细说明。

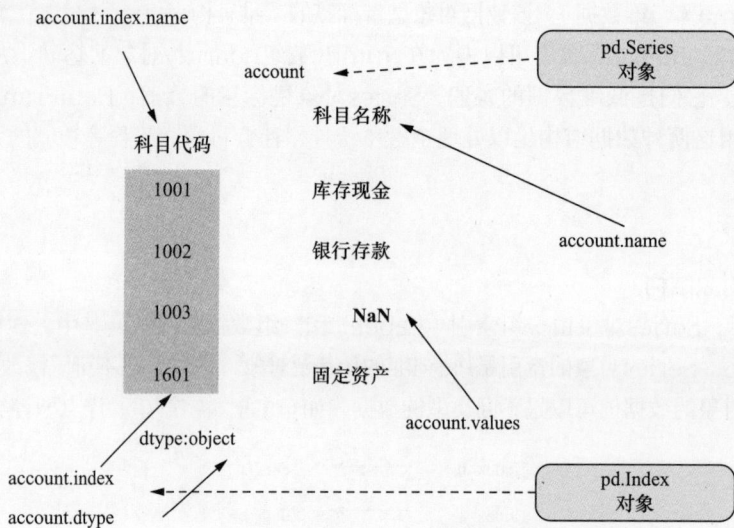

图5-2　Series对象account的结构示意

表5-1　Series对象account的各个部分说明

项目	说明	代码[in]	代码输出[out]
account	Series对象	isinstance(account, pd. Series)	True
account. name	name属性	print(account. name)	科目名称
account. index	index属性	print(account. index)	Index(['1001', '1002', '1003', '1601'], dtype='object', name='科目代码')
		type(account. index))	pandas. core. indexes. base. Index
		print(account. index. name)	科目代码
		print(account. index. dtype)	object
account. values	values属性	print(account . values)	array(['库存现金', '银行存款', NaN, '固定资产'], dtype=object)
		type(account. values, np. ndarray)	numpy. ndarray
account. dtype	dtype属性	print(account. dtype)	object

（3）访问Series对象。

访问Series对象中的元素有两种方式：位置索引和索引标签。

① 位置索引访问。

使用slice()函数或使用位置索引访问Series对象，参见代码Code5-2。

```
                                                                    Code5-2
[in] s=slice(1, None, 2)
     print(account [s])          # 效果同print(account [1::2])
[out]科目代码
     1002  银行存款
     1601  固定资产
     Name: 科目名称, dtype: object
```

② 索引标签访问。

Series对象类似字典，可把Series对象的索引标签当作键，把Series对象中的元素当作值，然后通过索引标签来访问或者修改元素，参见代码Code5-3。

Code5-3

```
[in]  print(account['1001'])
      account['1003']="其他货币资金"
      print(account[['1001','1002','1003']])
[out] 库存现金
      科目代码
      1001    库存现金
      1002    银行存款
      1003    其他货币资金
      Name: 科目名称, dtype: object
```

这里请注意，account [['1001']]与account ['1001']的写法不同，并且两个print()输出的类型不同，请思考为什么？

（4）Series对象常用属性。

Series对象的属性和方法是Pandas中的基础知识。除了loc和iloc两个属性（后续会结合DateFrame对象进行讲解），表5-2列出了Series对象的常用属性。

表5-2　Series对象的常用属性

属性名	说明
axes	以列表的形式返回所有行索引标签
dtype	返回对象的数据类型
empty	返回判断Series对象是否为空的结果
ndim	返回输入数据的维数
size	返回输入数据的元素数量
values	以ndarray的形式返回Series对象
index	返回一个RangeIndex对象，用来描述索引的取值范围

具体示例参见代码Code5-4。

Code5-4

```
[in]  print(account.axes)
      print(account.dtype, account.empty, account.ndim, account.size)
      print(account.values)
      print(account.index)
      s=pd.Series([1,2,5,8])
      print(s.index)
[out] [Index(['1001', '1002', '1003', '1601'], dtype='object', name='科目代码')]
      object False 1 4
      ['库存现金' '银行存款' '其他货币资金' '固定资产']
      Index(['1001', '1002', '1003', '1601'], dtype='object', name='科目代码')
      RangeIndex(start=0, stop=4, step=1)
```

2. DataFrame对象

（1）DataFrame对象的结构。

DataFrame对象是由多种数据类型的Series构成的有标签的二维数组，类似于Excel表、SQL数据表等。

DataFrame对象是Pandas进行数据分析常用的数据结构。DataFrame对象是一种表格型的数据结构，如图5-3所示，表中有行标签（index）、列标签（columns）和数据（values）。index和columns的数据类型为pandas.Index，values的数据类型为numpy.ndarray。DataFrame对象也被称为异构数据表，异构是指表格中不同列的数据类型可以不同，比如可以是字符串类型，也可以是整型或者浮点型等。

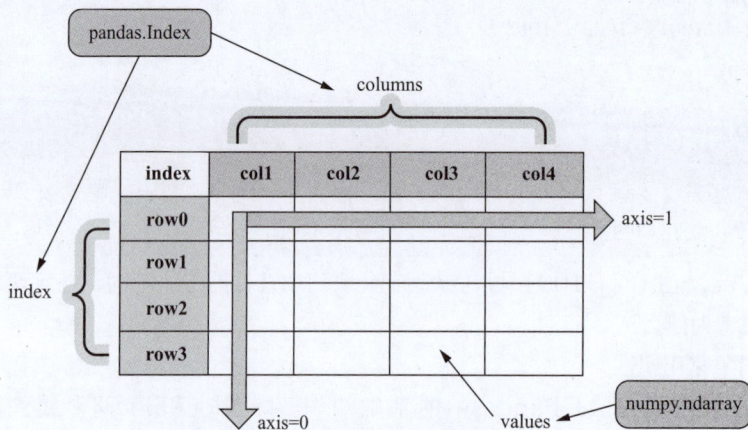

图5-3 DataFrame对象结构示意

可以把DataFrame对象视为由若干Series对象组成的结构。DataFrame对象的每一列都有一个标签，为Series结构。因此，可以视DataFrame对象为若干Series对象的叠加。对行进行的操作被定义为轴向axis=0的操作；对列进行的操作被定义为轴向axis=1的操作。

（2）创建DataFrame对象。

创建DataFrame对象与创建Series对象类似，语法格式为：

```
df = pd.DataFrame(
    data=None,          # 数据类型为ndarray, series, list, dict, DataFrame
    index = None,       # 行标签，默认为np.arrange(n)，n为data元素个数
    columns = None,     # 列标签，默认为np.arrange(n)
    dtype = None,       # 每一列的数据类型
    copy = None)
```

可使用嵌套列表创建DataFrame对象，参见代码Code5-5。

```
                                                                    Code5-5
[in]  data = [['库存现金', 1000], ['银行存款', 520000],
              ['其他货币资金', 300000], ['应收账款', 400000]]
      df = pd.DataFrame(data, columns=['科目', '余额'])
      display(df)
[out]
```

	科目	余额
0	库存现金	1000
1	银行存款	520000
2	其他货币资金	300000
3	应收账款	400000

对代码Code5-5中的DataFrame对象的说明如图5-4和表5-3所示。图5-4中的.loc[ ]、.iloc[ ]将在5.4节讲解。

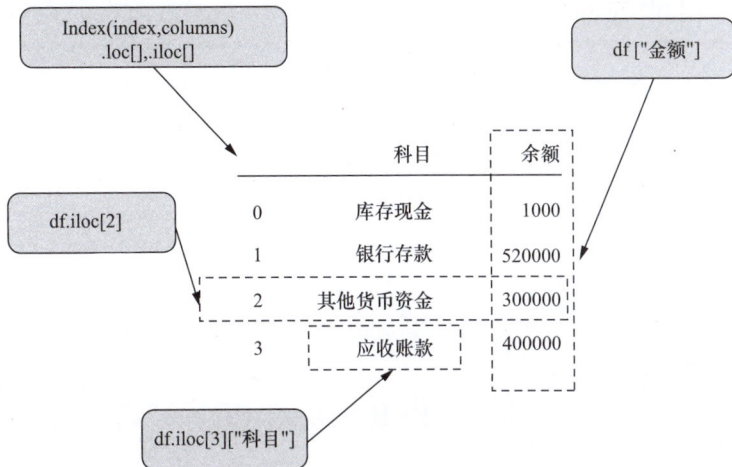

图5-4 DataFrame对象df的结构示意

表5-3 DataFrame对象说明

项目	说明	代码[in]	代码输出[out]
df	DataFrame实例	isinstance(df, pd. DataFrame)	True
df.index	index属性	print(df.index)	RangeIndex(start=0, stop=3, step=1)
		df.index.name = "序号" print(df.index)	RangeIndex(start=0, stop=3, step=1, name='序号')
df.columns	columns属性	print(df.columns)	Index(['科目', '余额'], dtype='object')
df["余额"]	数据提取	print(df["余额"])	序号 0　　1000 1　　520000 2　　300000 Name: 余额, dtype: int64
df.iloc	iloc属性	print(df.iloc[2])	Account 科目 其他货币资金 余额 300000 Name: 2, dtype: object
		print(df.iloc[2]['余额'])	300000
df.values	values属性	print(df.values)	array([['库存现金', 1000], 　　['银行存款', 520000], 　　['其他货币资金', 300000]], dtype=object)

（3）DataFrame对象的属性。

DataFrames对象的属性与Series对象的类似，不赘述。

5.2 Pandas数据文件读写

本节主要介绍使用Pandas读写基本类型的数据文件，如文本文件、CSV文件、Excel文件等。

5.2.1 数据文件的读取与写入

通常，我们使用的数据来自以某种模型创建，按照一定的编码形式存储的数据文件。因此，除了文本文件，一般其他数据文件都具有格式和编码特征。对于文本文件.txt，由于其没有特殊的格式，所以使用open()函数就可以正常读写。但是大多数数据文件有特殊的格式和模型，不能使用open()函数读取。

Pandas提供了多源数据文件读写方法，如图5-5所示。

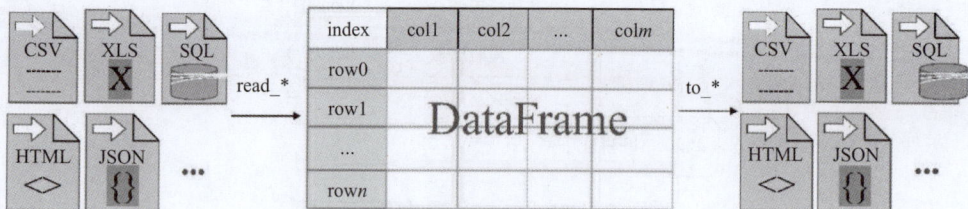

图5-5 Pandas数据文件读写方法示意

图5-5左部分所示是读入数据文件操作。

```
df = pd.read_*()          #  读取函数一般会将数据赋值给一个变量 df
```

图5-5右部分所示是写入数据文件操作。

```
df.to_*()                 #  对变量自身进行操作并输出
```

这里以较常见的Excel数据文件（.xlsx文件）读写进行讲解，其他文件的读写与此类似。Excel数据文件一般具有特定的存储格式，如CSV、XLSX等，Pandas使用read_*()函数将文件加载到DataFrame对象后，就可以用DataFrame对象的方法进行处理了。处理结束后，再使用Pandas的to_*()函数将数据导出为指定格式的数据文件。

5.2.2 read_excel()函数

读取Excel数据文件中的数据可使用read_excel()函数，语法格式为：

```
pd.read_excel(io, sheet_name=0, header=0, names=None, index_col=None,
         usecols=None, squeeze=False, dtype=None, engine=None,
         converters=None, true_values=None, false_values=None,
         skiprows=None, nrows=None, na_values=None, parse_dates=False,
         date_parser=None, thousands=None, comment=None, skipfooter=0,  convert_float=True, **kwds)
```

read_excel()函数中的部分参数说明如下。

- io: 字符串，表示Excel数据文件的存储路径。
- sheet_name: 字符串、整数或由它们组成的列表，默认为0，该参数的说明如表5-4所示。

表5-4 read_excel()函数的sheet_name参数说明

赋值	读取的工作表
sheet_name=0	第1个工作表
sheet_name=1	第2个工作表
sheet_name='sheet1'	名为"sheet1"的工作表
sheet_name=[0, 1, 'sheet1']	以上都读入

- header：指定行数据为列标签，默认为0（第1行），若值为None，则不包含列名。
- names：设置的列名列表，默认为None，不指定列名。
- index_col：指定用作行索引的列，如index_col='列名'，其值也可以是整数或者列表。默认为None，表示行索引为range(n)，n为数据行数。
- usecols：其值为整数、列表或字符串，默认为None，该参数的说明如表5-5所示。

表5-5　read_excel()函数的usecols参数说明

赋值	读取的工作表的列
usecols = None	所有列
usecols = 6	第7列为读入的最后一列
usecols ='A, C, E:G'	第A、C列，以及第E～G列
usecols = [0, 1, 5]	第1、2和6列

- dtype：列的数据类型。

具体示例参见代码Code5-6。

Code5-6

```
[in]  data = pd.read_excel(r'..\data\上市公司列表.xlsx',
          sheet_name=[0, 1],                    # 第1个和第2个工作表
          header=0,                             # 第1行作为列名
          dtype={'Scode':str},                  # 设置字符串类型
          skiprows=[1],                         # 跨过第2行数据
          index_col='Scode')                    # "Scode"列作为行索引
      data[0].head()                            # 显示前5行
[out]
```

Scode	Coname	Listdt	RegCap	IndcodeA	IndcodeB
000001	平安银行	1991-04-03	19405918198	I01	J66
000002	万科A	1991-01-29	11617732201	J01	K70
000596	古井贡酒	1996-09-27	503600000	C03	C15
000597	东北制药	1996-05-23	1347873265	C81	C27
000598	兴蓉环境	1996-05-29	2986218602	K01	D46

```
[in]  data[1].head()          # 显示前5行
[out]
```

Scode	Coname	Coname_cn	Coname_en
000001	平安银行	平安银行股份有限公司	Ping An Bank Co., Ltd.
000002	万科A	万科企业股份有限公司	China Vanke Co.,Ltd.
000596	古井贡酒	安徽古井贡酒股份有限公司	Anhui Gujing Distillery Company Limited
000597	东北制药	东北制药集团股份有限公司	NORTHEAST PHARMACEUTICAL GROUP CO.,LTD.
000598	兴蓉环境	成都市兴蓉环境股份有限公司	Chengdu Xingrong Environment Co., Ltd.

数据文件"上市公司列表.xlsx"中有两个工作表被读入data，工作表第1行被设置为列名，"Scode"列被设置为行索引，并且指定为字符串类型数据，第2行数据（中文列标签）被跳过，没有被读入。因此有了data[0]和data[1]的输出结果。

5.2.3　读取文本文件

前文介绍过使用open()函数读入文本文件，通过代码Code5-7介绍的read_csv()函数也可以读入文本文件。

Code5-7

```
[in]  data_txt = pd.read_cs(r'..\data\上市公司列表.txt',
          sep='\t',
          encoding='gbk',
          skiprows=[1])
      data_txt.head(2)
[out]
```

	Scode	Coname	Coname_cn	Coname_en
0	1	平安银行	平安银行股份有限公司	Ping An Bank Co., Ltd.
1	2	万科A	万科企业股份有限公司	China Vanke Co.,Ltd.

5.2.4　to_excel()函数

通过to_excel()函数可以将DataFrame对象中的数据写入Excel数据文件，写入时分两种情况：将单个对象写入Excel数据文件，指定目标文件名；要写入多个工作表中，需要创建一个带有目标文件名的ExcelWriter对象，并通过sheet_name参数依次指定工作表的名称。

to_excel()函数的语法格式为：

```
DataFrame.to_excel(excel_writer, sheet_name='Sheet1', na_rep='', float_format=None,
          columns=None, header=True, index=True, index_label=None, startrow=0,
          startcol=0, engine=None, merge_cells=True, encoding=None, inf_rep='inf',
          verbose=True, freeze_panes=None)
```

部分参数说明如下。

- excel_wirter：文件路径或者ExcelWriter对象。
- sheet_name：指定要写入数据的工作表名称。
- columns：指定要写入的列。
- index：表示要写入的索引。

具体示例参见代码Code5-8。

Code5-8

```
[in]  data0 = pd.DataFrame({'code':['1001', '1002', '1012', '4001'],
          'name': ['库存现金', '银行存款', '其他货币资金','实收资本'],
          'balance': [1000, 520000, 300000, 4000000],
          'DrCr': ['借', '借', '借','贷'] })
      data1 = pd.DataFrame({'日期':'2023:09:18',
          '摘要':'收到资本金',
          '科目':['1002', '4001'],
          '金额':[300000, 300000]})
      with pd.ExcelWriter(r'..\data\data1.xlsx') as writer:
          data0.to_excel(writer, sheet_name = '科目表')
          data1.to_excel(writer, sheet_name = '记账凭证', index=False)
      print('写入成功')
[out] 写入成功
```

代码Code5-8执行后会自动生成data1.xlsx文件，我们用Excel查看其内容，如图5-6所示。

	A	B	C	D	E
1		code	name	balance	DrCr
2	0	1001	库存现金	1000	借
3	1	1002	银行存款	520000	借
4	2	1012	其他货币	300000	借
5	3	4001	实收资本	4000000	贷
	科目表	记账凭证	⊕		

	A	B	C	D
1	日期	摘要	科目	金额
2	2023:09:	收到资本	1002	300000
3	2023:09:	收到资本	4001	300000
4				
5				
	科目表	记账凭证	⊕	

图5-6　写入后的Excel表

5.3　Pandas Index对象

Pandas的Index对象与NumPy的ndarray对象一样，都是DataFrame对象和Series对象的组成部分。

5.3.1　认识Pandas Index对象

Pandas的Index类及其子类可以视为有序的"集合序列"，且允许重复。但是，不能将具有重复元素的Index对象转换为集合，这会抛出异常。Index类提供了查找、数据对齐和重建索引所需的基础结构。

Series对象中的index属性，以及DataFrame对象中的index属性和columns属性都是Index对象。创建Series对象和DataFrame对象时用到的数组、字典或其他序列类型的索引名也都会转换为Index对象。Index对象负责管理索引名和其他元素，具有不可修改、有序及可切片等特征。

Index对象有多种数据类型，常见的有Index、Int64Index、MultiIndex、DatetimeIndex和PeriodIndex等。Index可以看作其他数据类型的父类，表示一个Python对象的NumPy数组；Int64Index是针对整数的索引数据类型；MultiIndex是多层（Level）索引数据类型；DatetimeIndcx是用于存储时间戳的数据类型；PeriodIndex是针对时间间隔数据的数据类型。

5.3.2　创建Pandas Index对象

创建Index对象最简单的方法之一，是将一个列表或其他序列作为参数传递给pd.Index()，参见代码Code5-9。

```
                                                              Code5-9
[in] index = pd.Index(list(range(6)), name='行')
    columns = pd.Index(['A', 'B', 'C', 'D'], name='列')
    # np.random.randn(m,n)用于生成m×n的均值为0，方差为1的正态分布序列
    data= pd.DataFrame(np.random.randn(6, 4),
                        index=index, columns=columns)
    display(data)
[out]
```

列 行	A	B	C	D
0	1.974582	-0.464603	0.668241	2.417323
1	-1.068091	0.545277	-0.734627	-0.362025
2	-0.532026	-1.600087	-0.598470	1.459873
3	-0.694355	1.674441	-0.364148	-0.619633
4	-2.110992	0.322241	-0.180264	1.361749
5	-0.184920	-0.622699	-0.170710	0.091463

Code5-9中的pd.Index()根据序列构造了Pandas的Index对象，作为DataFrame对象的行和列的标识。

Pandas也可以创建多层Index对象，需使用pd.MultiIndex.from_product()方法，参见代码Code5-10。

```
                                                                    Code5-10
[in] newindex = pd.MultiIndex.from_product([range(3), ['one', 'two']],
                   names=['first', 'second'])
     display(newindex)
[out]MultiIndex([(0, 'one'),
```

Code5-10中的newindex的项数与data的行数一致，可以把newindex设置为其行索引，参见代码Code5-11。

```
                                                                    Code5-11
[in] data.index=newindex
     display(data)
[out]
```

列first	second	A	B	C	D
0	one	1.974582	-0.464603	0.668241	2.417323
	two	-1.068091	0.545277	-0.734627	-0.362025
1	one	-0.532026	-1.600087	-0.598470	1.459873
	two	-0.694355	1.674441	-0.364148	-0.619633
2	one	-2.110992	0.322241	-0.180264	1.361749
	two	-0.184920	-0.622699	-0.170710	0.091463

Code5-11中的新的data的行索引分为如下两层。

- 第一层：索引为Int64Index([0, 1, 2], dtype='int64', name='first')，level为0。
- 第二层：索引为Index(['one', 'two'], dtype='object', name='second')，level为1。

DataFrame对象的行和列索引都支持多层设置，后续会用到列的多层索引。

5.3.3 Pandas Index对象方法

Index对象方法包括union()、intersection()、difference()和symmetric_difference()。这些方法与我们前面介绍过的集合方法相似，参见代码Code5-12。

```
                                                                    Code5-12
[in] a = pd.Index(['a', 'b', 'c'])
     b = pd.Index(['c', 'd', 'e'])
     a.union(b)                            # a、b的并集  a | b
[out]index(['a', 'b', 'c', 'd', 'e'], dtype='object')
[in] a.intersection(b)                     # a、b的交集  a & b
[out]Index(['c'], dtype='object')
[in] a.difference(b)                       # a、b的差集
[out]Index(['a', 'b'], dtype='object')
[in] a.symmetric_difference(b)             # a、b的对称差 a ^ b
[out]Index(['a', 'b', 'd', 'e'], dtype='object')
```

5.3.4　设置索引

数据集加载、创建为DataFrame对象后，可以设置索引。

1. 单层、多层索引

以read_excel()函数为例，可通过index_col参数加载DataFrame对象设置索引。

（1）简单索引。

导入数据集时，可使用简单索引，参见代码Code5-13。

```
                                                                    Code5-13
[in] df = pd.read_excel(r'..\data\公司索引与切片.xlsx',
         header=0,                          # 第一行作为列名
         sheet_name=0,
         dtype={'Scode':str},               # 设置"Scode"列为字符串类型
         skiprows=[1],                       # 跨过第二行数据
         index_col='Scode')                 # "Scode"列作为行索引
    df.head(2)
[out]
```

Scode	Coname	Listplte	Listdt	RegCap	Prvn	IndusA	IndcodeA
000001	平安银行	主板	1991-04-03	19405918198	广东省	银行业	I01
688318	财富趋势	科创板	2020-04-27	66670000	广东省	计算机应用服务业	G87

从代码Code5-13中可以看到，df的行索引为"Scode"列，而且索引名称为"Scode"。

（2）多层索引。

导入文件时，也可以使用整数列表来设置多层索引，参见代码Code5-14。

```
                                                                    Code5-14
[in] df = pd.read_excel('..\data\公司索引与切片.xlsx',
         header=0,                          # 第一行作为列名
         sheet_name=0,
         dtype={'Scode':str},               # 设置字符串类型
         skiprows=[1],                       # 跨过第二行数据
         index_col=[2,0])                    # "Listplte"和"Scode"列为多层索引
    df.head(3)
[out]
```

Listplte	Scode	Coname	Listdt	RegCap	Prvn	IndusA	IndcodeA
主板	000001	平安银行	1991-04-03	19405918198	广东省	银行业	I01
科创板	688318	财富趋势	2020-04-27	66670000	广东省	计算机应用服务业	G87
	688319	欧林生物	2021-06-08	405265000	四川省	生物制品业	C85

可以看到，df的行索引为第一层"Listplte"和第二层"Scode"。

2. set_index()函数

DataFrame对象的set_index()函数可以采用简单列表设置为常规Index，也可以采用复杂列表设置为MultiIndex，语法格式为：

> DataFrame.set_index(keys, drop=True, append=False,
> inplace=False, verify_integrity=False)

参数说明如下。

- keys：str、list或Index，可以传递单个列名称或多个列名来指定新的索引，使用多个列名时会形成多级索引（MultiIndex）。

- drop：布尔型，默认为True，表示是否删除要用作新索引的列。

- append：布尔型，默认为False，表示是否将新指定的索引列添加到现有索引中，而不是替换原索引。

- inplace：布尔型，默认为False，表示是否修改DataFrame对象。

- verify_integrity：布尔型，默认为False，表示检查新索引是否重复。

set_index()函数的返回值为DataFrame对象或None，如果inplace=True，则返回值为None。使用set_index()函数设置索引，参见代码Code5-15。

Code5-15

```
df = pd.read_excel(r'..\data\公司索引与切片_S.xlsx', header=1,
                   dtype={'股票代码':str})
[in]  df.set_index(['上市板块', '股票代码'], inplace=True)
      df.head(3)
[out]
```

上市板块	股票代码	公司简称	首发上市日期	注册资本	所在省份	行业名称A	行业代码A
主板	000001	平安银行	1991-04-03	19405918198	广东省	银行业	I01
科创板	688318	财富趋势	2020-04-27	66670000	广东省	计算机应用服务业	G87
	688319	欧林生物	2021-06-08	405265000	四川省	生物制品业	C85

在Code5-15中，由于参数keys为['上市板块', '股票代码']，inplace=True，方法修改了df，"上市板块"和"股票代码"列分别成为level0和level1层级索引，而不再是数据列。

3. reset_index()函数

reset_index()是set_index()的反向操作，用于将一个简单的整数索引传输到DataFrame对象中，参见代码Code5-16。

Code5-16

```
[in]  df.reset_index(inplace=True)
      df.head(2)
[out]
```

	上市板块	股票代码	公司简称	首发上市日期	注册资本	所在省份	行业名称A	行业代码A
0	主板	000001	平安银行	1991-04-03	19405918198	广东省	银行业	I01
1	科创板	688318	财富趋势	2020-04-27	66670000	广东省	计算机应用服务业	G87

reset_index()的可选参数drop如果为True，则只丢弃索引，而不是将索引值放在DataFrame对象的列中。

DataFrame对象的函数reindex()、reindex_like()与索引设置有关，由于篇幅有限，不再介绍。

5.4　Pandas数据切片与提取

本节将重点介绍Pandas数据类型的提取、切片和赋值。

5.4.1　下标引用

1. 提取元素

下标引用的主要功能是选择维度切片。使用［］方法索引Pandas对象时可能会返回不同类型的值，返回值可以是Series对象或DataFrame对象。

- Series对象，series［标签］返回具体元素（标量值）。
- DataFrame对象，DataFrame［列名］返回列名对应的Series对象。
- DataFrame对象，DataFrame［［列名］］返回列名对应的DataFrame对象。

使用"上市公司列表_S.xlsx"来说明数据元素提取功能，参见代码Code5-17。

```
                                                                    Code5-17
[in]  s = df['公司简称']             # DataFrame 的一列为一个Series
      print(type(s))
      print(s.head(2))              # 只输出2个元素
      print(f's[4]是：{s[4]}')       # 提取Series的元素
[out]
      <class 'pandas.core.series.Series'>
      股票代码
      000001   平安银行
      688318   财富趋势
      Name: 公司简称, dtype: object
      s[4]是：万科A
```

2. 切片操作

Series切片操作的语法与ndarray完全一样，返回Seves的一部分和相应的标签。Series和DataFrame切片操作也等同于列表等系列切片，参见代码Code5-18。

```
                                                                    Code5-18
[in]  s[1:6:2]
[out] 股票代码
      688318   财富趋势
      300160   秀强股份
      000003   PT金田A
      Name: 公司简称, dtype: object
[in]  df[-1:-6:-2]
[out]
```

	上市板块	公司简称	首发上市日期	注册资本	所在省份	行业名称A	行业代码A
股票代码							
688330	科创板	宏力达	2020-10-15	100000000	上海市	--	--
688328	科创板	深科达	2021-03-09	81040000	广东省	专用设备制造业	C73
688321	科创板	微芯生物	2019-08-12	410720500	广东省	--	--

5.4.2 属性访问

可以直接把某个Series的索引标签或DataFrame列的索引标签作为属性来访问数据，参见代码Code5-19。

```
                                                                        Code5-19
[in]  df.set_index('股票代码', inplace=True)
      print(df.公司简称.head(2))
      s = df.公司简称
      print(s['000001'])
[out]股票代码
      000001   平安银行
      688318   财富趋势
      Name: 公司简称, dtype: object
      平安银行
```

Code5-19中如果执行是s.000001会报错，Series不是不能作为属性访问，而是"000001"字符串不是有效的Python标识符。也就是说，作为Series或DataFrame属性访问，仅当index元素是有效的Python标识符时，才可以使用此访问权限，并且不允许该属性与现有方法名称冲突。

5.4.3 标签索引

Pandas提供了Series和Data Frame对象的loc属性，该属性为"纯粹"基于标签的索引。loc属性要求传递的每个标签必须在索引中，否则将抛出KeyError异常。以文件"公司索引与切片.xlsx"作为演示示例，参见代码Code5-20。

```
                                                                        Code5-20
[in]  df = pd.read_excel(r'..\data\公司索引与切片.xlsx', index_col='股票代码',
           header=1, dtype={'股票代码':str})
      df.head(2)
[out]
```

	公司简称	上市板块	首发上市日期	注册资本	所在省份	行业名称A	行业代码A
股票代码							
000001	平安银行	主板	1991-04-03	19405918198	广东省	银行业	I01
688318	财富趋势	科创板	2020-04-27	66670000	广东省	计算机应用服务业	G87

loc属性的有效输入如表5-6所示。我们只给出输入例句（表中的"代码"列），请读者自行实践操作以获取结果。

表5-6　按loc属性选择提取数据示例

Loc属性传递参数	代码	说明
使用单个标签	df.loc['000001']	返回Series对象
使用列表或标签数组	df.loc[['000001', '300160']]	使用[[]]二维数组返回DataFrame对象
使用列表行标签，单一标签列	df.loc[['000001', '300160'], '注册资本']	返回Series对象
使用标签切片表示行，单一标签表示列	df.loc['000001':'300160', '注册资本']	输出包括起点和终点，返回Series对象

续表

Loc属性传递参数	代码	说明
使用与行轴等长的布尔列表	df.head(3).loc[[False, False, True]]	返回DataFrame对象
基于条件，传递一个布尔数值 Series	df.loc[df['注册资本'] > 6000000000]	返回DataFrame对象
	df.loc[df['公司简称'].str.startswith('中')]	返回DataFrame对象
通过列标签条件表达式操作	df.loc[df['注册资本'] > 6000000000, ['所在省份']]	返回DataFrame对象
	df.loc[ds ['注册资本'] > 6000000000, '所在省份']	返回Series对象
通过可调用对象指定一个布尔数值Series	df.loc[lambda ds: (df['所在省份'] == '广东省') & (df ['上市板块'] == '科创板')] 等同于： df.loc[(df['所在省份'] == '广东省') & (df['上市板块'] == '科创板')]	返回DataFrame对象

使用整数作为行索引标签时，需要注意：整数是有效标签，但是不表示行标签的位置，容易与位置引用相混淆，参见代码Code5-21（1）。使用整数传递某个索引，如代码Code5-21（2）所示。使用整数传递行标签的切片时，注意输出既包含起点，又包含终点，参见代码Code5-21（3）。

```
                                                                        Code5-21
[in] df = pd.read_excel(r'..\data\ch5\公司索引与切片.xlsx',      #（1）
    header=1, dtype={'股票代码':str})
    df.loc[1]    # 整数1为行标签                                  #（2）
    df.loc[7:9]                                                  #（3）
[out] 略
```

5.4.4　位置索引

Pandas提供了Series和Data Frame对象的iloc属性，该属性为"纯粹"基于位置的索引。lioc属性要求的每个位置整数在轴向数据范围（从0到轴向长度减1）内，否则将抛出KeyError异常。其同样也支持布尔序列，仍然使用文件"公司索引与切片.xlsx"作为演示示例，如表5-7所示。

表5-7　按iloc属性提取数据示例

iloc属性传递参数	代码	说明
使用简单的标量	df.iloc[0]	返回Series对象
使用整数列表	df.iloc[[0]] type(df.iloc[[0]]) df.iloc[[0, 1]]	返回DataFrame对象
使用切片对象	df.iloc[:3]	返回DataFrame对象
使用与索引等长的布尔序列	df.head(3).iloc[[True, False, True]]	返回DataFrame对象，该布尔序列称为布尔掩码（Boolean Mask）
使用可调用对象，也可使用链式方法	df.iloc[lambda x: x.index % 2 == 0]	表达式中df的位置索引值传递给偶数变量
传递全轴位置索引，包含Index和columns		
传递简单标量	df.iloc[0, 1]	返回DataFrame数值元素
传递整数列表	df.iloc[[0, 2], [1, 3]]	返回DataFrame对象

iloc属性传递参数	代码	说明
传递切片对象	df.iloc[1:3, 0:3]	返回DataFrame对象
传递布尔数组	df.iloc[:, [True, False, True, True, False, True, False]]	默认行位置标签，使用布尔掩码筛选到位置标签，返回DataFrame对象
使用可调用对象	df.iloc[:, lambda df: [0, 2]]	返回DataFrame对象

5.4.5　多层索引的数据提取

继续用文件"公司索引与切片.xlsx"作为演示示例，读入文件时设置多层索引，参见代码Code5-22，表5-8所示为代码的说明。

```
                                                                    Code5-22
df = pd.read_excel(r'..\data\公司索引与切片.xlsx',
        index_col=[2,0],
        header=1, dtype={'股票代码':str})
```

表5-8　多层索引标签选择提取数据示例

iloc属性传递参数	代码	说明
传递单一标签	df.loc['科创板']	返回df的子集
传递多层索引的元组	df.loc[('科创板', '广东省')]	若结果为一行，则返回Series对象；若结果为多行，则返回DataFrame对象
使用元组列表	df.loc[[('科创板', '广东省')]]	返回DataFrame对象
使用元组切片	df1 = df.sort_index() df1.loc[('主板', '广东省'):'科创板'] df1.loc[('主板', '广东省'):('科创板', '辽宁省')]	注意要先排序，否则得不到预期结果

5.4.6　数据赋值

用文件"公司索引与切片.xlsx"作为演示实例，数据赋值示例如表5-9所示。

表5-9　数值赋值示例

赋值方式	代码	说明
根据提取标签设置进行赋值	df.loc[['000001', '000004'], ['注册资本']] = 50000000	对df对应行列的数值更新赋值
整行赋值	df.loc['000001'] = 100000	对df除了指定索引对应的数据以外的数据赋值
使用条件表达式或可调用对象	df.loc[df['注册资本'] <10000] = 0	loc内可嵌套df条件

5.5　Pandas常用方法

Pandas的方法有很多，本节只介绍一些常用方法。

5.5.1　数据信息查询方法

通常，我们加载完数据后，需要对数据的全貌有所了解，比如有多少行、有多少列、有哪些字段、索引是什么等。以"平安银行FI.xlsx"作为df操作示例，介绍数据信息查询方法，如代码Code5-23所示，解释说明如表5-10所示。

Code5-23

```
[in] df = pd.read_excel(r'..\data\平安银行FI.xlsx',  # 当前工作目录下的data文件夹
          header=1)                # 第2行作为列名
     df.head()
[out]
```

	统计日期	净资产收益率	权益乘数	销售净利率	总资产周转率	净利润/利润总额	利润总额/息税前利润	息税前利润/营业总收入
0	1992-12-31	0.3063	10.5706	0.3619	0.0801	0.7624	1.0000	0.4747
1	1993-12-31	0.3123	9.6250	0.4416	0.0735	0.9042	1.0000	0.4884
2	1994-12-31	0.2492	8.6748	0.4812	0.0597	0.8598	1.0032	0.5579
3	1995-12-31	0.2410	9.9142	0.4439	0.0548	0.8583	0.9974	0.5185
4	1996-12-31	0.3508	11.2097	0.5046	0.0620	0.8560	0.9951	0.5922

表5-10　数据信息查询方法

查询信息	代码	说明
查询数据头部	df.head(10)　# 前10条数据	默认值为前5行
查询数据尾部	df.tail(10)　　# 后10条数据	默认值为后5行
随机查询特定样本	df.sample(3)　# 随机查询3条数据	默认值为1
查询数据形状	df.shape	返回一个包含行列数量的元组
查询基本信息	df.info()	返回索引情况、行列数量等
查询数据类型	df.dtypes	返回每个字段的数据类型
查询行列索引标签	df.axes	返回索引列表
查询其他信息	df.index	返回Index对象
	df.columns	返回列索引
	df.ndim	返回维数
	df.size	返回行×列的总数
	df.first_valid_index()	返回第1个非NA/空值索引
	df.last_valid_index()	返回最后一个非NA/空值索引

5.5.2　数据统计描述方法

1. describe()函数

describe()函数输出与DataFrame数据列相关的统计信息摘要，输出均值、标准差和IQR（Inter Quartile Range，四分位距）值等一系列统计信息。其include参数值（Object->统计字符列，number->统计数字列，all->统计所有列）确定被统计列的摘要信息。同样以文件"平安银行FI.xlsx"作为示例，参见代码Code5-24（1）。

设置include参数为"number"，参见代码Code5-24（2）。

Code5-24

```
[in] df.describe(include='object')    # 对字符串类型数据进行统计              # (1)
[out]
```

	统计日期
count	31
unique	31
top	1992-12-31
freq	1

```
[in] df.describe(include='number')    # 对数值型数据进行统计                # (2)
[out]
```

	净资产收益率	权益乘数	销售净利率	总资产周转率	净利润/利润总额	利润总额/息税前利润	息税前利润/营业总收入
count	31.000000	31.000000	31.000000	31.000000	31.000000	31.000000	31.000000
mean	0.170800	20.241058	0.266942	0.039358	0.781990	0.999213	0.333613
std	0.084976	11.475673	0.128070	0.014756	0.091225	0.002716	0.143021
min	0.041800	8.674800	0.042300	0.021400	0.520200	0.986900	0.054600
25%	0.104700	12.350450	0.196400	0.029050	0.757000	1.000000	0.266800
50%	0.154700	15.015200	0.253000	0.035100	0.778000	1.000000	0.318300
75%	0.236900	26.244800	0.347700	0.040750	0.857150	1.000000	0.442650
max	0.350800	44.055300	0.504600	0.080100	0.926400	1.003200	0.592200

2. 统计函数

Series对象与DataFrame对象支持很多描述性统计函数。这些函数的输出结果是原始数据集的汇聚。对于DataFrame对象，这些函数具有参数axis，可以指定为字符串或整数。指定方式分为如下两种情况。

- axis="index"，或axis=0，默认值。
- axis="columns"，即axis=1。

统计函数包括均值函数mean()、相关系数函数corr()、计数函数count()、最值函数max()和min()、标准差函数std()、中位数函数median()，以及df.mode()、df.quantile()、df.idxmax()、df.idxmin()等。

这里给出DataFrame对象的idxmax()函数的示例，参见代码Code5-25。

Code5-25

```
[in] df.iloc[:, 1:].idxmax(axis=0)
[out] 净资产收益率           4
     权益乘数              11
     销售净利率            4
     总资产周转率          0
     净利润/利润总额        8
     利润总额/息税前利润     2
     息税前利润/营业总收入   4
     dtype: int64
```

在代码Code5-25中，df的第一列为统计日期，数据类型为object，不能使用idxmax()函数进行操作。因此，使用iloc提取新的DataFrame对象，否则程序会抛出TypeError异常。df.iloc[:, 1:].idxmax()返回一个Series对象，其标签为df的列标签，值为df列中最大值的行标签。

DataFrame对象的quantile()函数的应用参见代码Code5-26。

```
                                                                  Code5-26
[in]  df.iloc[:, 1:].quantile(0.1)

[out]净资产收益率                     0.0776
      权益乘数                       10.0669
      销售净利率                      0.0822
      总资产周转率                     0.0265
      净利润/利润总额                   0.6790
      利润总额/息税前利润                 0.9974
      息税前利润/营业总收入               0.1097
      Name: 0.1，dtype: float64
```

quantile()函数是Pandas DataFrame和Series的一个方法，用于计算数据的分位数（quantiles）。分位数q表示数据分布中给定百分比位置的值。可以用它来获取中位数（0.5 quantile）或其他百分位值，比如第25百分位（0.25 quantile）、第75百分位（0.75 quantile）等。代码Code5-26中传递的q值为0.1，得到的结果为样本中所有数值按由小到大的顺序排列后处于第10%的数。

5.5.3　Pandas排序方法

Pandas提供了两种排序方法，分别是按标签排序和按值排序。

1. 按标签排序

使用sort_index()函数可对标签排序，可以指定轴参数（axis），默认按照行标签序排序。

① 排序顺序：通过将布尔值传递给ascending参数，可以控制排序顺序（行号顺序），参见代码Code5-27（1）。

② 按标签排序：通过给axis参数传递0或1，可以对标签进行排序。默认axis=0，表示按行标签排序；axis=1，则表示按列标签排序，参见代码Code5-27（2）。

2. 按值排序

sort_values()函数用于按值排序。其by参数用于设置排序列名，参见代码Code5-27（3）。

by参数也可以接收一个列表，参见代码Code5-27（4）。

```
                                                                  Code5-27
[in]  df.sort_index(ascending=False)                    # (1)
      df.sort_index(axis=1)                             # (2)
      df.sort_values(by='净资产收益率')                   # (3)
      df.sort_values(by=['净资产收益率', '权益乘数'])      # (4)
[out] …# 略
```

5.5.4　Pandas遍历方法

在Pandas中同样可以使用for语句遍历Series对象和DataFrame对象。Series对象可以被视为一维数组，从而可进行遍历操作。通过for语句遍历Series对象，可直接获取Series元素；而DataFrame对象是二维数据表结构，遍历它类似于遍历Python字典，可获取列标签等。

构建一个DataFrame对象df1作为示例，遍历df1，得到所有列的标签，参见代码Code5-28。

Code5-28

```
[in] df1 = pd.DataFrame([[0.01, 8.5, '房地产'], [5.5, 60.5, '金融服务'],
        [4.2, 2.1, '信息技术'], [2.2, 3.1, '生产制造']],
        columns=['ROE', 'EM', '行业'],
        index=pd.date_range(start='2020-12-31',
            end='2023-12-31', freq='y'))
    print(df1)
[out]
```

	ROE	EM	行业
2014-02-12	0.01	8.5	房地产
2014-02-13	5.50	60.5	金融服务
2014-02-14	4.20	2.1	信息技术
2014-02-15	2.20	3.1	生产制造

```
[in] for i in df1:
        print(i, end=' ')
[out] ROE    EM    行业
```

如果想要遍历DataFrame对象的每一行，Pandas提供了如下方法。

- iteritems()：以键值对(key, value)的形式遍历。

iteritems()以键值对的形式遍历DataFrame对象，以列标签为键，以对应列的元素为值，参见代码Code5-29（1）。

- iterrows()：以行标签与行内容(row_index, row)的形式遍历行。

iterrows()按行遍历，返回一个迭代器，以行索引标签为键，以每一行数据为值，参见代码Code5-29（2）。

- itertuples()：使用已命名元组的方式对行进行遍历。

itertuples()返回一个迭代器，会把DataFrame对象的每一行生成一个特殊元组，参见代码Code5-29（3）。

Code5-29

```
for key, value in df1.iteritems():                    #（1）
    print(key, value)            # 分别得到列标签，以及对应值组成的Series
for row_index, row in df1.iterrows():                 #（2）
    print(row_index, row)        # 分别得到行标签，以及对应行的组成的Series
for row in df1.itertuples():                          #（3）
    print(row)                   # 将DataFrame对象的每一行迭代成元组
```

【Python财务数据分析】——A股上市公司基本信息统计分析

1. 实践目的

通过A股上市公司基本信息统计分析实例，深刻理解Pandas数据结构及其初级数据处理方法。

2. 财务问题

"公司基本信息.csv"是2023年度A股上市公司的统计信息文件，包括"股票代码""公司简称""上市版块""行业代码B"等数据列。

统计分析要求如下。

（1）使用Pandas读入数据，并了解数据的描述性统计信息。

（2）设置读入的DataFrame行索引为"股票代码"列，并按行索引排序。

（3）对A股上市公司进行分类，分类标准为：小型企业——注册资本小于或等于1亿元，中型企业——注册资本为1～10亿元，大型企业——注册资本大于10亿元，并将分类结果写入新的列"企业规模"。

（4）计算公司注册资本的中位数，并查找最接近注册资本中位数的A股上市公司股票代码。

（5）改写"注册资本"数据，改为以"万元"为单位，并保留两位小数。

（6）对读入的DataFrame进行处理，得到深市主板中未被特别警示的公司的数据集。数据集包含"股票代码""公司简称""首发上市日期""摘牌日期""注册资本""所在省份"列，将数据集存储为CSV和Excel文件。

（7）读入（6）中存储的文件，按首发上市日期排序索引，获取深市主板中每年退市的A股上市公司个数。

3. 实践指南

由于篇幅限制，下述代码没有给出输出结果，请读者自己查看资源文件代码的输出结果。

（1）读取数据文件，并得到数据的描述性统计信息。

读取数据文件"公司基本信息.csv"，并把文件第2行设为列标签，"股票代码"列设为字符串类型，参见代码Code5-30。

Code5-30
```
import Pandas as pd
df = pd.read_csv(r'..\data\公司基本信息.csv',
        skiprows=0,
        header=1,    # 把第2行设为列标题
        dtype={'股票代码':str,'同公司B股代码':str,'同公司H股代码':str})
```

通过以上代码，读入"公司基本信息.csv"中的数据，并跳过第一个英文标题行，把第2列设为列标签，并把"股票代码"等列设为字符串类型。

初步了解数据集，首先查看数据，参见代码Code5-31。

Code5-31
```
df.head(2)                              # 查看前2条数据，默认为5
df.tail(2)                              # 查看后2条数据，默认为5
df.sample(3)                            # 随机查看3个实例数据样本
df.sample(frac=0.001)                   # 随机查看千分之一的数据样本
df.sample(replace=True, random_state=1) # 可以重复抽取样（有放回的抽样）
```

了解数据集各列的数据类型，是否为空值，以及内存占用情况，参见代码Code5-32（1）。查看数据集各列的数据统计情况（如最大值、最小值、标准偏差、分位数等），参见代码Code5-32（2）。

Code5-32
```
df.info()                      # 默认show_counts或Null Count = True    #（1）
df.describe(include='object')  # 对非数值型数据进行统计                 #（2）
df.describe(include='number')  # 对数值型数据进行统计
df.describe(include='all')     # 对所有数据类型进行统计
```

（2）设置"股票代码"列为索引，并排序，参见代码Code5-33。

```
                                              Code5-33
df.set_index(['股票代码'],inplace = True)    # 设置"股票代码"列为行索引，并更新df
df.sort_index(inplace=True)                  # 按行索引排序，并更新df
df.reset_index(inplace=True)                 # 恢复整数序列索引，并更新df
```

（3）依据注册资本对A股上市公司进行分类，并创建新列，参见代码Code5-34。

```
                                              Code5-34
df['企业规模'] = ['小型企业' if regcap <= 100000000
    else '中型企业' if regcap <= 1000000000
    else '大型企业'
    for regcap in df['注册资本']]
```

（4）提取注册资本最接近中位数的A股上市公司股票代码。

首先得到注册资本的中位数，参见代码Code5-35（1）。可以提取比注册资本中位数regcapmedian大的公司样本，参见代码Code5-35（2）；提取比regcapmedian小的公司样本，参见代码Code5-35（3）。

随后通过比较得到所需上市公司股票代码，参考代码Code5-35（4）。

```
                                              Code5-35
df.sort_values(by='注册资本',inplace=True)                    #（1）
regcapmedian = df['注册资本'].median()
c_big = df[df['注册资本'] >= regcapmedian].iloc[0]            #（2）
c_small = df[df['注册资本'] < regcapmedian].iloc[-1]          #（3）
solution = c_big.股票代码 if (                                #（4）
        c_big.注册资本-regcapmedian)<(
        regcapmedian - c_small.注册资本) else c_small.股票代码)
```

当然，以上代码可以用一个函数或类来完成，请读者自己尝试。

（5）改写"注册资本"数据，改成以"万元"为单位，并保留两位小数，参见代码Code5-36。

```
                                              Code5-36
round_2 = lambda x:round(x,2)
df['注册资本'] = (df['注册资本']/10000).map(round_2)
```

（6）根据要求提取数据文件中的数据。

首先要得到A股深圳主板的所有上市公司数据集，分析"深市主板"上市公司的筛选条件：

- "上市版块"列的值为"主板"。
- "股票代码"列的值是以字符"0"开头的。

参见代码Code5-37（1）。

df1中"公司简称"列以"st"或"*st"开头的为特别警示公司，获取包含这些公司的数据集，参见代码Code5-37（2）。

```
                                              Code5-37
df1 = df[(df['上市版块']=='主板') & (df['股票代码'].str.startswith('0'))]   #（1）
print(f'截至2022年12月31日A股深圳主板上市公司共有{df1.shape[0]}家。')
df_st = df1[(df1['公司简称'].str.lower().str.startswith('st')   #（2）
        | (df1['公司简称'].str.lower().str.startswith('*st'))]
```

在数据集df_st中，提取"股票代码""公司简称""首发上市日期""摘牌日期""注册资本""所在省份"列的数据，并存储为CSV文件"深市st公司.csv"和Excel文件"深市st公司.xlsx"，参见代码Code5-38。

Code5-38

```
df_st = df_st[['股票代码', '公司简称', '首发上市日期',
        '摘牌日期', '注册资本', '所在省份']]
df_st.to_csv('.\data\上市公司数据\深市st公司.csv',
        encoding='gbk',
        index=False)         # "股票代码"列变成整数存储
df_st.to_excel('.\data\上市公司数据\深市st公司.xlsx',
        encoding='gbk',
        index=False)         # "股票代码"列变为字符串存储
```

（7）读入（6）中存储的文件，按首发上市日期排序索引，获取深市主板中每年退市的A股上市公司个数，参见代码Code5-39。

Code5-39

```
df4 = pd.read_excel('..\data\ch5\深市st公司.xlsx', dtype={'股票代码':str})
res ={i:0 for i in df_nona['退市年份'].drop_duplicates()}
for row_index, row in df_nona.iterrows():
    if row['退市年份'] in res:
        res[row['退市年份']] += 1
```

本章小结

本章主要介绍了Pandas的基础知识，包括Pandas基本的数据对象Series和DataFrame，及其简单的属性和方法。重点介绍了如何读取数据文件为DataFrame，以及如何对数据进行索引和提取，以此打下数据分析基础。最后通过一个财务数据集的实操，综合运用了这些Pandas知识。

习题

一、选择题

1. 运行下面代码的输出结果是（   ）。

```
pd.DataFrame(np.array([[1, 2, 3], [4, 5, 6]]),
        columns=['a', 'b', 'c'])
```

A.
	a	b	c
1	1	2	3
2	4	5	6

B.
	a	b	c
a	1	2	3
b	4	5	6

C.
	a	b	c
0	1	2	3
1	4	5	6

D. TypeError

2. Pandas使用Series()函数来创建Series对象，当传递的索引值无法找到与其对应的值时，使用（   ）填充。

    A. None   B. NaN   C. null   D. 0

3. isnull()和notnull()用于检测Series对象中的缺失值。如果Series元素值不存在或者缺失，则isnull()返回（　　），notnull()返回（　　）。

    A．True，False B．True，True C．False，True D．False，False

  4．DataFrame表格中每列的数据类型可以不同，因此称为（　　）。

    A．同构数据表 B．异构数据表 C．结构化数据表 D．非结构化数据表

  5．（　　）不是DataFrame对象遍历的方法。

    A．itertuples() B．iterrows() C．iteritems() D．itercols()

  6．在没有指定索引时，Series对象和DataFrame对象自带行标签索引，这种索引为（　　）。

    A．01索引   B．字符索引   C．隐式索引   D．显式索引

  7．通过索引操作DataFrame对象时，iloc可接收两个参数，分别是行和列，参数之间使用"逗号"隔开，只能接收（　　）。

    A．标签索引   B．整数索引   C．隐式索引   D．显式索引

  8．（　　）方法可以用来检测DataFrame对象中的缺失值。

    A．isnull()   B．notnull()   C．dropna()   D．fillna()

二、判断题

  1．Pandas只能读入Excel数据文件，而不能读入像.txt这样的纯文本文件。（　　）

  2．DataFrame对象的索引标签只能是整数，不能是其他数据类型的数据。（　　）

  3．DataFrame对象的iloc和loc是不同的属性，前者关注数据的索引位置，后者则是索引标签。（　　）

  4．Series对象可以保存任何数据类型的数据，它的标签默认为整数，从1开始递增。（　　）

  5．对于DataFrame对象的方法isnull()，如果数据值不存在或者缺失，则返回False。（　　）

  6．对于DataFrame对象的方法notnull()，如果值不存在或者缺失，则返回True。（　　）

  7．DataFrame是一种表格型的数据结构，其既有行标签，又有列标签。（　　）

  8．Series对象和DataFrame对象自带行标签索引，称为"显式索引"。（　　）

  9．在Pandas中，DataFrame的列可以是不同的数据类型，例如，某一列可以是整数，另一列可以是字符串。

三、程序题

  1．输入如下代码并运行，观察运行结果。

```
import pandas as pd
import numpy as np
N=10
df = pd.DataFrame({
  '日期': pd.date_range(start='2023-01-01', periods=N, freq='D'),
  '序号': np.linspace(0, stop=N-1, num=N),
  '重量': np.random.rand(N),
  '等级': np.random.choice(['Low', 'Medium', 'High'], N).tolist(),
  '体积': np.random.normal(100, 10, size=(N)).tolist()
})
```

完成以下任务。

（1）查阅资料，了解代码中的NumPy方法。

（2）利用head()、tail()、sample()、info()、describe()等函数了解数据集。

（3）提取偶数"序号"的数据集。

（4）提取"重量"大于均值，并且"体积"小于中位数的数据集。

（5）增加一列，标签为"产品质量"，把（3）中提取的样本标记为"不合格"，其他标记为"合格"。

（6）把最终的DataFrame存储为.csv文件。

2. 针对给定的上市公司基本信息数据集文件"公司基本信息.xlsx"，完成以下任务。

（1）读入数据，要求把第2行设为列标题，"股票代码""同公司B股代码""同公司H股代码"列设为字符类型，"股票代码"列设置为索引列。

（2）初步了解数据集。

• 查看数据形状。

• 了解数据集各列的数据类型，是否为空值，以及内存占用情况。

• 了解数据集各列的数据统计情况（最大值、最小值、标准偏差、分位数等）。

（3）依据索引和位置提取数据。

• 重新设置"股票代码"列及"上市版块"列为行索引，并排序。

• 使用loc或iloc进行数据提取。要求将上市公司分为两类：IT企业——"主营产品名称"列含有"计算机"，其他企业——"主营产品名称"列不含"计算机"，并将分类结果写入新的列"ICT分类"。提取注册地在辽宁省，且注册资本最大的上市公司股票代码。

（4）改写"注册资本"列数据，改成以"亿元"为单位，并保留4位小数。

（5）根据要求提取数据文件中的数据。

• 获取创业板的所有上市公司数据集df_c，并得到数据集中公司的个数。

• 根据得到的df_c，获取所有"东三省"的上市公司数据集df_ne。

• 在数据集df_ne中，提取"股票代码""公司简称""首发上市日期""摘牌日期""注册资本""所在省份"列的数据，并存储为XLSX文件，文件名为"东北地区创业板.xlsx"。

• 在数据集df_ne中按首发上市日期排序索引，获取东北地区每年上市公司的数量。

第6章

Pandas数据清洗与函数应用

第5章重点介绍了Pandas的Series对象和DataFrame对象的结构、索引、属性和方法。本章重点介绍将DataFrame对象作为一个数据集,对其进行清洗、运算和函数应用的方法。

本章学习目标:

(1)了解NumPy的NaN;

(2)掌握Series对象和DataFrame对象的运算操作;

(3)掌握Pandas的数据清洗方法;

(4)掌握Pandas的函数应用。

6.1 Pandas对象的运算与对齐

本节首先介绍NumPy的NaN,进而介绍Pandas类似NumPy的索引对齐与运算。

6.1.1 NumPy的NaN

NumPy的NaN(Not a Number)表示一个不是常规数字的特殊浮点数值。在数据分析中,NaN经常用于表示缺失或无效的数据。Python本身没有内置的NaN类型,但NumPy提供了对NaN的支持。

NumPy使用np.isnan()函数来检测数组中的NaN;Pandas提供了与NumPy相似的函数来处理NaN,例如,pd.isnull()和pd.notnull()用于检查DataFrame或Series中的缺失值(NaN或None)。np.isnull()返回一个与输入具有相同形状的对象,其中的值为布尔值,用于指示相应位置上的值是否是缺失的。NaN的操作示例如表6-1所示。

表6-1 NaN操作示例

代码[in]	运算结果[out]	说明
import numpy as np nan_value = np.nan value = np.nan print(np.isnan(value))	True	np.isnan()函数用于判断NaN存在与否
arr = np.array([1, 2, np.nan, 4]) mask = np.isnan(arr) print(mask)	[False False True False]	ndarray的isnan操作
filled_arr = np.nan_to_num(arr) print(filled_arr)	[1. 2. 0. 4.]	np.nan_to_num()函数可以将NaN转换为0

续表

代码[in]	运算结果[out]	说明
result = np.nan + 5 print(result)	nan	NaN运算后仍然为NaN
print(np.nan == np.nan)	False	比较运算
import pandas as pd df = pd.DataFrame({ 'A': [1, 2, np.nan], 'B': [None, 2, 3]}) print(pd.isnull(df))	A B 0 False True 1 False False 2 True False	Pandas可 对None和NaN进行操作
print(df.isnull().sum())	A 1 B 1 Dtype: int64	isnull() 返回DataFrame

6.1.2　Series运算

两个Series对象相加时，会自动进行对齐操作，相同索引对应的值会相加，不同索引对应的值用NaN填充，这种算术运算不要求Series对象的大小一致。Series运算示例如表6-2所示。

表6-2　Series运算示例

代码[in]	运算结果[out]	说明
s1 = pd.Series(range(0, 5, 2), index=range(3)) display(s1)	0 0 1 2 2 4 dtype: int64	s1为一个Series对象
s2 = pd.Series(np.ones((3,)), index=range(1, 4))+1 display(s2)	1 2.0 2 2.0 3 2.0 dtype: float64	s2为一个Series对象，是一个Series对象与一个标量1相加的结果
display(s1+s2)	0 NaN 1 4.0 2 6.0 3 NaN dtype: float64	s1和s2索引对齐，数值进行加法运算，不能对齐的索引为NaN
display(s1%s2)	0 NaN 1 0.0 2 0.0 3 NaN dtype: float64	将s1和s2索引对齐，数值进行取余运算，不能对齐的索引，其对应的值为NaN

6.1.3　DataFrame运算

Series对象之间的运算可以通过索引获取对应的值，而DataFrame对象需要从行（index）和列（column）两个维度来获取对应值进行运算，即index和column一起进行对齐操作，能够对齐的索引进行数值运算，不能对齐的索引对应的值用NaN填充，运算结果是各索引的并集。DataFrame运算示例如表6-3所示。

表6-3　DataFrame运算示例

代码[in]	运算结果[out]	说明
df1=pd.DataFrame(np.ones((2,3)), 　　index=['one','two'],columns=['a','b','d']) display(df1)	 　　　　a　　b　　d **one**　1.0　1.0　1.0 **two**　1.0　1.0　1.0	df1为 DataFrame对象
df2=pd.DataFrame(np.ones((3,2)), 　　index=['zero','one','two'],columns=['b', 'd']) display(df2)	 　　　　b　　d **zero**　1.0　1.0 **one**　1.0　1.0 **two**　1.0　1.0	df2为 DataFrame对象
display(df1+df2)	 　　　a　　b　　d **one**　NaN　2.0　2.0 **two**　NaN　2.0　2.0 **zero**　NaN　NaN　NaN	df1+df2，行和列取并集，索引对齐的值相加，其他的填充NaN
arr = np.arange(6).reshape((3,2)) df = pd.DataFrame(arr, 　　index=['one','two','three'], 　　columns=list("ab")) s3 = df.iloc[0] display(df-s3)	 　　　a　b **one**　0　0 **two**　2　2 **three**　4　4	a　b **one**　0　1 **two**　2　3 **three**　4　5 df每行减去[0,1]
df.sub(s3,axis='columns')	 　　　a　b **one**　0　0 **two**　2　2 **three**　4　4	a　b **one**　0　1 **two**　2　3 **three**　4　5 df每行减去[0,1]
s4 = df.iloc[:,0] df.sub(s4,axis='index')	 　　　a　b **one**　0　1 **two**　0　1 **three**　0　1	a　b **one**　0　1 **two**　2　3 **three**　4　5 df每列减去[0,2,4]

6.2　Pandas数据清洗

Pandas数据清洗是数据分析的关键步骤，它直接影响数据分析、处理及建模的质量。Pandas数据清洗包括处理缺失数据、处理重复数据和替换数据等。

6.2.1　处理缺失数据

1．缺失值统计

可以使用isna()或isnull()来查看每个单元格是否有缺失值，这两个函数没有区别，通过mean()可以计算出每列缺失值的比例，参见代码Code6-1。

```
                                                                    Code6-1
[in]  df = pd.read_csv(r'../data/audit_na.csv')
      df.isna().sum()        # 结果如[out]左侧所示
      df.isna().mean()       # 结果如[out]右侧所示
[out]

      ID        0            ID        0.0000
      年龄       7            年龄       0.0035
      就业情况 110            就业情况 0.0550
      婚姻状况   5            婚姻状况 0.0025
      收入       9            收入     0.0045
      性别       6            性别     0.0030
      工时       6            工时     0.0030
      dtype: int64          dtype: float64
```

Code6-1读入了审计师统计资料文件"audit_na.csv"，通过df.isna().sum()得到了各列缺失数据数量，通过df.isna().mean()得到了各列缺失值占比。

要查看某一列缺失或者非缺失的行，可以使用Series的isna()或者notna()进行布尔索引。例如，查看[就业情况]列缺失的行，参见代码Code6-2（1）。

要同时对几个列检索全部为缺失或者至少有一个缺失或者没有缺失的行，可以使用isna()、notna()和any()、all()的组合，分别参见代码Code6-2（2）、Code6-2（3）、Code6-2（4）。

```
                                                                    Code6-2
[in]  df[df.就业情况.isna()].head(3)                          #（1）
[out]
```

	ID	年龄	就业情况	婚姻状况	收入	性别	工时
57	1258702	25.0	NaN	Married	56417.35	Male	30.0
60	1264939	43.0	NaN	Absent	61192.65	Female	40.0
74	1310818	NaN	NaN	Absent	32550.53	Male	NaN

```
[in]  sub_set = df[['年龄','就业情况','收入','工时']]         #（2）
      df[sub_set.isna().all(1)]  # 全部缺失
[out]
```

	ID	年龄	就业情况	婚姻状况	收入	性别	工时
84	1367013	NaN	NaN	NaN	NaN	NaN	NaN
85	1367887	NaN	NaN	NaN	NaN	NaN	NaN
86	1382647	NaN	NaN	NaN	NaN	NaN	NaN

```
[in]  df[sub_set.isna().any(axis=1)].head(3)              #（3）至少有一个缺失
[out]
```

	ID	年龄	就业情况	婚姻状况	收入	性别	工时
20	1110947	40.0	PSLocal	Divorced	182165.08	Female	NaN
21	1113899	41.0	PSState	Divorced	70603.70	Male	NaN
33	1147562	42.0	Private	Absent	NaN	Female	40.0

```
[in]  df[sub_set.notna().all(1)].head(3)                  #（4）没有缺失
[out]
```

	ID	年龄	就业情况	婚姻状况	收入	性别	工时
0	1004641	38.0	Private	Unmarried	81838.00	Female	72.0
1	1010229	35.0	Private	Absent	72099.00	Male	30.0
2	1024587	32.0	Private	Divorced	154676.74	Male	40.0

2. 删除缺失值

数据清洗是一个综合的过程，包含删除不必要数据、修复错误、处理缺失值等多个步骤。Pandas提供了dropna()函数来进行删除缺失值操作，其主要参数为轴方向axis（默认为0，即删除行）、删除方式how（取值为any或all）、删除的非缺失值个数阈值thresh（数据为非缺失值，没有达到该阈值的相应维度会被删除）、备选的删除子集subset等，参见代码Code6-3（1）。例如，删除超过10个缺失值的列，参见代码Code6-3（2）。

Code6-3

```
[in]  res = df.dropna(how = 'any', subset = ['收入', '工时'])          #（1）
      # 与 df.loc[df[['收入', '工时']].notna().all(1)] 等效
      res.shape
[out]  (1988, 7)
[in]  res = df.dropna(axis=1, thresh=df.shape[0]-10)                #（2）
      # 与df.loc[:, ~(df.isna().sum()>10)] 等效
      res.head(3)
[out]
```

	ID	年龄	婚姻状况	收入	性别	工时
0	1004641	38.0	Unmarried	81838.00	Female	72.0
1	1010229	35.0	Absent	72099.00	Male	30.0
2	1024587	32.0	Divorced	154676.74	Male	40.0

3. 缺失值的填充和插值

fillna()函数使用某些值或使用插值（如'ffill'或'bfill'）填充缺失的数据。在fillna()中有3个参数是常用的，即value、method、limit。其中，value为填充值，可以是标量，也可以是索引到元素的字典映射；method为填充方法，分为用前面的元素填充（ffill）和用后面的元素填充（bfill）两种类型；limit参数表示针对连续缺失值的最大填充次数，参见代码Code6-4。

Code6-4

```
[in]  df_sub = df[sub_set.isna().any(axis=1)].head(5)  # 至少有一个缺失
      df_sub
[out]
```

	ID	年龄	就业情况	婚姻状况	收入	性别	工时
20	1110947	40.0	PSLocal	Divorced	182165.08	Female	NaN
21	1113899	41.0	PSState	Divorced	70603.70	Male	NaN
33	1147562	42.0	Private	Absent	NaN	Female	40.0
34	1151685	39.0	Private	Divorced	NaN	Female	40.0
35	1153241	50.0	Private	Absent	NaN	Female	40.0

```
      df_sub.fillna(method='ffill').head()  # 用前面的元素填充
[out]
```

	ID	年龄	就业情况	婚姻状况	收入	性别	工时
20	1110947	40.0	PSLocal	Divorced	182165.08	Female	NaN
21	1113899	41.0	PSState	Divorced	70603.70	Male	NaN
33	1147562	42.0	Private	Absent	70603.70	Female	40.0

```
df_sub.fillna(method='bfill', limit=1).head()  # 对于连续出现的缺失值, 最多填充一次
[out]
```

	ID	年龄	就业情况	婚姻状况	收入	性别	工时
20	1110947	40.0	PSLocal	Divorced	182165.08	Female	NaN
21	1113899	41.0	PSState	Divorced	70603.70	Male	40.0
33	1147562	42.0	Private	Absent	NaN	Female	40.0

6.2.2 处理重复值

1. 判断是否存在重复值

在数据获取过程中,各种失误等原因可能导致数据中存在重复值。可以使用DataFrame对象的duplicated()函数判断数据中是否存在重复值,该函数的语法格式如下。

```
duplicated(subset= None, keep='first')
```

参数subset用于指定判断不同行的数据是否重复时依据的列名;参数keep='first'表示第一次出现的重复数据标记为False,keep='last'表示最后一次出现的重复数据标记为False,keep=False表示将所有重复数据标记为True,参见代码Code6-5。

Code6-5

```
[in] df = pd.read_csv(r'../data/audit_dup.csv', encoding="gb18030")
    df[df.duplicated(subset=['收入', '工时'])]  # 指定"收入"列和"工时"列重复时
[out]
```

	ID	年龄	就业情况	婚姻状况	收入	性别	工时
3	1024587	32	Private	Divorced	154676.74	Male	40.0
6	1044221	60	Private	Married	7568.23	Male	40.0
35	1145025	41	PSFederal	Married	54653.36	Male	24.0

2. 删除重复值

可以使用DataFrame对象的drop_duplicates()函数删除重复值,该函数的语法格式如下。

```
drop_duplicates(subset=None, keep='first', inplace=False)
```

该函数的参数含义与duplicated()函数的类似,参见代码Code6-6。

Code6-6

```
[in] df.drop_duplicates(subset=['收入', '工时'], keep='last').head()
[out]
```

	ID	年龄	就业情况	婚姻状况	收入	性别	工时
0	1004641	38	Private	Unmarried	81838.00	Female	72.0
1	1010229	35	Private	Absent	72099.00	Male	30.0
3	1024587	32	Private	Divorced	154676.74	Male	40.0
4	1038288	45	Private	Married	27743.82	Male	55.0
6	1044221	60	Private	Married	7568.23	Male	40.0

6.2.3　替换数据

DataFrame的replace()函数用于替换DataFrame中的值。该函数可以用来替换特定的数值、字符串，或者基于正则表达式的匹配项，也可以用于多种数据清洗和转换任务，参见代码Code6-7。

Code6-7

```
[in] df = pd.read_csv(r'../data/audit_ch.csv',encoding='gbk')
     df.replace('Female', '女').head(3)  # 数值替换
[out]
```

	ID	年龄	就业情况	婚姻状况	收入	性别	工时
0	1004641	38	Private	Unmarried	81838.00	女	72
1	1010229	35	Private	Absent	72099.00	Male	30
2	1024587	32	Private	Divorced	154676.74	Male	40

```
[in] df.replace([38, 40, 32], 50).head(3)  # 把列表中的值替换为指定值
[out]
```

	ID	年龄	就业情况	婚姻状况	收入	性别	工时
0	1004641	50	Private	Unmarried	81838.00	Female	72
1	1010229	35	Private	Absent	72099.00	Male	30
2	1024587	50	Private	Divorced	154676.74	Male	50

```
[in] df.replace({'Female': '女', 'Male': '男'}).head(3)  # 按字典替换值
[out]
```

	ID	年龄	就业情况	婚姻状况	收入	性别	工时
0	1004641	38	Private	Unmarried	81838.00	女	72
1	1010229	35	Private	Absent	72099.00	男	30
2	1024587	32	Private	Divorced	154676.74	男	40

6.3　函数应用

当Pandas内置函数不能满足要求时，需要使用自定义函数来处理DataFrame或Series。

6.3.1　Pandas函数应用概述

应用自定义函数，或者把其他库中的函数应用到Pandas对象中有以下3种方法。
- pipe()：操作整个DataFrame的函数。
- apply()：操作行或者列的函数。
- applymap()：操作单一元素的函数。

本小节示例所需数据来自"ESG评级.xlsx"文件，首先引入该文件，参见代码Code6-8。

Code6-8

```
[in] import pandas as pd
     df_esg = pd.read_excel(r'..\data\ESG评级.xlsx',dtype={'股票代码':str})
     display(df_esg)
[out]
```

	股票代码	公司简称	会计年度	E得分	S得分	G得分	ESG得分	ESG排名
0	000001	平安银行	2020	5.2807	29.3300	45.3000	29.6600	515
1	300161	华中数控	2020	1.8159	12.1650	20.8369	18.5000	1688
2	000001	平安银行	2021	5.6000	29.9681	44.6208	28.9990	566
3	000002	万科A	2021	5.3619	66.5550	40.7960	47.5550	320
4	300161	华中数控	2021	1.8900	17.6000	24.3000	17.5838	1600
5	000001	平安银行	2022	5.6360	29.5560	55.4000	28.6833	518
6	000002	万科A	2022	5.4582	65.4499	41.1200	47.1257	220

6.3.2 链式操作

Pandas的链式操作利用了Pandas的面向对象特性，即上一个操作的结果是下一个方法或者操作的对象。这样说比较抽象，从其语法格式来看更直观一些，语法格式如下。

```
df.<操作1>.<操作2>.<操作3>.....<操作N>
```

具体示例参见代码Code6-9。

Code6-9
```
[in]  (df_esg.loc[:, ['公司简称', 'ESG得分', 'ESG排名']]
      .groupby('公司简称')
      .mean()
      .max()
    )
[out]
    ESG得分     47.34035
    ESG排名    1644.00000
    dtype: float64
```

在代码Code6-9中，首先通过loc属性获取"公司简称""ESG得分""ESG排名"列的数据，得到一个新的DataFrame；然后通过groupby('公司简称')把DataFrame进行分组，得到一个分组对象；接下来通过mean()函数对分组对象进行均值计算，得到一个各组均值的Series；最后通过max()函数得到均值的最大值Series。

6.3.3 pipe()函数

Series、DataFrame、GroupBy等对象的pipe()函数——x.pipe(f, *args, **kwargs)等同于f(x, *args, **kwargs)函数，即x作为参数传递给函数f进行处理，该函数应用于整个x数据。以DataFrame为例，其对象的pipe()的语法格式为：

```
df.pipe(<函数名>, <传给函数的参数列表>)          # 单一函数的df操作
```

pipe()函数可以让链式操作过程标准化、流水线化。对df可以应用多个函数，如f(g(h(df), arg1=a), arg2=b, arg3=c)，也可以用pipe()把函数连接起来，语法格式为：

```
(df.pipe(h)
 .pipe(g, arg1=a)
 .pipe(f, arg2=b, arg3=c)
)
```

如代码Code6-10（1）所示，df_esg.pipe(len)传递len，注意len只是函数名，df_esg作为默认对象自动传入，len()函数作用于整个df_esg，因此执行Code6-10（1）的结果为7。

代码Code6-10（2）用于提取df_esg的从"E得分"到"ESG得分"列的数据，pipe(np.log)用于执行取对数运算，之后执行pipe(round,2)使运算结果保留两位小数。

```
                                                                        Code6-10
[in]  df_esg.pipe(len)     #（1）把整个df_esg作为参数
[out] 7
[in]  import numpy as np
      df_esg.loc[:, 'E得分':'ESG得分'] .pipe(np.log).pipe(round,2)        #（2）
[out]
```

	E得分	S得分	G得分	ESG得分
0	1.66	3.38	3.81	3.39
1	0.60	2.50	3.04	2.92
2	1.72	3.40	3.80	3.37
3	1.68	4.20	3.71	3.86
4	0.64	2.87	3.19	2.87
5	1.73	3.39	4.01	3.36
6	1.70	4.18	3.72	3.85

6.3.4 apply()函数

要操作DataFrame的行或者列可以使用apply()函数，其可选参数为axis，并且默认按列操作。apply()的语法格式为：

```
df.apply(func,      # 函数，应用于每列或每行的函数
         axis=0,  # {0 or 'index', 1 or 'columns'}，默认为 0，应用于函数的轴方向
         *args, **kwds)
```

在上述语法格式中，func函数作用于df每一行或列的Series。axis为第二个参数，其决定了对Series的获取是行还是列。*args和**kwds表示可以传递位置参数和关键字参数，对应函数func的形参。

apply()返回的是一个Series或DataFrame，具体取决于应用函数的结果形状和axis参数的设置，参见代码Code6-11（1）。

axis=1表示在水平方向上传递序列，即把每一行传递给func，每行的Series作为参数x传递lambda表达式。lambda表达式中的x.mean()表示求得每行的均值并返回。每行的行标签（index）和所有返回值构成一个新的Series返回，参见代码Code6-11（2）。

```
                                                                        Code6-11
[in]  df1 = df_esg.loc[:, 'E得分':'G得分']       #（1）获取指定的数据
      df1.apply(lambda x:x.mean(),axis=1)     # 在行方向上求均值
[out] 0   26.636900
      1   11.605933
      2   26.729633
      3   37.569300
      4   14.596667
```

```
5   30.197333
6   37.342700
dtype: float64
[in] df1.apply(lambda x:(x-x.mean()).abs().mean())   # (2)
[out]E得分    1.475269
S得分   17.255563
G得分    9.338331
dtype: float64
```

apply()函数默认axis=0，即在垂直方向上执行函数func。这样会得到与列数量等长的Series，且列名为结果的标签。df1.apply(lambda x:(x-x.mean()).abs().mean())的过程解析如下。

① 把每列数据x作为参数传递给lambda表达式。

② lambda表达式中的(x-x.mean())表示将每一列的每个值减去整个列的均值，得到一个新的Series，与x等长。

③ 对②得到的每个Series计算绝对值，得到新的Series。

④ 对③得到的Series计算均值，每个Series会得到一个标量值。

⑤ 为每一列的标签赋予④得到的均值标量，将其与每一列的标签组成一个新的Series返回。

6.3.5　applymap()和map()函数

df.applymap()可实现元素级函数应用，也就是对DataFrame中的所有元素（不包含索引）应用函数进行处理。使用lambda表达式时，变量是指每个具体的值。map()用于逐个对Series对象的元素进行操作，参见代码Code6-12。

Code6-12

```
[in] df_esg.applymap(str).applymap('I am a {}'.format)
[out]
```

	股票代码	公司简称	会计年度	E得分	S得分	G得分	ESG得分	ESG排名
0	I am a 000001	I am a 平安银行	I am a 2020	I am a 5.2807	I am a 29.33	I am a 45.3	I am a 29.66	I am a 515
1	I am a 300161	I am a 华中数控	I am a 2020	I am a 1.8159	I am a 12.165	I am a 20.8369	I am a 18.5	I am a 1688
2	I am a 000001	I am a 平安银行	I am a 2021	I am a 5.6	I am a 29.9681	I am a 44.6208	I am a 28.999	I am a 566
3	I am a 000002	I am a 万科A	I am a 2021	I am a 5.3619	I am a 66.55	I am a 40.796	I am a 47.555	I am a 320
4	I am a 300161	I am a 华中数控	I am a 2021	I am a 1.89	I am a 17.6	I am a 24.3	I am a 17.5838	I am a 1600
5	I am a 000001	I am a 平安银行	I am a 2022	I am a 5.636	I am a 29.556	I am a 55.4	I am a 28.6833	I am a 518
6	I am a 000002	I am a 万科A	I am a 2022	I am a 5.4582	I am a 65.4499	I am a 41.12	I am a 47.1257	I am a 220

在代码Code6-12中，首先，df_esg.applymap(str)把df_esg的所有元素（不包括索引）转变成字符串类型，然后，applymap('I am a {}'.format)把df_esg的内容转变成新的格式化字符串，参见代码Code6-13。

Code6-13

```
[in] fun = lambda x: (x>=20 and '合格') or (x<20 and '不合格')
     df_esg['评级'] = df_esg.ESG得分.map(fun)
     display(df_esg)
[out]
```

	股票代码	公司简称	会计年度	E得分	S得分	G得分	ESG得分	ESG排名	评级
0	000001	平安银行	2020	5.2807	29.3300	45.3000	29.6600	515	合格
1	300161	华中数控	2020	1.8159	12.1650	20.8369	18.5000	1688	不合格
2	000001	平安银行	2021	5.6000	29.9681	44.6208	28.9990	566	合格
3	000002	万科A	2021	5.3619	66.5500	40.7960	47.5550	320	合格
4	300161	华中数控	2021	1.8900	17.6000	24.3000	17.5838	1600	不合格
5	000001	平安银行	2022	5.6360	29.5560	55.4000	28.6833	518	合格
6	000002	万科A	2022	5.4582	65.4499	41.1200	47.1257	220	合格

在代码Code6-13中，根据df_esg.ESG得分的值，得到包含"合格"和"不合格"的新Series，并把新的Series赋值给df_esg的新列"评级"。

【Python财务数据分析】——财务报表文件数据清洗和运算

1. 实践目的

通过财务报表文件数据清洗和运算实例，掌握Pandas针对数据集的清洗方法，包括缺失值和重复值处理，以及数据集的函数应用。

2. 财务问题

A股上市公司财务报表包括"资产负债表.csv"和"利润表.csv"两个文件。使用Pandas读入财务报表，完成如下工作。

（1）查看"利润表.csv"数据，去除缺失值占比大于或等于90%的列，并删除全部数据缺失的行。

（2）查看"资产负债表.csv"数据，去除数据列缺失8个及以上的样本。

（3）使用0对缺失值进行填充。

（4）检查数据集的重复值，并保留重复值的第一行，即去重。

（5）检查"资产负债表.csv"数据，并删除"资产总计"与"负债合计"与"所有者权益合计"列的数值差大于0.5的行。

（6）利用经过数据清洗的数据集"资产负债表"和"利润表"，计算企业净资产收益率（Return On Equity，ROE），并存入新的文件"roe.csv"。

3. 实践指南

读取"资产负债表.csv"和"利润表.csv"两个文件，分别赋值给Data Frame对象balance和income。将"股票代码"列设置为字符串，参见代码Code6-14。代码Code6-14只包含输入部分，输出部分请参阅资源文件。

Code6-14

```
import numpy as np
import pandas as pd
income = pd.read_csv(r'../data/income.csv', encoding="gbk",
```

```
          encoding_errors='ignore', dtype={"股票代码":"str"})
balance = pd.read_csv(r'../data/balance.csv',
          encoding="gbk", dtype={"股票代码":"str"})
income.loc[:, '股票代码'] = income['股票代码'].astype("str").str.pad(6, side='left', fillchar='0')
balance.loc[:, '股票代码'] = balance['股票代码'].astype("str").str.pad(6, side='left', fillchar='0')
```

（1）查看"利润表.csv"数据，去除缺失值占比大于或等于90%的列，并删除数据全部缺失的行。

缺失值占比大于或等于90%的列可通过income.isna().mean()>=0.9判断得到，包括"其他业务成本""汇兑净收益""未确认的投资损失"列，将其赋值给变量col_small。通过col_small可以得到所需的行（index）和列（columns），参见代码Code6-15。

Code6-15

```
col_small = income.loc[:, (income.isna().mean()>=0.9)].columns
income = income.loc[income.loc[:, col_small].isna().all(1),
          ~(income.isna().mean()>=0.9)]
```

（2）查看"资产负债表.csv"数据，去除数据列缺失8个及以上的样本。

去除数据列缺失8个及以上的样本，即保留小于8个数据列缺失的数据，参见代码Code6-16。

Code6-16

```
balance = balance.loc[balance.isna().sum(1) < 8]
```

注意，代码Code6-16中的sum()函数输入的参数为axis=1。

（3）使用0对缺失值进行填充，参见代码Code6-17。

Code6-17

```
income.fillna(0, inplace=True)
balance.fillna(0, inplace=True)
```

在处理Pandas的DataFrame或Series时，inplace参数的含义是：是否在原地（即不创建新的对象）修改数据。在代码Code6-17中，inplace=True表示函数会直接修改原始对象，而不返回一个新的对象。

（4）检查数据集的重复值，并保留重复值的第一行，即去重，参见代码Code6-18。

Code6-18

```
income.loc[income.duplicated(keep = False)]                    # 检查有重复的样本
income.drop_duplicates(keep='first', inplace=True)
balance.drop_duplicates(keep='first', inplace=True)
```

在Pandas中，keep参数通常与函数duplicated()、drop_duplicates()或concat()等一起使用来控制如何处理重复的数据或数据拼接时的索引。keep=False会删除所有重复项，keep='first'保留最后一次出现的重复项。

（5）检查"资产负债表.csv"数据，并删除"资产总计"列的与"负债合计"与"所有者权益合计"列的数值差大于0.5的行，参见代码Code6-19。

Code6-19

```
def isclose(x, abs_tol):
    """判断两个数值是否相近"""
    if abs(x['资产总计'] - (x['负债合计'] + x['所有者权益合计'])) <= abs_tol:
        return True
```

```
    else:
        return False
balance = balance. loc [balance. apply (isclose, axis=1, abs_tol=errs)]
```

在代码Code6-19中定义了一个函数isclose()用于将"资产总计"列和"负债合计"列和"所有者权益合计"列的和的差值与阈值（abs_tol）比较，进而对balance基于每行（axis=1）应用apply()执行isclose()函数。最后通过loc索引得到新的balance。

（6）利用经过（5）得到的数据集"资产负债表"和"利润表"，计算企业净资产收益率，并存入新的文件"roe.csv"，参见代码Code6-20。

Code6-20

```
balance. set_index (['股票代码', '统计日期'], inplace=True )
income. set_index (['股票代码', '统计日期'], inplace=True )
roe = (income. 净利润/balance. 所有者权益合计). dropna ()
roe. name = "ROE"
roe. to_csv (r'.. /data/roe. csv', encoding="gbk")
```

在代码Code6-20中，首先设置 ['股票代码', '统计日期'] 为索引。roe接收经过"income. 净利润/balance. 所有者权益合计"对齐运算并删除NaN的返回序列，最后把roe序列存储为"roe. csv"文件。

本章小结

本章主要介绍了Pandas以一个数据集为操作对象的一般化处理，包括DataFrame和Series的数据数值计算，数据集利用pipe()、apply()和applymap()进行函数处理，以及数据集的缺失值和重复值等数据清洗。完成本章的学习，读者应该能够完成数据集进行数据分析之前的处理工作。

习题

一、选择题

1. 通过给（　　）函数传递一个自定义函数和适当数量的参数值，可以把DataFrme中的所有元素作为整体操作对象。

    A. mean()　　　　　B. applymap()　　　C. apply()　　　　　D. pipe()

2. DataFrame 数据表结构的（　　）方法可以接收一个Python函数，并返回相应的值。该方法针对每个元素进行操作。

    A. mean()　　　　　B. applymap()　　　C. apply()　　　　　D. pipe()

3. 在Pandas中，两个Series对象在进行算术运算时，不同索引对应的值将会怎样处理?（　　）

    A. 用0填充　　　　　B. 用NaN填充　　　C. 忽略　　　　　D. 报错

4. 对于Pandas中的fillna()方法，下列说法正确的是（　　）。

    A. 只能对Series对象填充缺失值

    B. 只能对DataFrame对象填充缺失值

    C. 可以对Series对象和DataFrame对象填充缺失值

    D. 只能对数值型数据填充缺失值

5．在Pandas中删除DataFrame中缺失值超过8个的行，可以使用（　　　）。

  A．df.dropna(thresh=8)   B．df.dropna(axis=1, thresh=8)

  C．df[df.isna().sum(axis=1) < 8] D．df.dropna(axis=1, how='all')

6．下列代码的执行结果是（　　　）。

```
import pandas as pd
import numpy as np
df = pd.DataFrame({
 'A': [1, np.nan, 3, np.nan],
 'B': [np.nan, 2, np.nan, 4]})
result = df.fillna(df.mean())
print(result)
```

A.

	A	B
0	1.0	3.0
1	2.0	2.0
2	3.0	3.0
3	2.0	4.0

B.

	A	B
0	1.0	3.0
1	2.0	2.0
2	3.0	3.0
3	3.0	4.0

C.

	A	B
0	1.0	3.0
1	2.0	2.0
2	3.0	3.0
3	3.0	4.0

D.

	A	B
0	1.0	3.0
1	2.0	2.0
2	3.0	4.0
3	2.0	4.0

7．下列代码的执行结果是（　　　）。

```
import pandas as pd
import numpy as np
df = pd.DataFrame({
 'A': [1, 2, 3, 4],
 'B': [5, np.nan, np.nan, 8]})
result = df.interpolate()
print(result)
```

A.

	A	B
0	1	5.0
1	2	6.0
2	3	7.0
3	4	8.0

B.

	A	B
0	1	5.0
1	2	5.0
2	3	6.0
3	4	8.0

C.

	A	B
0	1	5.0
1	2	5.5
2	3	6.5
3	4	8.0

D.

	A	B
0	1	5.0
1	2	NaN
2	3	7.0
3	4	NaN

8．下列代码的执行结果是（　　　）。

```
import pandas as pd
df = pd.DataFrame({
 'A': ['foo', 'bar', 'foo', 'bar'],
 'B': [1, 2, 3, 4]})
result = df.pivot_table(index='A', values='B', aggfunc='sum')
print(result)
```

A.

	B
A	
bar	2
foo	1

B.

	B
A	
bar	6
foo	4

C.

	B
A	
bar	4
foo	4

D.

	B
A	
bar	6
foo	7

9．下列代码的执行结果是（　　　）。

```
import pandas as pd
df = pd.DataFrame({
```

```
 'A': ['foo', 'foo', 'bar', 'bar'],
 'B': [1, 2, 3, 4]})
result = df.groupby('A')[['B']].apply(lambda x: x.sum())
print(result)
```

A.
	B
A	
bar	7
foo	3

B.
```
A
bar    7
foo    3
Name: B, dtype: int64
```

C.
	B
A	
bar	6
foo	3

D.
```
A
bar    6
foo    3
Name: B, dtype: int64
```

10．下列代码的执行结果是（　　　）。

```
import pandas as pd
df = pd.DataFrame({
 'A': ['foo', 'foo', 'bar', 'bar'],
 'B': [1, 2, 3, 4]})
result = df.assign(C=df['B'] + 1)
print(result)
```

A.
	A	B	C
0	foo	1	2
1	foo	2	3
2	bar	3	4
3	bar	4	5

B.
	A	B	C
0	foo	1	3
1	foo	2	4
2	bar	3	5
3	bar	4	6

C.
	A	B	C
0	foo	1	2
1	foo	2	2
2	bar	3	4
3	bar	4	5

D.
	A	B	C
0	foo	1	3
1	foo	2	4
2	bar	3	4
3	bar	4	5

二、判断题

1．在Pandas中，两个DataFrame对象在进行算术运算时，只要行和列索引相同，就能正确对齐并运算。（　　　）

2．Pandas中的apply()函数只能作用于DataFrame对象。（　　　）

3．DataFrame的drop_duplicates()方法可以选择保留第一行或最后一行重复值。（　　　）

4．在Pandas中，isna().mean()方法可以用来计算每一列中缺失值的比例。（　　　）

5．使用applymap()函数时，可以对DataFrame中的每个元素进行操作。（　　　）

6．在Pandas中，isnull()函数和isna()函数的作用是相同的。（　　　）

7．DataFrame的fillna()方法默认会创建一个新的对象，而不修改原始对象。（　　　）

8．fillna()方法只能对数值型数据进行填充。（　　　）

9．在Pandas中，dropna()方法可以删除DataFrame中包含NaN的行或列。（　　　）

10．使用dropna()函数时，如果设置axis=1，则删除包含NaN的列。（　　　）

三、程序题

1．简单数据处理。

数据集生成代码如下。

```
[in] import pandas as pd
     data = [[5, 6, 1000], [15, 5, 1000]]
     name = ['债券2301', '债券2305']
     columns = ['期数', '利率', '面值']
     df = pd.DataFrame(data=data, index=name, columns=columns)
```

```
display(df)
```
[out]

	期数	利率	面值
债券2301	5	6	1000
债券2305	15	5	1000

任务如下。

（1）用loc属性或insert()函数增加"数量"列，值为100000、1000000。

（2）在df中增加一行数据："债券2302"，值为5、8、1000、1000000。

（3）修改行标题："债券2302"改为"债券2300"。

（4）"债券2305"的"面值"修改为1100。

（5）删除"面值"为80或90的行。

2．数据清洗。

数据集引入代码如下。

```
df_raw = pd.read_excel(r'..\data\行业\行业分类.xlsx',\
                        dtype={'大类':str})
```

任务如下。

（1）使用数据清洗操作，将df_raw转化为行业门类表（参考..\data\行业\行业门类.xlsx）。

（2）使用数据清洗操作，将df_raw转化为行业大类表（参考..\data\行业\行业大类.xlsx）。

第 **7** 章

Pandas数据集处理

数据集是数据的集合，通常以表格形式呈现。数据集中的每一列代表一个特定属性，每一行对应某一样本。数据集处理通常采用较为规范的操作，可借助结构查询语言（Structure Query Language，SQL）来操作。Pandas具有强大的数据集处理功能，包含数据库操作和数据表单（类似Excel）处理等。本章以实践操作为主，并尽可能避开对专业术语的讲解。

本章学习目标：

（1）掌握利用Pandas内置函数对DataFrame进行数据变形操作的方法；

（2）掌握利用Pandas内置对象GroupBy对DataFrame进行分组操作的方法；

（3）掌握利用Pandas内置函数对多个DataFrame进行数据连接操作的方法。

7.1 数据变形

在数据分析时，我们经常对数据集的分类属性和值属性进行调整，这样会改变数据集原有的数据结构。因此，在数据集中需要引入数据变形操作，如数据透视。

7.1.1 长表和宽表的变形

一般，数据集的每行数据记录一个被描述事物，每列数据记录数据集描述事物的属性。"长表"和"宽表"的概念是针对描述事物的某个特征而言的，参见代码Code7-1。

Code7-1

```
[in] df_long = pd.DataFrame({'公司简称': ['科大讯飞', '科大讯飞',\
                '工商银行', '工商银行'],
            '报告类型': ['半年报', '年报', '半年报', '年报'],
            '资产':[200, 210, 10000, 11200],
            '负债':[100, 105, 5000, 5600]})
    display(df_long)
[out]
```

	公司简称	报告类型	资产	负债
0	科大讯飞	半年报	200	100
1	科大讯飞	年报	210	105
2	工商银行	半年报	10000	5000
3	工商银行	年报	11200	5600

数据表df_long中的公司简称、报告类型是公司实例的分类属性，资产、负债是描述公司财务数

据的值属性。长表与宽表是相对的概念。对于资产、负债这样的值属性,其数值是由公司简称、报告类型这2个分类属性决定的,如果把其中一个分类属性去除而不使该表包含的信息减少,该数据表资产、负债属性为报告类型的值则需要做类似笛卡尔积操作,得到资产_半年报、资产_年报、负债_半年报和负债_年报这4个值属性。这样,原来4×4的表就变成了2×5的表,表从长表变成了宽表,参见代码Code7-2。

```
                                                              Code7-2
[in]  df_wide= pd.DataFrame({'公司简称': ['科大讯飞', '工商银行'], \
            '资产_半年报': [200, 10000],
            '资产_年报': [210, 11200],
            '负债_半年报':[100, 5000],
            '负债_年报': [105, 5600]})
      display(df_wide)
[out]
```

	公司简称	资产_半年报	资产_年报	负债_半年报	负债_年报
0	科大讯飞	200	210	100	105
1	工商银行	10000	11200	5000	5600

从代码Code7-2中可以看出,长表和宽表一般指的是数值列的布局,df_long是4×2的长表,行为4;df_wide是2×4的宽表,列为4。

7.1.2 pivot()函数

pivot()函数用于重新塑造结构,以便创建一个新的DataFrame,其中某些列的值会成为索引或列。其语法格式为:

```
df.pivot(self, index=None, columns=None, values=None)
```

pivot()是实现长表变宽表的函数,有如下除self参数之外的3个参数。
- index: 变形后的行索引,用于分组,如果赋值为None,则使用现有索引。
- columns: 需要将列的值转为列索引的列。
- values: 列和行索引对应的数值,用于填充DataFrame的列。

具体示例参见代码Code7-3。

```
                                                              Code7-3
[in]  df_pivoted = df_long.pivot(index='公司简称',columns='报告类型',
          values=['资产', '负债'])
      display(df_pivoted)
[out]
```

	资产		负债	
报告类型	半年报	年报	半年报	年报
公司简称				
工商银行	10000	11200	5000	5600
科大讯飞	200	210	100	105

在代码Code7-3中,返回的DataFrame的values是数值,由index和columns确定。pivot()能够运行的前提:无论是对于原DataFrame,还是新DataFrame,由index和columns参数确定的values数值都具有唯一性,即在df_long中,行索引和公司简称与年报类型能够分别确定对应的资产

和负债的数值，在df_pivoted中，行索引和公司简称能够分别确定对应的"资产-半年报""资产-年报""负债-半年报"和"负债-年报"列的数值。pivot()操作示意如图7-1所示。

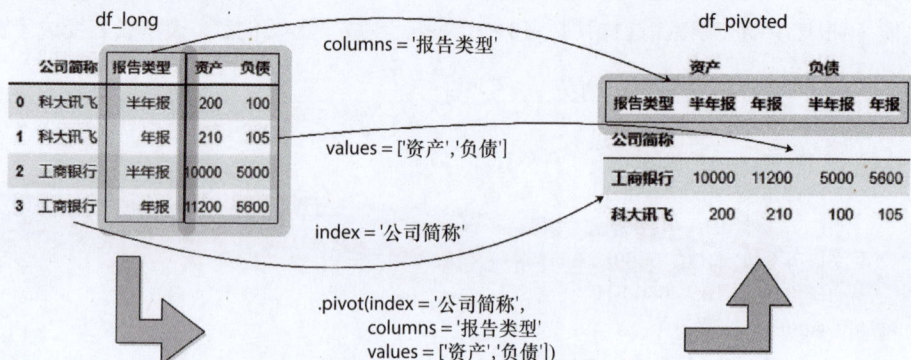

图7-1　pivot()操作示意

7.1.3　pivot_table()函数

pivot()运行的前提是由index和columns参数确定的values具有唯一性。如果不满足唯一性条件，应用会报错。解决上述问题的办法是通过聚合操作使相同行列组合对应的多个值变为一个值。

具体示例参见代码Code7-4。

```
                                                                              Code7-4
[in]  df_long_m = pd.DataFrame({'公司':['万科A', '万科A', '万科A', '中国平安',
        '中国平安', '中国平安', '中国平安'],
        '项目':['环境', '社会', '社会', '治理', '环境', '社会', '社会'],
        '得分':[50, 100, 90, 70, 80, 85, 85]})
      display(df_long_m.head())
[out]
```

	公司	项目	得分
0	万科A	环境	50
1	万科A	社会	100
2	万科A	社会	90
3	中国平安	治理	70
4	中国平安	环境	80

在代码Code7-4中，DataFrame对象是分析师对万科A和中国平安两家公司的ESG（Environment, Social and Govermance，环境、社会和公司治理）的评分，因为有多个分析师进行评分，因此每个公司的每项评分有多个，不唯一。我们一般是计算这些评分的均值。此时就无法通过pivot()函数来完成，需要使用pivot_table()函数。pivot_table()函数的语法格式为：

```
df.pivot_table(values=None, index=None, columns=None, aggfunc='mean', fill_value=None, margins=False,
dropna=True, margins_name='All')
```

部分参数说明如下。

- values、index、columns：其含义同pivot()函数。
- aggfunc：用于汇总数据的函数，默认值为'mean'（求均值）。其值也可以是'sum'、'count'、'min'、'max'等，或者是一个函数列表。

- margins：是否添加所有行和所有列的边缘汇总。

具体示例参见代码Code7-5。

```
[in] df_wide_m = df_long_m.pivot_table(index='公司',columns='项目',
        aggfunc = ['mean','max'],values='得分',
        margins=True)
    display(df_wide_m)
[out]
```

项目	mean				max			
	治理	环境	社会	All	治理	环境	社会	All
公司								
万科A	NaN	50.0	95.0	80.0	NaN	50.0	100.0	100
中国平安	70.0	80.0	85.0	80.0	70.0	80.0	85.0	85
All	70.0	65.0	90.0	80.0	70.0	80.0	100.0	100

与pivot()函数相比，pivot_table()函数引入了聚合函数参数aggfunc，用于设置数值聚合计算，把数值列的多个值聚合为一个值。margins为可选参数，默认为False，即不显示边缘数据。图7-2所示为pivot_table()操作示意。

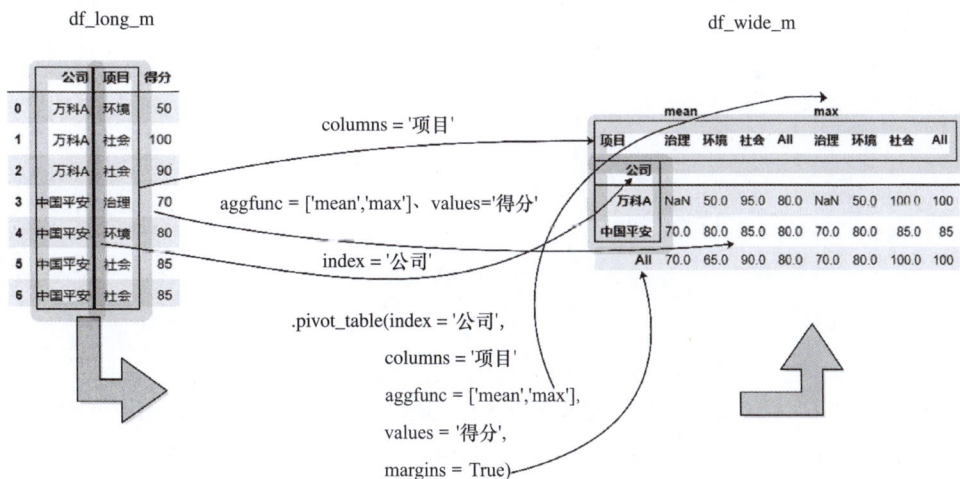

图7-2　pivot_table()操作示意

7.1.4　melt()函数

长表和宽表是数据表的呈现形式，其形式不同，但可包含相同的信息量。利用pivot()可以把长表转变为宽表。而melt()函数是pivot()函数的逆操作，可以把宽表转变为长表。

构建一个公司资产数据表DataFrame，参见代码Code7-6。

```
[in] df_wide = pd.DataFrame({'公司简称': ['科大讯飞','工商银行'],\
        '半年报': [200, 10000],
        '年报': [210, 11200]})
    display(df_wide)
```

[out]

	公司简称	半年报	年报
0	科大讯飞	200	210
1	工商银行	10000	11200

在数据处理和分析中，长表和宽表适用于不同的分析场景。melt()函数可以把数据区的某些列名变成新的列数据，而把数据区的多列压缩为新的一列，使宽表变成长表。其语法格式为：

df.melt(id_vars=None, value_vars=None, var_name=None, value_name='value', col_level=None)

部分参数说明如下。

id_vars：指定哪些列保持不变（即标识变量的列），这些列将不会被转换，而是保留在长格式结果中。

value_vars：指定需要被"拉长"的列（即待转换为长格式的列）。

var_name：指定新列的名称，用于存储原列的列名。

value_name：指定新列的名称，用于存储原列的值。

具体示例参见代码Code7-7。

Code7-7

```
[in] df_melted = df_wide.melt(id_vars = ['公司简称'],
        value_vars = ['半年报','年报'],
        var_name = '报告类型',
        value_name = '资产')
    display(df_melted)
[out]
```

	公司简称	报告类型	资产
0	科大讯飞	半年报	200
1	工商银行	半年报	10000
2	科大讯飞	年报	210
3	工商银行	年报	11200

如图7-3所示，df_wide的2行数据变成了df_melted的4行数据，"半年报"和"年报"的2列数据变成了"资产"的1列数据，数据值的含义是"公司简称"与"报告类型"分类属性确定"资产"的数值。

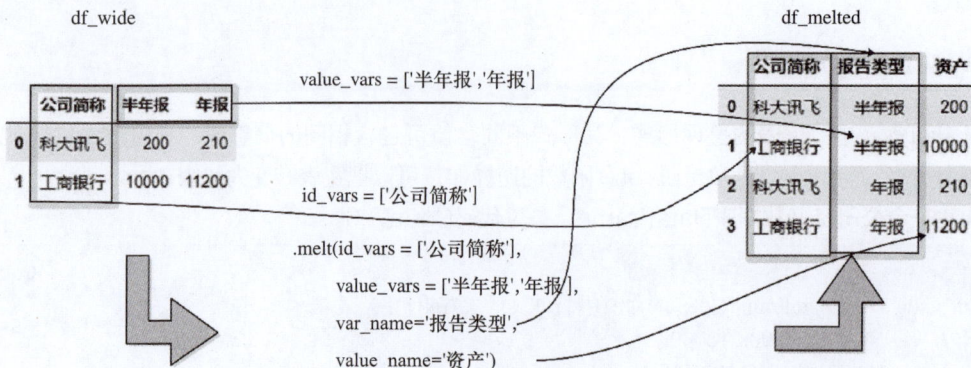

图7-3　melt()操作示意

7.1.5　wide_to_long()函数

melt()函数在列索引中被压缩的一组值对应的列元素只能代表同一层次的含义，如Code7-7中的var_name = '报告类型'。数值元素还可对应多个层次的含义，如代码Code7-8中的df_wide。

```
[in]  df_wide = pd.DataFrame({'公司简称':['科大讯飞', '工商银行'],
          '资产_Mid':[200, 10000], '负债_Mid':[90, 5000],
          '资产_Final':[210, 11000], '负债_Final':[120, 5600]})
      display(df_wide)
[out]
```

	公司简称	资产_Mid	负债_Mid	资产_Final	负债_Final
0	科大讯飞	200	90	210	120
1	工商银行	10000	5000	11000	5600

代码Code7-8中的数值列包含了交叉类别，比如报告类型（Mid和Final）和金额项目（资产和负债）。想要把value_name对应的金额扩充为两列，分别对应资产和负债，需要把Mid和Final的信息压缩，如图7-4所示，使用 wide_to_long()函数来完成，其语法格式为：

```
df.wide_to_long(df, stubnames, i, j, sep='', suffix='\d+')
```

部分参数说明如下。

- stubnames：一个字符串列表，表示要转换的列名的前缀。
- i：df中的列名，用作结果DataFrame的索引。
- j：结果DataFrame的列名，用于存放不同测量值的分类属性。
- sep：可选参数，用于分隔stubnames和j中的值。
- suffix：可选参数，用于匹配具有相同stubnames但后缀不同的列。默认为正则表达式'\d+'，用于匹配一个或多个数字。

具体示例参见代码Code7-9。

```
[in]  df_long=pd.wide_to_long(df_wide, stubnames=['资产', '负债'],
          i = ['公司简称'], j='报告类型', sep='_', suffix='.+')
      display(df_long)
[out]
```

公司简称	报告类型	资产	负债
科大讯飞	Mid	200	90
工商银行	Mid	10000	5000
科大讯飞	Final	210	120
工商银行	Final	11000	5600

数据变形操作还包括索引的变形方法stack()与unstack()，stack()将数据的列columns旋转成行index，unstack()将数据的行index旋转成列columns。受篇幅限制，这里不深入讨论。

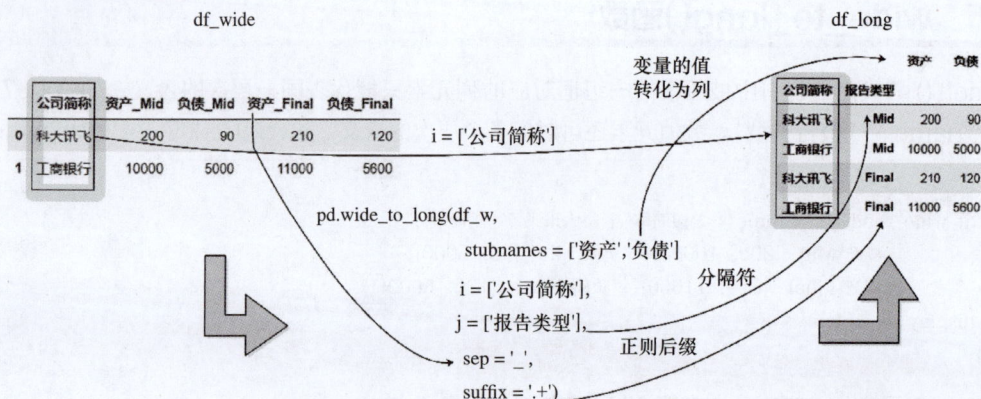

图7-4　wide_to_long()操作示意

7.2　数据分组

对数据集进行分组，并对各组应用一个聚合函数或转换函数，通常是数据分析的重要组成部分。本节介绍Pandas分组函数groupby()及分组对象的操作。

7.2.1　groupby()函数

Pandas对象的groupby()函数用于得到一个DataFrameGroupBy对象或SeriesGroupBy对象，再对新对象进行应用操作。groupby()的语法格式为：

> df.groupby(by=None, axis=0, level=None, as_index=True, sort=True, group_keys=True, squeeze=False, **kwargs)

部分参数说明如下。
- by：用于指定分组依据，可以是函数、字典、Series对象、DataFrame对象的列名等，也可以是一个函数，该函数用于从数据中提取分组键。
- axis：用于分组的轴，0表示行，1表示列，默认为0。
- level：在多层索引的情况下，用于分组的级别。
- as_index：是否将分组键作为结果DataFrame的索引，默认为True。
- group_keys：当分组键是多层索引时，是否将分组键作为多级索引的一部分，默认为True。
- squeeze：如果分组后的数据只包含一个列，则返回一个Series而不是DataFrame。
- **kwargs：传递给聚合函数的其他参数。

使用groupby()方法可以实现两种分组方式，且返回的对象不同。如果仅对DataFrame对象中的数据进行分组，则返回一个DataFrameGroupBy对象；如果是对DataFrame对象中的某一列数据进行分组，则返回一个SeriesGroupBy对象。

7.2.2　分组操作

groupby()允许根据一列或多列对DataFrame或Series进行分组，返回一个GroupBy对象，然后通过该对象根据需求调用不同的方法实现整组数据的计算功能。groupby()方法实现分组聚合的过程可以分为以下3个阶段。

- 分组（Split）：将数据按照标准拆分成多个组。
- 应用（Apply）：将一个指定函数应用于拆分后的每一组数据，产生一个新值。
- 合并（Combine）：将各组产生的结果合并成一个新的对象。

分组是根据一定的规则，将一个数据集划分成若干个小的区域，然后可以针对若干个小区域进行数据处理。df.groupby()函数是按指定字段对DataFrame行进行分组，生成一个分组器对象，然后把这个对象的各个字段按一定的聚合方法输出。因此，df.groupby()函数的简化语法格式为：

df.groupby(分组依据)[数据来源].使用操作

要实现分组操作必须明确分组依据。groupby()函数的by参数用于指定分组依据，分组依据可以有多种形式。构建如下DataFrame作为演示示例，参见代码Code7-10。

Code7-10

```
[in]  df = pd.DataFrame({'公司':['万科A', '万科A', '万科A','中国平安',
      '中国平安','中国平安','中国平安'],
      '项目':['环境', '社会','社会','治理', '环境', '社会', '社会'],
      '得分':[50, 100, 90, 70, 80, 85, 85],
      '评级':['D', 'A', 'A', 'C', 'B', 'B', 'B']})
      display(df)
[out]
```

	公司	项目	得分	评级
0	万科A	环境	50	D
1	万科A	社会	100	A
2	万科A	社会	90	A
3	中国平安	治理	70	C
4	中国平安	环境	80	B
5	中国平安	社会	85	B
6	中国平安	社会	85	B

对代码Code7-10中的df依据"项目"进行分组，数据来源设置为"得分"列，分组进行mean()操作，参见代码Code7-11。

Code7-11

```
[in]  df.groupby('项目')['得分'].mean()
[out] 项目
      治理  70.0
      环境  65.0
      社会  90.0
      Name: 得分, dtype: float64
```

代码Code7-11中的groupby()函数对df数据的"得分"列依据"项目"分类属性进行分组，每一组进行mean()操作（求均值），返回一个"项目"进行分类值为标签的Series。如果对多列数值进行操作，则返回一个DataFrame。

groupby()函数的分组依据如下。

（1）由列名构成的列表。

groupby()函数中可传入由列名构成的列表作为分组依据。例如，根据"公司"和"项目"进行分组，统计"得分"的均值，参见代码Code7-12。

```
                                                                        Code7-12
[in]  df_g = df.groupby(['公司','项目'])['得分'].mean()
      display(df_g)
[out]
      公司        项目
      万科A       环境      50.0
                社会      95.0
      中国平安     治理      70.0
                环境      80.0
                社会      85.0
      Name: 得分, dtype: float64
```

代码运行结果为一个多重索引的Series。

（2）条件表达式。

代码Code7-12中的groupby()函数的分组依据是由列名构成的列表，该函数还可以通过一定的复杂逻辑条件来分组。例如，对大于60分的"得分"进行计数统计，参见代码Code7-13。

```
                                                                        Code7-13
[in]  condition = df.得分 > 60
      df.groupby(condition)['得分'].count()
[out]得分
      False  1
      True   6
      Name: 得分, dtype: int64
```

又如，对"评级"中属于A和B等级的得分进行均值统计，参见代码Code7-14。

```
                                                                        Code7-14
[in]  condition = [(lambda x: x in ['A','B'])(i) for i in df['评级']]
      df.groupby(condition)['得分'].mean()
[out]False  60.0
      True   88.0
      Name: 得分, dtype: float64
```

可以看到，属于A和B等级的得分均值为88，其他等级为60。

在代码Code7-13、Code7-14中将数据分组之后，可以根据应用需求，调用不同的计算方法来实现分组数据的计算功能。GroupBy对象支持大量方法对列数据进行求和、求均值等操作，并自动忽略非数值数据，是数据分析时经常使用的对象。

7.2.3 GroupBy对象

分组操作是调用Pandas的GroupBy对象方法来实现的。因此，在分组操作之前，程序创建了DataFrameGroupBy对象，参见代码Code7-15。

```
                                                                        Code7-15
[in]  gb = df.groupby(['公司', '项目'])
      type(gb)
[out]Pandas.core.groupby.generic.DataFrameGroupBy
```

通过表7-1简要说明GroupBy对象的部分属性和方法。

表7-1　GroupBy对象的部分属性和方法

属性或方法	说明	示例
ngroups	可以访问的组的数量	gb.ngroups
groups	组名映射组索引列表的字典	gb.groups.keys()
indices	一个字典，键为分组的值（即分组的key），值为对应组内行的索引（基于原始DataFrame的索引）	gb.indices
size()	统计每组的元素个数	gb.size()
get_group()	获取所在组对应的行	gb.get_group(('中国平安', '环境')).iloc[:, :2]

在Pandas中，GroupBy对象的遍历是一个非常实用的操作，用于逐组处理数据。遍历GroupBy对象会返回一个元组，其中包含分组的键和对应的分组数据。

7.2.4　组应用函数

将原始数据并分组之后，可以对每组执行以下操作之一或以下操作的组合操作。

- 聚合（Aggregation）：计算每组的汇总统计量。
- 变换（Transformation）：按组进行操作，如计算每组的z-score值。
- 过滤（Filtration）：根据预定义的条件拒绝某些组。

1. 聚合

聚合函数通常返回标量值。常用的聚合函数包括：max()、min()、mean()、median()、count()、all()、any()、idxmax()、idxmin()、mad()、nunique()、skew()、quantile()、sum()、std()、var()、sem()、size()和prod()等。

聚合GroupBy对象的数据（即按组计算汇总统计量）是在对象上使用agg()函数，参见代码Code7-16。

```
                                                                          Code7-16
[in]  df_agg = df.groupby(['公司', '项目']).agg({'得分':['mean', 'max'], '评级':'count'})
      display(df_agg)
[out]
```

		得分		评级
		mean	max	count
公司	项目			
万科A	环境	50.0	50	1
	社会	95.0	100	2
中国平安	治理	70.0	70	1
	环境	80.0	80	1
	社会	85.0	85	2

在代码Code7-16中，首先通过df.groupby(['公司', '项目'])得到分组GroupBy对象，然后使用agg()方法依据字典传递的参数为不同的数据列进行列表内的函数统计操作。

2. 变换

GroupBy对象的transform()变换函数与agg()聚合函数不同，其返回值为与源数据相同长度的序列。变换函数包括如累计函数cumcount()、cumsum()、cumprod()、cummax()和cummin()等，其使用方式和聚合函数类似。

例如，分别对[得分]列分组和不分组进行标准化，参见代码Code7-17，请思考这两个操作的结果有什么不同。

Code7-17

```
[in]  gb = df.groupby(['公司'])
      gb['得分'].transform(lambda x: (x-x.mean())/x.std())
      df['得分'].map(lambda x: (x-df['得分'].mean())/df['得分'].std())
[out] # 下面所示左侧为分组的结果，右侧为没有分组的结果
      0   -1.133893              0   -1.866513
      1    0.755929              1    1.244342
      2    0.377964              2    0.622171
      3   -1.414214              3   -0.622171
      4    0.000000              4    0.000000
      5    0.707107              5    0.311086
      6    0.707107              6    0.311086
      Name: 得分, dtype: float64    Name: 得分, dtype: float64
```

3. 过滤

GroupBy对象的filter()函数是Pandas提供的一种灵活方法，用于根据自定义条件筛选整个分组（而不仅是行）。它的作用是对每个分组应用一个函数，根据函数的返回值（True/False）决定是否保留该分组，最后把所有未被过滤的组及对应的所在行拼接起来作为DataFrame返回，参见代码Code7-18。

Code7-18

```
[in]  gb = df.groupby(['公司'])
      gb.filter(lambda x: x.shape[0] > 3)
[out]
```

	公司	项目	得分	评级
3	中国平安	治理	70	C
4	中国平安	环境	80	B
5	中国平安	社会	85	B
6	中国平安	社会	85	B

在代码Code7-18中，filter()方法对gb对象进行了组筛选，lambda表达式的参数x分别传入的是gb.get_group('万科A')和gb.get_group('中国平安')，前者为3行，后者为4行。因此，gb.get_group('中国平安')组被保留，得到由gb.get_group('中国平安')的结果组成的DataFrame。

7.3 数据连接

在Pandas中，数据连接是指将多个DataFrame合并到一起。Pandas提供了几种常见的连接方式，包括纵向拼接（concat）、横向合并（merge和join）等。

7.3.1 关系型数据操作

对于两个有数据关系的表，将它们按照某一个或某一组键连接起来形成一个新的数据视图是一种常见关系型数据操作。这种操作的相关理论请参阅关系数据库相关知识。

要进行数据连接，首先构建两个DataFrame，参见代码Code7-19。

```
[in]  df1 = pd.DataFrame({'公司名称':['万科A','平安银行'],'资产':[10000,20000]})
      df2 = pd.DataFrame({'公司名称':['万科A','浦发银行'],'注册地':['深圳','上海']})
      display(df1,df2)
[out] # 下面所示左侧为df1，右侧为df2
```

Code7-19

	公司名称	资产
0	万科A	10000
1	平安银行	20000

	公司名称	注册地
0	万科A	深圳
1	浦发银行	上海

df1是一个记录上市公司资产的数据表，df2是一个记录上市公司注册地的数据表。数据连接要求两个DataFrame有共同的键，在关系数据库中称为外键。在代码Code7-19中，"公司名称"列是两个DataFrame的共同列，作为连接的键，在Pandas连接操作中用on参数表示，如图7-5所示。

Pandas中的关系型连接函数merge()和join()提供了how参数来表示连接方式，连接方式包括左连接（left）、右连接（right）、内连接（inner）、外连接（outer），它们的区别如图7-5所示。

从图7-5中可以看到，左连接以左表的键为准，如果右表中的键存在左表中，那么将右表中对应的值添加到左表，否则处理为缺失值NaN；右连接的处理与左连接类似；内连接会合并两个表中同时出现的键；而外连接则会包含在左表出现以及在右表出现的值，因此外连接又叫全连接。

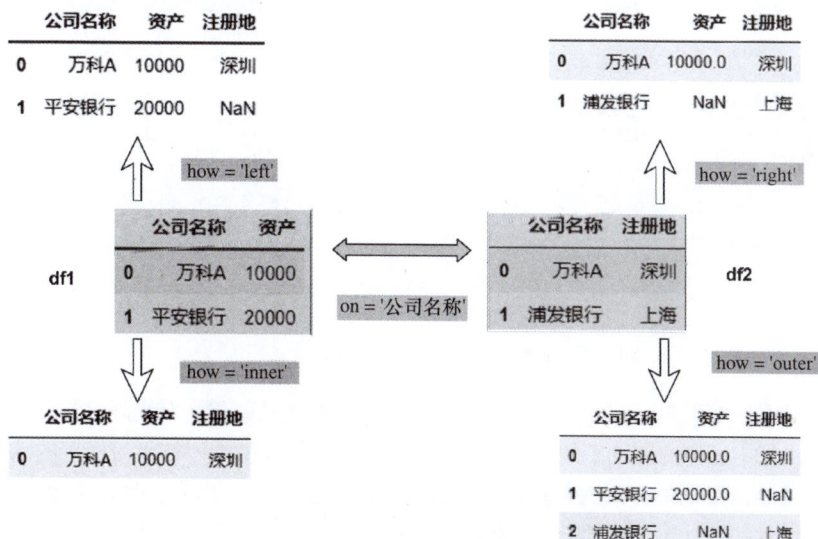

图7-5 关系型数据的连接示意（键值唯一）

如图7-5所示，两个数据表的键（参数on）是唯一的，也就是没有重复数据值。如果有重复的键值，操作稍微有点复杂，需要进行笛卡尔运算，即只要有两边同时出现的值，就以笛卡尔积的方式生成对应的行，如果在单边出现，则根据连接方式进行处理。同样通过举例来说明，这次创建两个DataFrame: left和right，参见代码Code7-20。

```
[in]  left = pd.DataFrame({'公司简写':['MI','WD','WD'],'资产':[10000,20000,3000]})
      right = pd.DataFrame({'公司简写':['WD','WD','HW'],'负债':[500,1000,1100]})
      display(left,right)
```

Code7-20

[out]　# 下面所示左侧的DataFrame为left，右侧的DataFrame为right

	公司简写	资产
0	MI	10000
1	WD	20000
2	WD	3000

	公司简写	负债
0	WD	500
1	WD	1000
2	HW	1100

如图7-6所示，两个DataFrame连接的键为"公司简写"。通过观察发现，键值"WD"在left、right中分别出现两次，逐个进行匹配后，最后产生的表必然包含2×2行公司简称为"WD"的行。

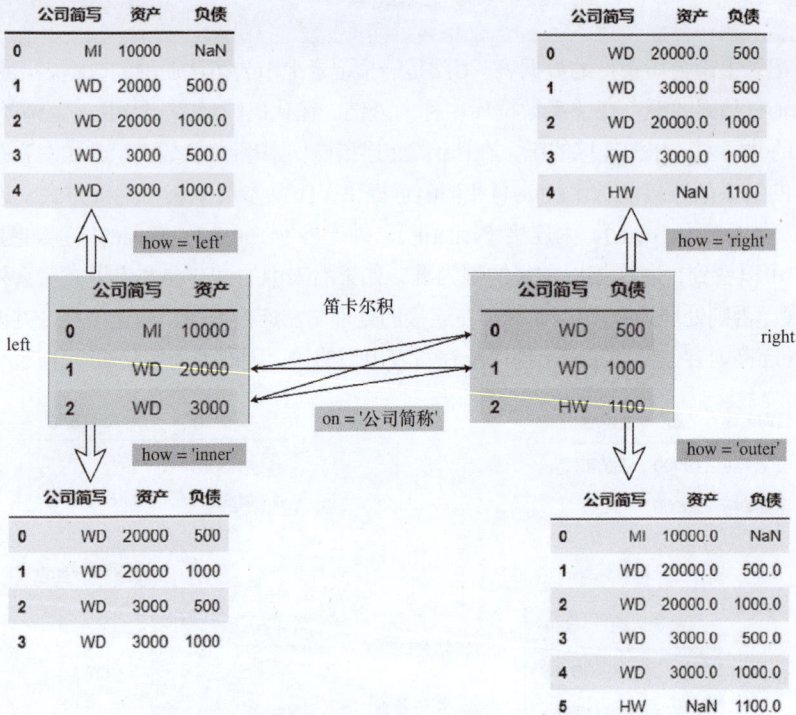

图7-6　关系型数据的连接示意（笛卡尔积）

在不同的场景需要使用不同的连接方式。左连接和右连接在某种意义上是等价的，由于它们连接的结果中的键是由其中一侧的表确定的，因此它们常常用于有方向性地添加到目标表的场景。内连接和外连接两侧的表经常是地位类似的（左右表位置的交换不会引起结果的变化），具体数据连接的交集或者并集需要根据业务的需求来判断。

7.3.2　值连接函数merge()

图7-5是两张表根据某一列的值来连接的结果，事实上还可以通过多列的值的组合进行连接；如图7-6所示，这种基于多值的连接在Pandas中可以通过merge()函数来实现。merge()函数的语法格式为：

```
pd.merge(left, right, how='inner', on=None,
         left_on=None, right_on=None,
         left_index=False, right_index=False,
         sort=True, suffixes=('_x', '_y'), copy=True)
```

主要参数说明如下。

· left、right：2个不同的DataFrame对象。

· how：要使用的连接方式，从{'left'，'right'，'outer'，'inner'}中取值，默认为'inner'，即内连接。

· on：指定用于连接的键，是两个DataFrame共同的键。若不指定，则以两个DataFrame的列名交集作为连接键。

· left_on、right_on：在左、右列标签名不相同时，指定连接键的列名。

· left_index、right_index：布尔型参数，True表示使用行索引作为连接键。默认为False，根据指定的列来合并数据。

1. 单键值连接

单键值连接操作示例参见代码Code7-21。

```
                                                                          Code7-21
[in]  pd.merge(df1,df2, on='公司名称', how='left')
      # 也可以使用实例方法df1.merge(df2, on='公司名称', how='left')
[out]
```

	公司名称	资产	注册地
0	万科A	10000	深圳
1	平安银行	20000	NaN

通过连接键（on='公司名称'），根据两个DataFrame的"公司名称"列以how指定的方式进行集合运算，由于使用左连接（how='left'）连接方式，所以会保留左表的所有键值列，加入右表对应的值，若右表中没有对应的值，则填充为NaN。

如图7-5所示，我们会得到使用不同连接方式，即how='left'、how='right'、how='inner'、how='outer'的结果。更多示例请参考资源包代码文件。

2. 多键值连接

单键值连接要求在数据表中键具有唯一性。如果单一的键不唯一，则会抛出KeyErron异常。要使键的组合具有唯一性，需要设置键参数列表，参见代码Code7-22。

```
                                                                          Code7-22
[in]  df1 = pd.DataFrame({'公司名称':['万科A','平安银行'],
           '总资产':[10000,20000],
           '年报日期':['2022','2022']})
      df2 = pd.DataFrame({'公司名称':['万科A','浦发银行'],
           '注册地':['深圳','上海'],
           '年报日期':['2023','2023']})
      display(df1,df2)
[out]  # 下面所示左侧为df1，右侧为df2
```

	公司名称	总资产	年报日期
0	万科A	10000	2022
1	平安银行	20000	2022

	公司名称	注册地	年报日期
0	万科A	深圳	2023
1	浦发银行	上海	2023

先尝试进行单键连接，参见代码Code7-23。

Code7-23

```
[in] df1.merge(df2, on='公司名称', how='outer')  # 得到的结果不是预期结果
[out]
```

	公司名称	总资产	年报日期_x	注册地	年报日期_y
0	万科A	10000.0	2022	深圳	2023
1	平安银行	20000.0	2022	NaN	NaN
2	浦发银行	NaN	NaN	上海	2023

上述结果显然不是我们想要的，即把不同年份的年报合并为一个表。解决这一问题的方法是找到键组合，使得每一行的键具有唯一性，将其传递给on参数，参见代码Code7-24。

Code7-24

```
[in] df1.merge(df2, on=['公司名称', '年报日期'], how='outer')  # 可得到正确的结果
[out]
```

	公司名称	总资产	年报日期	注册地
0	万科A	10000.0	2022	NaN
1	平安银行	20000.0	2022	NaN
2	万科A	NaN	2023	深圳
3	浦发银行	NaN	2023	上海

这样，通过on=['公司名称', '年报日期']设置了唯一的键组合，得到每个公司不同年份的数据。

3. 重复键值连接

merge()函数提供了validate参数来设置连接不唯一的模式。Validate参数共有3种模式：一对一连接（1:1），左右表的键都是唯一的；一对多连接（1:m）或多对一连接（m:1），前者左表键唯一，后者右表键唯一；多对多连接（m:m），左右表的键都不是唯一的。图7-6中的left和right若以"公司简写"为连接键，则键值都不唯一。简单地对其进行连接，程序会抛出异常，这时需要设置validate参数，参见代码Code7-25。

Code7-25

```
[in] left.merge(right, on = '公司简写', how='left', \
                validate="many_to_many")  # 或validate="m:m"
[out]
```

	公司简写	资产	负债
0	MI	10000	NaN
1	WD	20000	500.0
2	WD	20000	1000.0
3	WD	3000	500.0
4	WD	3000	1000.0

需要注意，在实践中尽可能不使用多对多连接（即validate="m:m"）。

7.3.3 索引连接函数join()

索引连接和值连接本质上没有区别，只是索引连接把索引当作键。Pandas利用join()函数来处

理索引连接，其参数设置与merge()函数类似。on参数指定索引名，单层索引（每一行仅有一个索引值）时省略该参数表示按照当前索引连接。join()函数的语法格式为：

```
DataFrame.join(other,          # 指定需要连接的DataFrawe或DataFrame的列表、元组
    on=None,                   # 默认为行索引连接，也可以指定列标签，或列标签的列表或元组
    how='left',                # 连接方式，可为'left'、'right'、'outer'、'inner'，默认为'left'
    lsuffix=' ',               # 左df重复列的后缀，只对连接两个df有效
    rsuffix=' ',               # 右df重复列的后缀，只对连接两个df有效
    sort=False)                # 保留原始键的顺序（以左侧DataFrame键顺序为主）
```

join()和merge()均可以用列标签或行索引来连接表。merger()默认进行值连接（使用列标签），可设置left_index参数和right_index参数为True，切换为按照行索引连接表；join()默认用行索引来连接表，可设置on参数切换为按照列标签进行连接。下面通过示例来理解它们的不同。

1. 简单连接

对无重名的列进行简单连接，参见代码Code7-26。

Code7-26

```
[in] df_index_1 = pd.DataFrame({'总资产':[10000,20000],'分类':['H','A']},
         index=pd.Series(['万科A','平安银行'],name='公司名称'))
     df_index_2 = pd.DataFrame({'板块':['主板','创业板'], '股价':[5.6,12.3]},
         index=pd.Series(['平安银行','温氏股份'],name='公司名称'))
     display(df_index_1,df_index_2)
[out]
```

公司名称	总资产	分类
万科A	10000	H
平安银行	20000	A

公司名称	板块	股价
平安银行	主板	5.6
温氏股份	创业板	12.3

```
[in] df_index_1.join(df_index_2, how='left')
[out]
```

公司名称	总资产	分类	板块	股价
万科A	10000	H	NaN	NaN
平安银行	20000	A	主板	5.6

在代码Code7-26中，DataFrame都具有单值行索引，并且没有重名的列索引。

2. 单值索引

对有重名的列进行单值索引连接，参见代码Code7-27。

Code7-27

```
[in] df_index_1 = pd.DataFrame({'总资产':[10000,20000],'分类':['A','H']},
        index=pd.Series(['万科A','平安银行'],name='公司名称'))
     df_index_2 = pd.DataFrame({'股价':[5.6,12.3],'分类':['A','A']},
        index=pd.Series(['平安银行','温氏股份'],name='公司名称'))
     display(df_index_1,df_index_2)
[out]
```

```
[in]  df_index_1.join(df_index_2, how='left', lsuffix='_left', rsuffix='_right')
[out]
```

在代码Code7-27中，DataFrame有重名的列"分类"，如果不传递lsuffix和rsuffix参数，则程序会抛出ValueError异常，提示错误。

3. 多级索引

首先把代码Code7-27中的DataFrame构建为多级索引，参见代码Code7-28。

Code7-28

```
[in]  df_index_1.reset_index(inplace=True)
      df_index_1.set_index(['分类','公司名称'], drop=True, inplace=True)
      df_index_2.reset_index(inplace=True)
      df_index_2.set_index(['分类','公司名称'], drop=True, inplace=True)
      display(df_index_1, df_index_2)
[out]
```

然后通过join()进行连接，参见代码Code7-29。

Code7-29

```
[in]  df_index_1.join(df_index_2, how='outer')
[out]
```

这次得到了符合预期的结果。

7.3.4　数据拼接函数concat()

数据拼接函数concat()也称方向连接函数，可实现纵向和横向连接，将数据拼接后会形成一个新的DataFrame。concat()函数可以沿着行或者列进行操作，同时可以指定非合并轴的合并方式（如取合集、交集等）。concat()函数的语法格式为：

```
pd.concat(objs,                 # list或tuple，包含需要拼接的Series或DataFrame
    axis=0,                     # axis=0，以该行方向拼接（增加行）；axis=1，以该列方向拼接（增加列）
    join='outer',               # 'outer'包含所有索引或列；'inner'仅包含公共索引或列
    ignore_index=False,         # 是否忽略原始索引，并为结果重新生成连续整数索引
    keys=None,                  # 为每个拼接的对象分配一个索引，生成多层索引（MultiIndex）
    levels=None, names=None, sort=False,
    verify_integrity=False, copy=True)
```

在concat()中，常用的3个参数是axis、join和keys，分别表示拼接方向、拼接方式，以及在新表的索引。这里需要特别注意，concat()函数与merge()和join()函数有同样的形式参数（如keys），但是它们没有任何联系，参见代码Code7-30。

Code7-30

```
[in] df1 = pd.DataFrame({'公司简称':['平安银行','广发证券','远洋地产'],
        '股票价格':[20,30,50]})
    df2 = pd.DataFrame({'公司简称':['万达信息','广发证券'],
        '股票价格':[40,30],
        '行业':['服务业','金融业']})
    display(df1,df2)
[out]
```

	公司简称	股票价格
0	平安银行	20
1	广发证券	30
2	远洋地产	50

	公司简称	股票价格	行业
0	万达信息	40	服务业
1	广发证券	30	金融业

实现纵向拼接，参见代码Code7-31。

Code7-31

```
[in] pd.concat([df1, df2])
[out]
```

	公司简称	股票价格	行业
0	平安银行	20	NaN
1	广发证券	30	NaN
2	远洋地产	50	NaN
0	万达信息	40	服务业
1	广发证券	30	金融业

默认axis=0，表示对行进行拼接操作，可得到所有行。默认join='outer'，可得到两个表共同的列"股票价格"以及df2独有的列"行业"。

实现横向拼接，参见代码Code7-32。

Code7-32

```
[in] pd.concat([df1, df2],axis=1,join='inner')
[out]
```

	公司简称	股票价格	公司简称	股票价格	行业
0	平安银行	20	万达信息	40	服务业
1	广发证券	30	广发证券	30	金融业

由于axis=1，对列进行拼接操作，得到所有列。注意，即便有同名的列，也只是进行拼接操作。join='inner'，可得到二者共同的行0和1。

【Python财务数据分析】——A股上市公司行业分类处理

1. 实践目的

通过A股上市公司行业分类处理实例，熟练掌握DataFrame的连接操作，深入理解Pandas数据集处理操作。

2. 财务问题

按以下要求对"公司基本信息.xlsx"进行处理，并依据"行业门类.xlsx"和"行业大类.xlsx"文件内容，添加"行业代码B"对应的行业门类和行业大类。

要求如下。

（1）处理"公司基本信息.xlsx"文件，删除其中包含缺失值的样本，把"行业代码B"列拆分为"行业门类码"和"行业大类码"列，并存储为一个新的"df_com.xlsx"文件。

（2）针对（1）得到的数据集，考查每个行业门类的公司数量，注册资本的最大值、最小值和均值，分别采用数据透视表操作和分组操作两种方法来完成。

（3）针对（1）得到的数据集，利用数据连接操作增加"行业门类"和"行业大类"数据列。

3. 实践指南

（1）创建"df_com.xlsx"文件。

读入"公司基本信息.xlsx"文件，将数据集"行业代码B"列拆分为"行业门类码"和"行业大类码"列。读入数据集，参见代码Code7-33。

```
Code7-33
[in] df_com = pd.read_excel(r'..\data\公司基本信息.xlsx',
                            dtype={'股票代码':str})
     display(df_com.tail())
[out]
```

	股票代码	公司简称	注册资本	行业代码B
4630	900952	锦港B股	2002291500	G55
4631	900953	凯马B	640000000	C36
4632	900955	*ST海创B	1303500000	K70
4633	900956	东贝B股	235000000	C34
4634	900957	凌云B股	349000000	K70

考察数据集，参见代码Code7-34。

```
Code7-34
[in] df_com.info()
[out] <class 'pandas.core.frame.DataFrame'>
      RangeIndex: 4635 entries, 0 to 4634
```

```
Data columns (total 4 columns):
 #   Column    Non-Null Count   Dtype
 0   股票代码    4635 non-null    object
 1   公司简称    4635 non-null    object
 2   注册资本    4635 non-null    int64
 3   行业代码B  4588 non-null    object
dtypes: int64(1)，object(3)
memory usage: 145.0+ KB
```

通过info()函数，我们了解到，数据集"行业代码B"列有若干缺失值，为了保证数据转化准确，删除有缺失值的行。删除缺失数据，参见代码Code7-35。

Code7-35

```
[in] df_com.dropna(subset=['行业代码B'],inplace=True)
     df_com.info()
[out] <class 'pandas.core.frame.DataFrame'>
     Int64Index: 4588 entries, 0 to 4634
     ……
     memory usage: 179.2+ KB
```

生成新的列，参见代码Code7-36。

Code7-36

```
[in] df_com['行业门类码'] =df_com['行业代码B'].map(str).map(lambda s:s[0])
     df_com['行业大类码'] =df_com['行业代码B'].map(str).map(lambda s:s[1:])
     display(df_com.tail())
[out]
```

	股票代码	公司简称	注册资本	行业代码B	行业门类码	行业大类码
4630	900952	锦港B股	2002291500	C55	G	55
4631	900953	凯马B	640000000	C36	C	36
4632	900955	*ST海创B	1303500000	K70	K	70
4633	900956	东贝B股	235000000	C34	C	34
4634	900957	凌云B股	349000000	K70	K	70

现在"行业代码B"列成了冗余数据，删除该列，并把新的数据集存入文件"df_com.xlsx"，参见代码Code7-37。

Code7-37

```
df_com.drop(['行业代码B']，axis=1,inplace=True) # 等同于 del df_com['行业代码B']
df_com.to_excel(r'..\data\df_com.xlsx',index=False)
```

（2）按行业门类分类统计。

① 数据透视表操作。

针对（1）得到的数据集，考察每个行业门类的公司数量，即数量不唯一，因此需要使用pivot_table()函数。设置索引项为"行业门类码"列，数值项为"公司简称""注册资本"列，聚合函数分别使用count()、np.mean()、max()和min()，参见代码Code7-38。

Code7-38

```
[in] import numpy as np
     df_table = pd.pivot_table(df_com,
```

```
        index='行业门类码',
        values=['公司简称', '注册资本'],
        aggfunc={'公司简称': 'count', '注册资本': [np.mean, max, min]})
    df_table.head()
```
[out]

	公司简称	注册资本		
	count	max	mean	min
行业门类码				
A	51	6373463840	9.416710e+08	101880000
B	83	183020977818	6.205862e+09	128000000
C	2931	45585032648	9.385618e+08	31604443
D	132	50498611100	3.377518e+09	141500000
E	109	41948167844	2.344014e+09	86670000

② 分组操作。

针对（1）得到的数据集依据"行业门类码"列进行分组，再分别对"公司简称""注册资本"列进行聚合，参见代码Code7-39。

Code7-39
```
[in] df_com.groupby('行业门类码').agg(
        {'公司简称':'count', '注册资本':['max', 'mean', 'min']}).head()
[out]  # 与Code7-38的[out]相同，略
```

（3）数据连接。

针对（1）得到的数据集，增加"行业门类"和"行业大类"数据列。

首先读入行业门类和行业大类数据，参见代码Code7-40。

Code7-40
```
[in] df_ML = pd.read_excel(r'..\data\行业门类.xlsx')
    display(df_ML.tail(5))
```
[out [

	门类	门类名称	门类说明
14	O	居民服务、修理和其他服务业	本门类包括79～81大类
15	P	教育	本门类包括82大类
16	Q	卫生和社会工作	本门类包括83和84大类
17	R	文化、体育和娱乐业	本门类包括85～89大类
18	S	综合	本门类包括90大类

```
[in] df_DL = pd.read_excel(r'..\data\行业大类.xlsx',
                        dtype={'大类':str})
    display(df_DL.tail(5))
```
[out]

	门类	大类	大类名称
85	R	86	广播、电视、电影和影视录音制作业
86	R	87	文化艺术业
87	R	88	体育
88	R	89	娱乐业
89	S	90	综合

然后将行业门类与行业大类数据合并，设置门类和大类索引，并排序，参见代码Code7-41。

```
                                                                    Code7-41
[in]  df_class = df_DL.merge(df_ML, on='门类', how='left').loc[:, '门类':'门类名称']
      df_class.set_index(['门类', '大类'], inplace=True)
      df_class.sort_index(inplace=True)
      df_class.tail()
[out]
```

门类	大类	大类名称	门类名称
R	86	广播、电视、电影和影视录音制作业	文化、体育和娱乐业
	87	文化艺术业	文化、体育和娱乐业
	88	体育	文化、体育和娱乐业
	89	娱乐业	文化、体育和娱乐业
S	90	综合	综合

对df_com与 df_class数据集进行连接操作。"行业大类码"列在两个数据集中的数据类型分别为int64和object，因此，在进行连接操作之前需要进行数据类型转换，参见代码Code7-42。

```
                                                                    Code7-42
[in]  df_com['行业大类码'] = df_com['行业大类码'].astype('str')
      df_com_new = df_com.merge(df_class,
          left_on=['行业门类码', '行业大类码'],
          right_index = True, how='left')
      df_com_new.sample(5)
[out]
```

	行业门类码	行业大类码	股票代码	公司简称	注册资本	大类名称	门类名称
216	C	14	300898	熊猫乳品	124000000	食品制造业	制造业
478	C	23	002229	鸿博股份	498344263	印刷和记录媒介复制业	制造业
2400	C	38	600202	哈空调	383340672	电气机械和器材制造业	制造业
659	C	26	300487	蓝晓科技	219779324	化学原料和化学制品制造业	制造业
3763	I	65	002410	广联达	1187012398	软件和信息技术服务业	信息传输、软件和信息技术服务业

本章小结

本章主要介绍了Pandas数据集处理。数据集基于业务关系可以设定为长表和宽表，这取决于标签（行列索引）和数据值之间的转化。Pandas可对多个数据集进行关联操作，数据集有很多聚合函数，但是需要对数据集分组、分层聚合。因此Pandas提供了GroupBy对象，该对象有实用处理方法和属性。完成本章的学习，读者应该能够基本掌握Pandas的核心内容。

习题

一、选择题

1. 对DataFrame进行操作，下列方法中的（　　）是聚合方法。

    A. head()　　　　　B. iloc()　　　　　C. mean()　　　　　D. reindex()

2.（　　）函数用于将DataFrame的列索引转换为行索引。

    A．pivot()　　　　B．groupby()　　　　C．stack()　　　　D．melt()

3．pivot_table()函数与pivot()函数的主要区别是（　　）。

    A．pivot_table()引入了聚合函数参数

    B．pivot_table()不支持多索引

    C．pivot()不支持数据透视表

    D．pivot()比pivot_table()的执行速度快

4．在groupby()函数中，as_index参数的作用是（　　）。

    A．是否将分组键作为结果DataFrame的索引

    B．是否对结果进行排序

    C．是否删除空值

    D．是否转换列数据类型

5．在DataFrame 中，使用聚合类方法时需要指定轴参数（axis），（　　）表示按垂直方向进行计算。

    A．axis=1　　　　　　　　　　B．axis=0

    C．axis='columns'　　　　　　D．axis=None

第6～10题依据如下代码进行回答。

```
import pandas as pd
import numpy as np
data = [1, 2, 10, 15, 19, 27]
name = np.arange(6)
columns=['col1']
df = pd.DataFrame(data=data, index=name, columns=columns)
```

6．gb = df.groupby(df['col1']//10)

gb.ngroups

上述代码的输出为（　　）。

    A．2　　　　　　B．3　　　　　　C．4　　　　　　D．5

7．gb.sum().iloc[2].col1

上述代码的输出为（　　）。

    A．3　　　　　　B．36　　　　　C．11　　　　　D．27

8．gb.mean().iloc[2].col1

上述代码的输出为（　　）。

    A．3.0　　　　　B．36.0　　　　C．11.0　　　　D．27.0

9．gb.transform(lambda x:x-x.mean()).iloc[1].col1

上述代码的输出为（　　）。

    A．0.5　　　　　B．-0.5　　　　C．1.0　　　　　D．-1.0

10．gb.apply(lambda x:x.max()-x.min()).iloc[0].col1

上述代码的输出为（　　）。

    A．0　　　　　　B．-1　　　　　C．1　　　　　　D．2

二、判断题

1．Pandas的join()函数具有left、right、outer、inner连接方式，默认为left。（　　）

2．groupby()是DataFrame的方法，不适用于Series。（　　　）

3．df.groupby()函数的默认分组轴是列。（　　　）

4．在groupby()函数中，level参数用于在多层索引的情况下指定分组级别。（　　　）

5．Pandas中的关系型连接函数merge()和join()提供了on参数来代表连接方式。（　　　）

6．Pandas能够实现SQL关系数据库的操作。（　　　）

7．wide_to_long()函数用于将长表转换为宽表。（　　　）

8．pivot_table()函数不能进行数据聚合操作。（　　　）

三、程序题

1．数据集连接处理。

根据如下给定的数据集，完成如下数据处理任务。在资源文件夹中查阅如下文件。

名称	修改日期	类型	大小
公司基本信息	2023/4/5 22:02	Microsoft Excel ...	215 KB
利润表_T	2023/4/6 15:07	Microsoft Excel ...	10 KB
行业大类	2023/11/4 11:53	Microsoft Excel ...	11 KB
行业分类	2023/9/7 20:02	Microsoft Excel ...	19 KB
行业门类	2023/11/4 11:44	Microsoft Excel ...	7 KB
资产负债表_T	2023/4/6 15:07	Microsoft Excel ...	11 KB

任务如下。

（1）对"公司基本信息"表中的数据按行业大类分组，并得到注册资本均值中前5个行业的注册资本的均值、最大值，以及公司数量。

（2）对"利润表_T"和"资产负债表_T"两个表进行处理，添加"公司简称"和"行业名称B"列数据。

（3）对"利润表_T"和"资产负债表_T"两个表进行连接，得到在两个表中都有的数据集，并存为"资产负债_利润.xlsx"。

2．数据分组处理。

在资源文件夹中查看公司基本信息数据集df_com_new，分组处理完成以下操作。

（1）在df_com_new基础上构建一个虚拟数据集。

为了方便观察，我们把数据单位改为"百万"，把"注册资本"列名改为"净资产"，并增加一个新的数据列"数据资产"，其数值为np.random.random(n) * 100 + 1（保留两位小数），n为数据集样本数量。

（2）针对df_com_new进行行业门类分类，并计算每一类的净资产和数据资产的均值和最大值，以及公司数量。

（3）计算数据资产占比，将其作为一个新的数据列，按四分位数大小降序，分别赋值：A、B、C、D。

（4）df_com_new['数据资产水平']进行分组并聚合运算，取得按"行业门类码"分组的对象。计算每组数据的最大值，统计每组公司的数量、数据资产占比的均值和中位数。

通过聚合计算每组数值的最大差和均值，并把计算结果重命名为"最大差"和"均值"。

第8章

数据可视化

数据可视化能够提升数据分析的效率，更大程度地发挥数据分析的作用，因此，数据可视化是数据分析师需要掌握的基本技能。通过学习本章内容，读者可提升数据分析能力。

本章学习目标：

（1）理解数据分析中不同类型数据的含义和统计学意义；

（2）熟练掌握Matplotlib绘图的基本过程；

（3）熟悉Matplotlib对象的属性和方法；

（4）掌握Matplotlib、Seaborn中基本图形的绘制方法；

（5）能够利用Matplotlib、Seaborn进行Python财务数据分析。

8.1　Matplotlib入门

Matplotlib是一个强大的Python可视化库，用于生成各种类型的图形和进行数据可视化。其核心模块是matplotlib.pyplot，该模块提供类似MATLAB的简单接口来绘制图表。本节主要介绍Matplotlib绘图的基础概念。

Anaconda中预安装了Matplotlib和Seaborn绘图第三方库，其一般引入方式为：

```
import matplotlib.pyplot as plt    # plt为常用的pyplot的别名，
import seaborn as sns
```

8.1.1　数据可视化

数据的图形呈现是探索、分析数据的常用方法。相对于文字，图形更加直观且形象，更适合人类理解。使用图形来表示数据的方法称为数据可视化。数据以图形、图像形式表示，可以揭示隐藏的数据特征，直观传达关键信息，还可辅助建立数据分析模型，展示分析结果。

Matplotlib和Seaborn是Python绘图第三方库，可通过Series和DataFrame两种数据结构以面向对象的接口方式来调用。Pandas中仅集成了常用的图形接口，更多复杂的绘图需求往往还需依赖Matplotlib或者其他可视化库。本章介绍的Seaborn应用内容相对简单，读者若想深入学习，请参阅Seaborn更深入的资料。

这里需要强调的是，Jupyter Notebook中的Matplotlib的图形若绘制在每个编程单元里会被重置，也就是说，如果要绘制很复杂的图形，则最好把所有代码都放在同一个编程单元里。

8.1.2　Matplotlib绘图过程

导入Matplotlib包中的pyplot模块，为了使图形能够正常显示汉字和符号，我们设置了pyplot

绘图的显示参数，并应用魔法命令%matplotlib inline使图形在Jupytor Notebook中能够显示，参见代码Code8-1。

```
                                                                  Code8-1
[in]  import matplotlib.pyplot as plt
      plt.rcParams["font.sans-serif"] = ["SimHei"]    # 可以正常显示汉字
      plt.rcParams["axes.unicode_minus"] =False    # 解决负号 "-" 的乱码问题
      %matplotlib inline      # 魔法命令，编程单元显示，而不是弹出窗口
```

Matplotlib绘制一个简单图形的一般过程如下。

1. 创建画布

创建画布（Figure）类似于手工绘制图形在纸张上的边界设置。画布是Matplotlib的一类对象，它代表了一个绘图区域，用于承载图形元素。创建画布的具体示例参见代码Code8-2（1）。

2. 添加子图

当创建一个新的图形时，画布可以包含多个子图（Subplots或Axes），每个子图都是一个绘图区域，用于绘制特定的图形或图表。

每个子图可以有自己的独立坐标系。添加子图的具体示例参见代码Code8-2（2）。

注意，如果画布只有一个绘图区域，则没有必要添加子图。

3. 绘制图形

在子图对象上调用绘图函数（如plot()、scatter()、bar()等）来绘制图形，具体示例参见代码Code8-2（3）。此操作可以在画布上完成多个子图绘制。

4. 修饰图形

为图形中的线或坐标等添加刻度、范围以及修饰标签等，可使图形更易理解，更具有表现力。可以使用set_xlabel()、set_ylabel()、set_title()等方法来设置子图的坐标轴标签和标题，具体示例参见代码Code8-2（4）。

5. 显示和保存图形

使用plt.show()来显示图形（如果在Jupyter Notebook中应用了%matplotlib inline，则这一步是自动的）。可以使用savefig()方法将图形保存到文件中，如代码Code8-2（5）所示。

```
                                                                  Code8-2
[in]  fig = plt.figure(figsize=(8, 6), dpi=80)        # (1) dpi表示每英寸的点数
      ax1 = fig.add_subplot(121)                      # (2) 创建子图，1×2网格的第1个子图ax1
      # 或者使用 subplots()函数，它会返回figure和axes对象
      # fig, ax1 = plt.subplots()
      ax1.plot([1, 2, 3, 4], [1, 4, 2, 3])            # (3)
      # 如果没有创建子图，则使用plt.plot([1, 2, 3, 4], [1, 4, 2, 3])
      ax1.set_xlabel('X轴标签')                        # (4)
      ax1.set_ylabel('Y轴标签')
      ax1.set_title('我的图形标题')
      plt.show()                                       # (5)
      fig.savefig('my_plot.png')
[out]
```

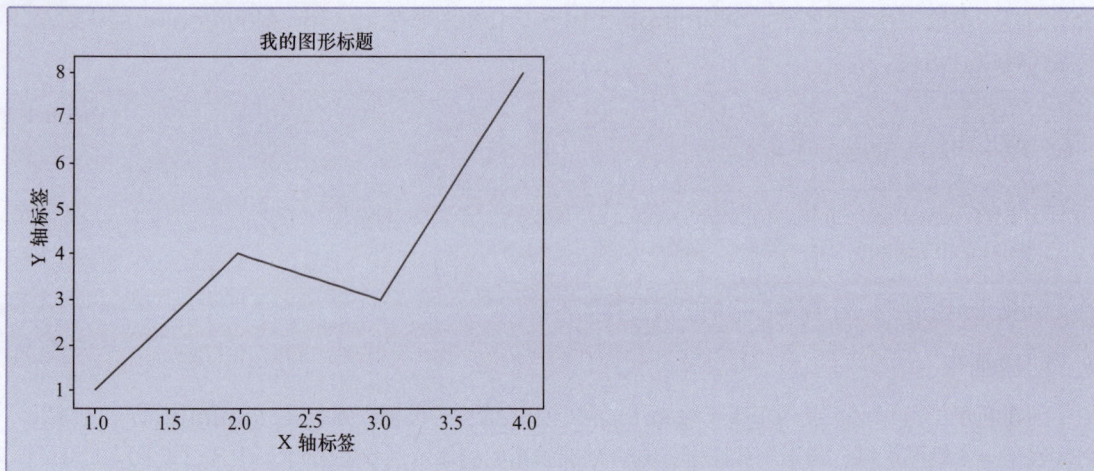

8.1.3　Matplotlib绘图对象

　　matplotlib.pyplot是类似MATLAB的函数集合。pyplot绘图是由多个对象共同协作完成的。这些对象构成了Matplotlib的图形层次结构，主要包括Figure、Axes、Axis和其他子组件。每个pyplot函数都会对图形进行操作，如创建图形画布、创建画布中的子图、在子图中绘制图形，以及用标签装饰绘图等。绘图过程基于面向对象程序设计的核心思想，创建图形对象，通过调用图形对象的属性和方法来绘图。

　　关于Matplotlib的基本元素，可以将其分为两类：primitives（基本要素）和containers（容器）。基本要素包括一些在绘图区域作图用到的标准图形对象，如曲线（Line2D）、文字（text）、矩形（Rectangle）、图像（image）等对象。容器则是用来装基本要素的地方，包括图形（Figure）、坐标系（Axes）和坐标轴（Axis）。

　　画布上可以创建多个绘图区域，因此画布内可以有多个子图；每个子图拥有自己的数据（Data）、标题（Title），以及包括x轴（Xaxis）和y轴（Yaxis）在内的坐标系；每个坐标轴包含独立的刻度（Tick）和标签（Label）；刻度还可以继续拥有自己的标签（Tick Label）等。Matplotlib基本元素间的层次关系如图8-1所示。

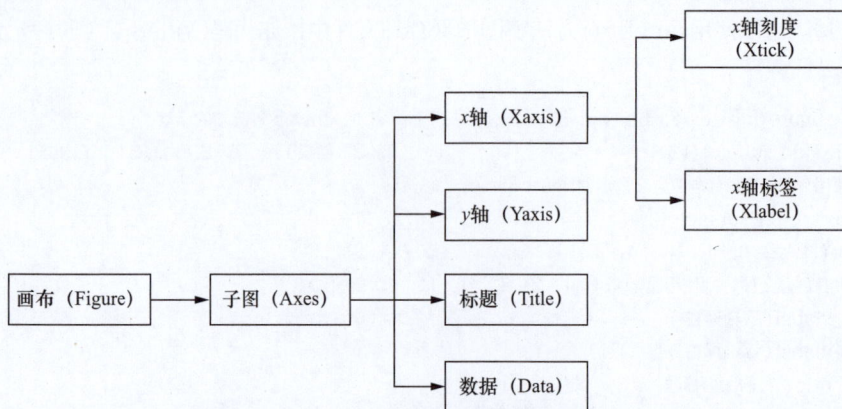

图8-1　Matplotlib基本元素间的层次关系

　　通过图8-2可知绘图对象之间的关系，一个Figure或Axes实例相当于一个容器，包含其他绘图对象。通过调用Figure或Axes实例的方法来完成绘图。

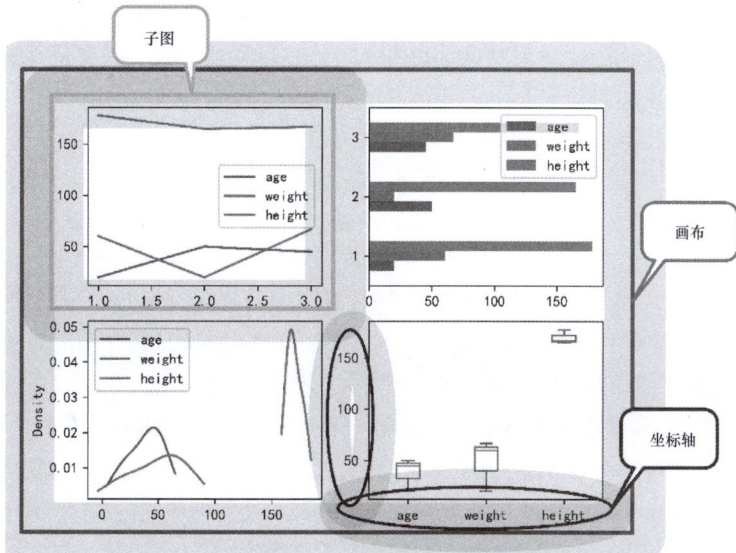

图8-2　画布、子图和坐标轴关系示意

1. 画布——figure对象

画布就是整个画图区域（figure对象），相当于画画所用的画布。通过调用pyplot模块中的figure()函数来实例化figure对象。plt. figure()的语法格式为：

```
plt. figure (num=None,        # 图形编号或名称，若为数字则为编号，若为字符串则为名称
            figsize=None,       # 指定figure对象的宽和高
            dpi=None,          # 绘图对象的分辨率，即每英寸有多少个像素
            facecolor=None,     # 背景颜色
            edgecolor=None,     # 边框颜色
            frameon=True)      # 是否显示边框
```

例如，创建一个新的绘图对象fig1，编号为1，大小为(8，6)，分辨率为100 dpi，背景颜色为'g'，边框为黑色等，参见代码Code8-3。

Code8-3

```
[in] fig1 = plt. figure (num=1, figsize=(8, 6),
        dpi=100, facecolor='g', edgecolor='k', frameon=True)
    plt. plot ([1, 2, 3], [3, 5, 4])
    plt. show ()
[out]
```

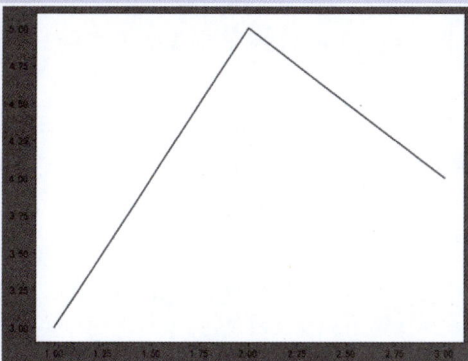

有了绘图对象fig1（画布），可以通过该画布来添加一个或多个axes对象（即子图）。如果没有指定画布大小，则Matplotlib会使用默认的画布大小（6.4英寸×4.8英寸）。画布大小可以通过rcParams['figure.figsize']来查看。

创建画布，包括创建figure对象和axes对象，常用的方法如下。

（1）plt.figure()：接收一个元组作为figsize参数来设置图形大小，返回一个figure对象。

（2）plt.axes()：接收一个figure对象或在当前画布上添加一个子图，返回该axes对象作为"当前"子图。

（3）plt.subplot()：接收3个数字或1个3位数作为子图的行数、列数和当前子图索引。索引从1开始，返回一个axes对象用于绘图操作。该函数可以理解成是先隐式执行了plt.figure()，然后在创建的figure对象上添加子图，并返回当前子图实例。

（4）plt.subplots()：接收一个行数nrows和一个列数ncols作为参数，创建一个figure对象和相应数量的axes对象，同时返回该figure对象和axes对象嵌套列表，并默认选择最后一个子图作为"当前"子图。

关于subplots()函数和subplot()函数，我们在后文详细介绍。

2. 子图——axes对象

（1）创建axes对象。

Matplotlib定义了一个Axes（轴域）类，使用该类创建的对象被称为axes对象（即轴域对象，或称为子图）。axes对象可以理解为坐标轴的集合，一般包含基本的两个轴，用来确定一个区域。

默认情况下，函数创建一个标准的axes对象来填满整个图表区域。当画布只有一张子图时，子图对象可以用plt代替。

这里首先介绍add_axes()方法。figure.add_axes()的语法格式为：

```
fig.add_axes(rect, **kwargs)
```

其中，rect位置参数定义axes的位置和大小，是一个tuple——(left, bottom, width, height)，取值在[0, 1]间，表示相对于Figure的归一化坐标，即画布中的矩形区域相对左下角坐标原点(0, 0)位置的宽度和高度。

创建axes对象之后，就可以利用Axes类的成员函数绘图了。

（2）axes对象的属性和方法。

axes对象的属性和方法本质上是由plt赋予的。因此与plt类似，但是也要注意个别方法有细微差异。

① plot()用于绘图。

plot()是axes对象的基本方法，它将一个数组的值与另一个数组的值绘制成线或标记。plt和ax[1]都有plot()方法，plt.plot()在默认画布的子图上画图；ax.plot()在画布对象的子图ax上绘图，是推荐的绘图方式。

虽然大多数的plt函数都可以直接转换为ax的方法进行调用，如plot()、legend()等，但是有些函数有区别，如用于设置极值、标签和标题的函数都有一定的改变，如plt.xlabel()变为ax.set_xlabel()，plt.xlim()变为ax.set_xlim()，plt.title()变为ax.set_title()等。

② grid()用于网格格式设置。

通过axes对象提供的grid()方法可以开启或者关闭显示网格，以及网格的主/次刻度。grid()函

---

1 一般为了方便，我们习惯使用ax指代axes对象。

数还可以设置网格的颜色、线型以及线宽等属性。

③ xscale()、yscale()用于坐标轴格式设置。

axes对象的xscale()或yscale()用于实现坐标轴的格式设置。坐标轴是连接刻度的线，也就是绘图区域的边界，即子图的顶部、底部、左侧和右侧的边界线。通过指定轴的颜色和宽度来进行显示格式设置。

④ xlim()和ylim()用于坐标轴数值范围设置。

xlim()和ylim()是用于设置绘图的x轴范围和y轴范围的函数。它们主要应用于调整坐标轴显示的范围，从而聚焦于特定的数据区间。ax可以根据自变量与因变量的取值范围，自动设置x轴与y轴的数值范围。当然，也可以用自定义的方式，通过set_xlim()和set_ylim()对x轴、y轴的数值范围进行设置。

⑤ xticks()和yticks()用于刻度和刻度标签设置。

xticks()和yticks()用于设置或获取x轴和y轴的刻度位置及标签。它们提供了对刻度显示的精确控制，常用于调整刻度显示范围、格式或自定义标签。刻度指的是轴上数据点的标记，Matplotlib能够自动在x轴、y轴上绘制出刻度。在大多数情况下，内建类完全能够满足一般的绘图需求。

⑥ legend()用于绘制图例。

ax的legend()方法负责绘制画布中的图例。

3. plt.subplot()函数和plt.add_subplot()函数

subplot()是plt的方法，它基于默认的画布，完成一个基于行列网格的子图的布局。完成布局之后，plt在默认的当前子图上绘图，即使用plt.subplot()函数与plt.plot()等函数绘图。

plt.subplot()函数可以均等地划分画布，其语法格式为：

```
plt.subplot(nrows,        # 表示要划分几行绘图区域
            ncols,        # 表示要划分几列绘图区域
            index)        # index的初始值为1，用来指定具体的某个子图
```

nrows×nclos表示子图数量，如图8-3所示，subplot(233)表示在当前画布的右上角创建一个2行3列的绘图区域，同时选择在第3个位置绘制子图。

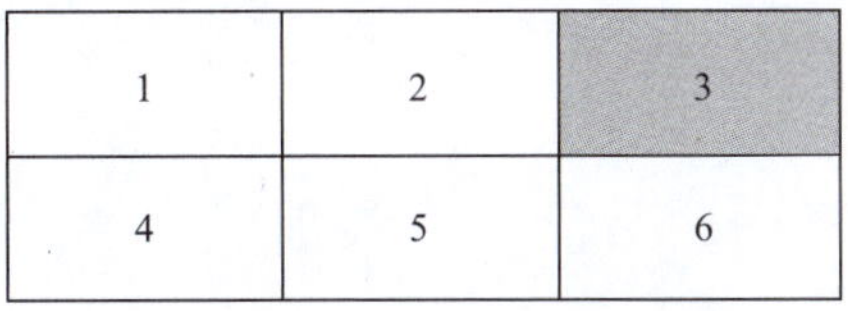

1	2	3
4	5	6

图8-3 subplot(233)布局示意

具体示例参见代码Code8-4。

```
                                                                    Code8-4
[in]  plt.plot(range(100))              # 在默认的画布上画图
      plt.subplot(211)                  # 创建1个子图，2行1列的网格的顶部图
      plt.plot(range(20))               # 创建的子图将与plt.plot(range(100))绘制的图重叠
      plt.subplot(212, facecolor='y')   # 在网格第2个位置创建带有黄色背景的子图
      plt.plot(range(10))
      plt.show()
[out]
```

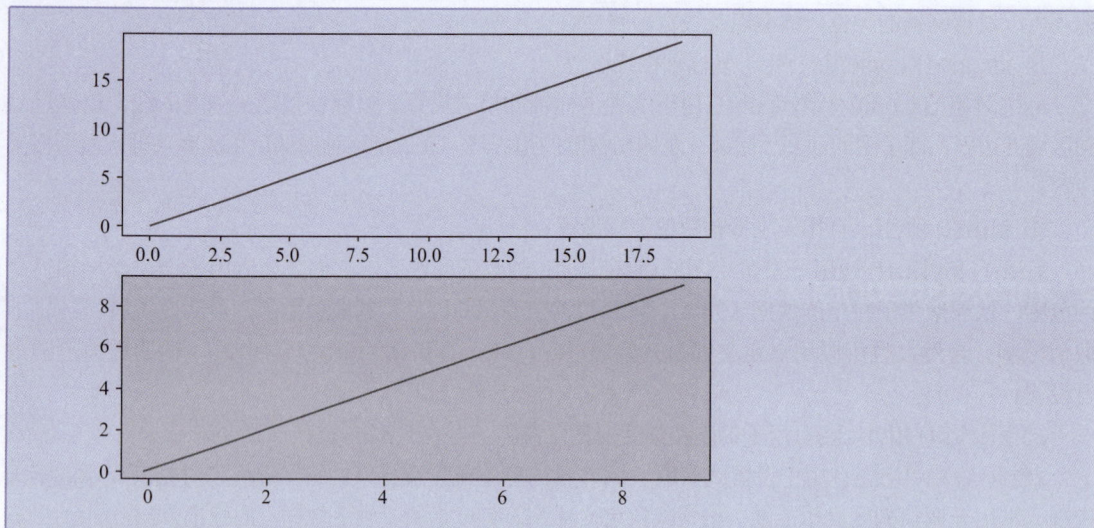

从代码Code8-4的执行结果可以看出，plt.plot(range(100))绘制的图与新建的子图重叠，被自动覆盖。如果不想覆盖之前的图，则需要使用add_subplot()函数，参见代码Code8-5。

Code8-5

```
[in] fig = plt.figure()
     ax1 = fig.add_subplot(111)
     ax1.plot(range(10))
     ax2 = fig.add_subplot(221, facecolor='y')
     ax2.plot(range(20))
[out]
```

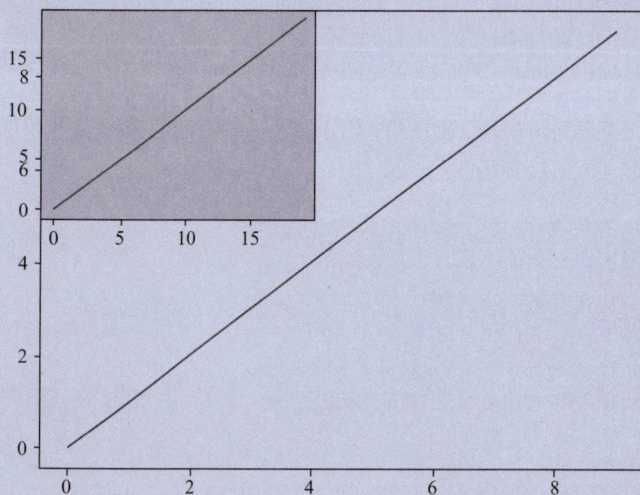

通过给画布添加axes对象也可以实现在同一画布中插入另外的图形，这需要使用fig.add_axes()函数。

4. subplots()函数

subplots()函数与subplot()函数类似，不同之处在于，subplots()既创建了一个包含子图区域的画布，又创建了子图对象，而 subplot() 只创建了一个在当前画布下的子图对象。

subplots()函数的语法格式为：

```
fig ，ax = plt.subplots(nrows, ncols)
```

nrows与ncols表示两个整数参数，用于指定子图所占的行数、列数。该函数的返回值是一个元组，包括一个画布对象和所有的子图对象。其中，子图对象的数量等于nrows×ncols，且每个axes对象均可通过索引值访问，参见代码Code8-6。

Code8-6

```
[in] import numpy as np
     fig, ax =  plt.subplots(2, 2)
     x = np.arange(1, 10)
     ax[0][0].plot(x, x*x)              # 绘制平方函数图像
     ax[0][0].set_title('平方')
     ax[0][1].plot(x, np.sqrt(x))       # 绘制平方根函数图像
     ax[0][1].set_title('平方根')
     ax[1][0].plot(x, np.exp(x))        # 绘制指数函数图像
     ax[1][0].set_title('指数')
     ax[1][1].plot(x, np.log10(x))      # 绘制对数函数图像
     ax[1][1].set_title('对数')
     plt.show()
[out]
```

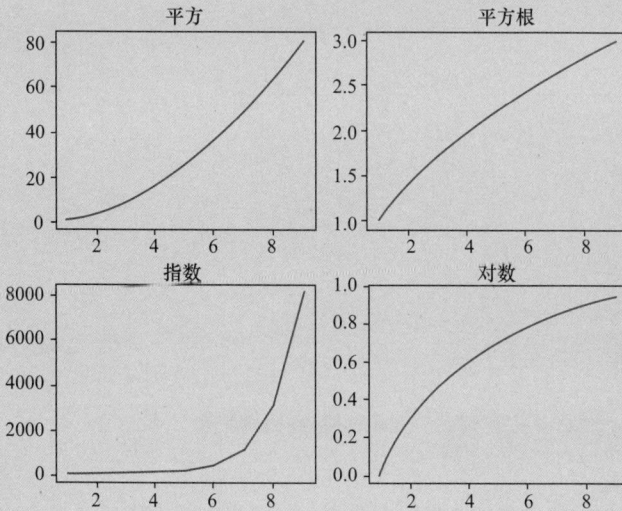

5. subplot2grid()函数

plt.subplot2grid()函数能够在画布的特定位置创建axes对象，还能够使用不同数量的行、列来创建跨度不同的网格区域，即subplot2grid()函数可以以非等分的形式对画布进行切分，并按照网格区域的大小来展示最终的绘图结果。

plt.subplot2grid()函数的语法格式为：

```
plt.subplot2grid(shape,      # 规定的网格区域作为画布划分
     location,               # 子图绘制位置，初始位置为(0, 0)，即第1行第1列
     rowspan,                # 子图跨越网格区域行数
     colspan)                # 图跨越网格区域列数
```

具体示例参见代码Code8-7。

```
[in] x = np.arange(1, 10)
     ax1 = plt.subplot2grid((2, 3), (0, 0), rowspan = 2)
     ax1.plot(x, np.exp(x))
     ax1.set_title('指数函数')
     ax2 = plt.subplot2grid((2, 3), (1, 1), colspan = 2)
     ax2.plot(x, x*x)
     ax2.set_title('平方函数')
     ax3 = plt.subplot2grid((2, 3), (0, 1), colspan = 2)
     ax3.plot(x, np.log(x))
     ax3.set_title('对数函数')
     plt.tight_layout()
     plt.show()
[out]
```

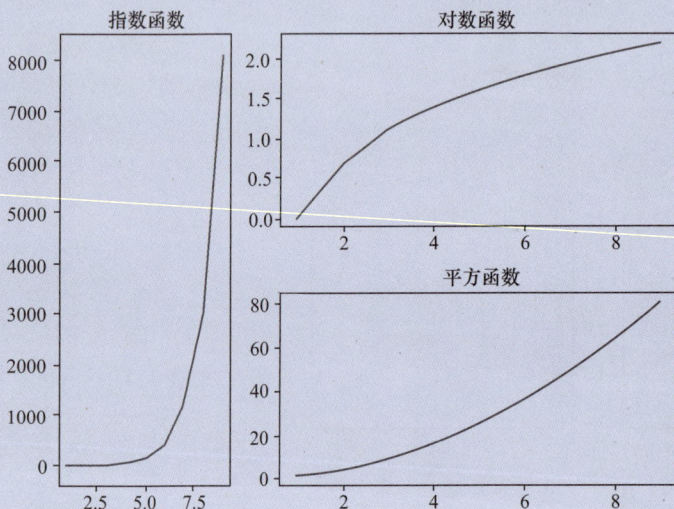

8.2 定量数据和定性数据

在进行具体财务数据可视化之前，需要学习统计学数据分类。不同类型的数据具有不同的解释方法和语义范畴，因此数据可视化的方式方法也不同。

8.2.1 定性与定量相关概念

数据是指对客观事件进行记录并可以鉴别的符号，也就是对事物的性质、状态以及相互关系等进行记录的物理符号或这些物理符号的组合。数据是事实或观察的结果，是对客观事物的逻辑归纳，是用于表示客观事物的未经加工的原始素材。数据的表现形式不能完全表达其内容，需要经过解释，因此数据和关于数据的解释是密不可分的。

数据按性质可分为定性数据和定量数据。

（1）定性数据（Qualitative Data）在统计学上包括分类数据和顺序数据，是一组表示事物性质、规定事物类别的文字表述型数据，如表示事物属性的数据（如注册地、上市公司板块、公司行业、债券评级等）。

（2）定量数据（Quantitative Data）是反映事物数量特征的数据，是以数字符号为基础来测量的，如金额、价格、重量、速度等物理量。

定量研究是指确定事物某方面量的规定性的科学研究，就是将问题与现象用数量来表示，进而分析、考察、解释，从而获得有意义的研究方法和过程。定量研究核心目标是揭示变量之间的关系、规律和因果，并提供可验证和可重复的结论。

定量研究是社会科学领域的一种基本研究范式。研究会计中的规范性问题一般属于定性研究，而实证性研究属于定性研究与定量研究相结合的研究。

8.2.2　数据类型

心理学家S. S.史蒂文斯（S. S. Stevens）将定量研究的测定尺度分为4种类型，即定类尺度、顺序尺度、间距尺度和比例尺度。

4种测定尺度的特征如下。

（1）分类（Nominal）尺度（对应无序类别数据）。分类尺度将数字作为事物总体中不同类别/组别的代码，是最低层次的测定尺度。不同的数字仅表示不同类别，而不表示与其他量之间的顺序或量的大小，如上市公司行业分类编码。分类尺度的主要数学特征是"="或"≠"。

（2）顺序（Ordinal）尺度（对应顺序数据）。顺序尺度不但可以用数字表示量的不同类别，而且可以反映量的大小顺序关系，从而可以列出各类的次序，如分析师给上市公司发行债券的评价等级。顺序尺度的主要数学特征是">"或"<"，可以确定顺序数据中位数、分位数等指标。

（3）定距（Interval）尺度（对应间隔数据）。定距尺度是对事物类别或次序之间间距的计量，它通常使用度量衡单位作为计量尺度。定距尺度是比顺序尺度高一层次的测定尺度。它不仅能将事物区分和排序，而且可以准确地指出类别之间的间距是多少，如上市公司上市日期等时间数据。定距尺度的主要数学特征是"+"或"−"。定距尺度在统计数据中占据重要的地位。

（4）比例（Ratio）尺度（对应连续数据）。比例尺度是在定距尺度的基础上，确定可以作为比较的基数，将两种相关的数加以对比，从而形成新的相对数，如企业财务指标的各种比率。比例尺度的主要数学特征是"÷"或"×"。在统计的对比分析中，比例尺度的运用较广泛。

在财务数据分析中，很多内容或研究项目中的数据都不具备比例尺度或定距尺度的条件，在处理这些数据时，不要忽视其度量尺度。从数据可视化的视角来看，不同的数据类型需要不同的可视化图形来呈现。

【Python财务数据分析】——财务数据的可视化基础图形

1. 实践目的

通过财务数据的可视化基础图形实例，熟练掌握Matplotlib基础图形绘制，能够利用Matplotlib对类别数据、顺序数据、间隔数据和连续数据进行不同的可视化呈现。

2. 财务问题

（1）类别数据可视化。

读取"上市公司行业门类.xlsx"，获取上市公司的行业门类数据。对数据进行进一步整理，得到行业门类数量排名前5的公司，其他公司的行业门类赋值为"其他"。请绘制行业门类数据柱形图和饼图。

（2）顺序数据可视化。

读取"上市公司ESG评级.xlsx"，获取上市公司ESG评级数据。ESG评级是指用一套方法将企业在环境、社会和公司治理方面的表现，通过评级、评分等形式直观地呈现出来。它是衡量公司或投资标的在环境、社会和公司治理方面的绩效的一种评估方法。

ESG评级数据为一种顺序数据，柱形图和饼图也可以描述顺序数据。这里要求绘制ESG数据的箱线图。

（3）间隔数据可视化。

读入"上市公司高管任职变动.csv"数据，了解上市公司高管任职变动情况。数据集中的"任职年月"数据列表示上市公司公布高管变动的日期，属于间隔数据。对数据进行清洗后，采用plt.hist()函数绘制高管任职变动随时间变化的直方图。

（4）比例数据可视化。

会计财务的货币计量数据大多为比例数据。读入某上市公司财务指标文件"成长能力_long_filtered.csv"数据。为了数据可视化效果，我们对真实数据进行了必要的数据清洗。数据清洗操作请参考practice8(数据清洗).ipynb程序代码。

① 为了了解数据集的数据分布情况，绘制箱线图。

② 利用随机取样100个样本点，基于"基本每股收益增长率(%)"和"营业利润增长率(%)"数据列，绘制散点图。

③ 对数据集基于"基本每股收益增长率(%)"和"营业利润增长率(%)"数据列，绘制蜂巢图（Hexbin）。

3. 实践指南

（1）类别数据可视化。

① 数据处理。

获取绘图数据，数据集为上市公司的行业门类，参见代码Code8-8。

Code8-8

```
[in] df_01 = pd.read_excel('..\data\ch8\上市公司行业门类.xlsx')
    display(df_01)
[out]
```

	股票代码	公司简称	注册资本	行业门类码	行业大类码	大类名称	门类名称
0	000001	平安银行	19405918198	J	66	货币金融服务	金融业
1	000002	万科A	11617732201	K	70	房地产业	房地产业
2	000003	PT金田A	400120286	L	72	商务服务业	租赁和商务服务业
3	000004	国华网安	165052625	I	65	软件和信息技术服务业	信息传输、软件和信息技术服务业
4	000005	ST星源	1058536842	N	77	生态保护和环境治理业	水利、环境和公共设施管理业
...	...	...	...	...	...	...	...
4583	900952	锦港B股	2002291500	G	55	水上运输业	交通运输、仓储和邮政业
4584	900953	凯马B	640000000	C	36	汽车制造业	制造业
4585	900955	*ST海创B	1303500000	K	70	房地产业	房地产业
4586	900956	东贝B股	235000000	C	34	通用设备制造业	制造业
4587	900957	凌云B股	349000000	K	70	房地产业	房地产业

4588 rows × 7 columns

df_01包含上市公司的行业门类和大类，对数据进行进一步整理，得到行业门类数量排名前5的公司，其他公司的行业门类赋值为"其他"，参见代码Code8-9。

```
[in]  top5_index = (df_01
          .groupby(['门类名称'])['股票代码']        # 按"门类名称"分组
          .count()                                   # 统计每组公司数量
          .sort_values(ascending=False)              # 每组公司数量按降序排列
          .iloc[:5].index)                           # 取行业门类排名前5的索引值
      df_01['门类名称'] = (df_01['门类名称']          # 排名非前5的行业门类数据赋值为"其他"
          .map(lambda x:x if x in top5_index else '其他'))
      data = (df_01
          .groupby(['门类名称'])['股票代码']
          .count()
          .sort_values(ascending=False))
      x, y = data.index, data.values               # 前6个行业门类及公司数量
```
Code8-9

② 绘制柱形图。

柱形图是一种用矩形柱来表示数据分类的图表，柱形图可以垂直绘制，也可以水平绘制，它的高度或长度与其所表示的数值成正比。柱形图显示了不同类别之间的比较关系，其中，图表的一个轴表示被比较的类别，另一个轴表示具体的类别值。

Matplotlib提供了bar()和barh()函数来绘制柱形图。对得到的行业门类数据画柱形图，参见代码Code8-10。

```
[in]  fig=plt.figure()
      ax=fig.add_axes([0.1, 0.1, 0.5, 0.5])
          # 门类名称过长，为了方便显示，使用简称
      tick_label=['制造业', '其  他', '信息服务', '批发零售', '房地产业', '电热力']
      ax.bar(x, y, align='center', color='b',
          alpha=0.2, edgecolor="black", hatch='/')
      ax.set_xticks(x, tick_label, rotation=30)
      ax.set_xlabel('上市公司行业门类')
      ax.set_ylabel('上市公司数量')
      ax.set_title('2022年A股上市公司行业门类分布')
      ax.legend(['数量'])
      plt.show()
[out]
```
Code8-10

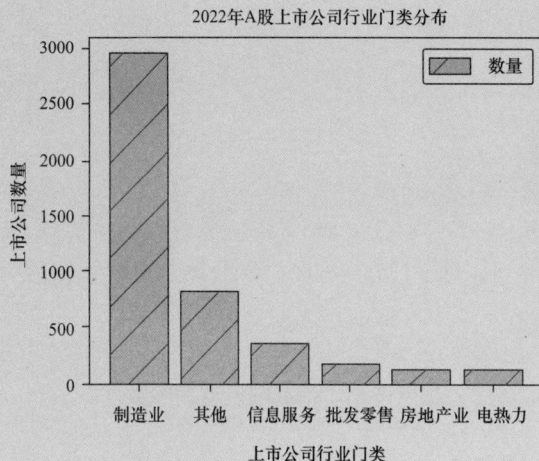

柱形图也可以在水平方向上布局，具体示例请参考资源包的代码文件。

③ 绘制饼图。

饼图只适用于排列在DataFrame的一列或一行中的数据。饼图显示一个数据系列中各项的大小与各项总和的比例，即显示为数据占整个饼图的百分比。

Matplotlib提供了pie()函数来绘制饼图。我们对得到的行业门类数据画饼图，参见代码Code8-11。

Code8-11

```
[in]  kinds = ['制造业','其  他','信息服务','批发零售','房地产业','电热力']
      colors = ['coral', 'antiquewhite', 'yellowgreen', 'cyan', 'violet', 'whitesmoke']
      plt.pie(y,                           # 绘图数据
             labels=kinds,                 # 添加区域水平标签
             labeldistance=1.1,            # 扇形图例与圆心的距离
             autopct='%3.1f%%',            # 百分比格式
             radius = 1.05,                # 饼图半径
             center = (0.2,0.2),           # 饼图原点
             textprops={'fontsize':8, 'color':'k'},
             pctdistance = 0.85,           # 百分比与圆心的距离
             startangle=90,
             explode=(0, 0.3, 0, 0, 0, 0), # 绘制分裂图形
             shadow =True,                 # 立体图
             colors=colors)
      plt.title('A股上市公司行业门类')
      plt.show()
[out]
```

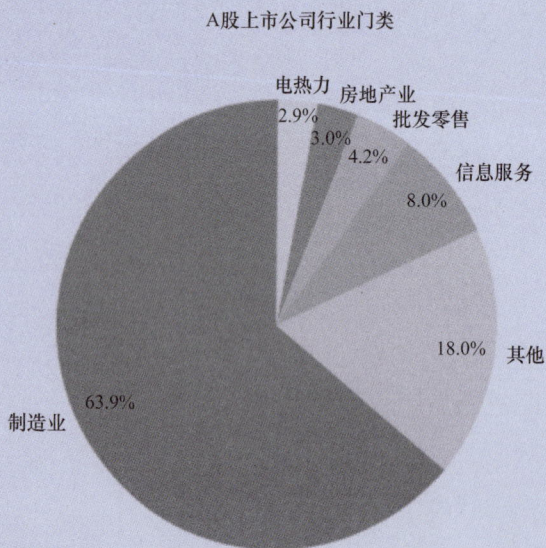

A股上市公司行业门类

饼图也有多种变形，如环形图等。另外，也可以把多种分类画在一张图上，具体示例请参考资源包代码文件。

（2）顺序数据可视化。

柱状图、饼图、箱线图可以描述顺序数据。这里，重点介绍用箱线图呈现顺序数据。

① 箱线图概述。

箱线图作为描述统计的工具之一，其可以直观明了地展示数据中的异常值和非对称分布数据的特

征，可以用来对若干批次数据进行比较分析。在绘制箱线图前，先简单介绍其中的几个概念。

a．二分位数。

中位数是二分位数，是按顺序排列的一组数据中居于中间位置的数。对于有限的数集，可以把所有观察值（如果观察值有奇数个）按从高到低排列后找出居于中间的一个观察值，将其作为中位数。如果观察值有偶数个，则通常取中间的两个数值的平均数作为中位数。二分位数也是第二四分位数。

b．四分位数。

四分位数是把所有数值由小到大排列并分成4等份，处于3个分割点位置的四分位数分别如下。

- 第一四分位数（Q1），是该样本中所有数值由小到大排列后第25%的数字。
- 第二四分位数（Q2），又称中位数，是该样本中所有数值由小到大排列后第50%的数字。
- 第三四分位数（Q3），是该样本中所有数值由小到大排列后第75%的数字。

如图8-4所示，箱线图只有一个数轴，标识顺序数据。沿着数轴的方向，根据用户设置的宽度展开一个带"须子"的矩形盒。盒子边的位置分别对应数据的Q1和Q3，在矩形盒内部的中位数位置画一条线段作为中位线。矩形盒两端的"须子"根据四分位距确定。

c．四分位距与异常值。

第三四分位数与第一四分位数的差值又称四分位距（IQR）。计算公式为：

$$IQR = Q3 - Q1$$

如图8-4所示，箱线图在Q3+1.5×IQR和Q1-1.5×IQR处画两条线段，这两条线段为异常值（Outlier）截断点，称为内限。处于内限以外位置的点表示的数据都是异常值。用"〇"或"＊"标识异常值位置。

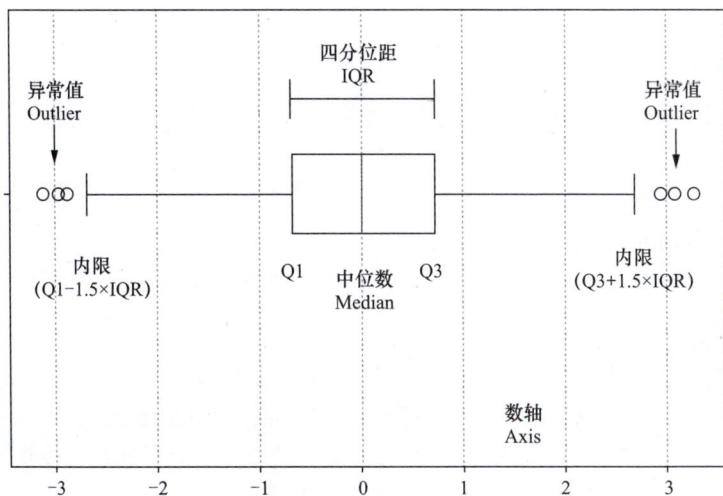

图8-4　箱线图示意

② 提取数据集——顺序数据。

读取"上市公司ESG评级.xlsx"文件，参见代码Code8-12。

```
                                                                    Code8-12
[in] data_box = pd.read_excel('..\data\plot\上市公司ESG评级.xlsx',
                    dtype={'股票代码':str})
     display(data_box.head())
```

[out]

	股票代码	公司简称	会计年度	ESG得分	ESG排名	E得分	E排名	S得分	S排名	G得分	G排名
0	000001	平安银行	2012	28.6833	515	5.2807	1101	29.9681	536	44.6208	66
1	000002	万科A	2012	47.1257	32	5.3619	1075	65.4499	1	40.7960	135
2	000004	国华网安	2012	17.8690	1651	1.3132	2271	31.9405	420	20.7449	1469
3	000005	ST星源	2012	19.2731	1451	5.0565	1163	12.3705	1903	35.2911	247
4	000006	深振业A	2012	26.2957	660	1.6187	1849	35.3400	272	38.7978	169

```
[in] data_box['ESG得分'].describe()
[out]
       count    2410.000000
       mean       22.567009
       std         9.012635
       min         1.050800
       25%        16.687650
       50%        21.015450
       75%        27.241025
       max        71.630200
       Name: ESG得分, dtype: float64
```

数据集中的"E得分""S得分""G得分"列数据都是顺序数据。注意，这里提出一个问题，基于某种权重计算得到的"ESG评分"是否是顺序数据，读者可以深入探索，也就是说，讨论这种加减运算的明确意义。

③ 绘制箱线图。

我们画一个基于data_box['ESG得分']的完整箱线图。首先了解plt.boxplot()函数的参数，参见代码Code8-13。

Code8-13

```
[in] plt.boxplot(x = data_box['ESG得分'],                # 指定绘制箱线图的数据
     whis = 1.5,                                          # 指定1.5倍的四分位差
     widths = 0.3,                                        # 指定箱线图中箱子的宽度为0.3
     patch_artist = True,                                 # 填充箱子颜色
     showmeans = True,                                    # 显示均值
     boxprops = {'facecolor':'RoyalBlue'},                # 指定箱子的填充色为宝蓝色
     flierprops = {'markerfacecolor':'red',               # 指定异常值的填充色、边框色和大小
                   'markeredgecolor':'red', 'markersize':3},
     # 指定均值点的标记符号（六边形）、填充色和大小
     meanprops = {'marker':'h', 'markerfacecolor':'black', 'markersize':8},
     # 指定中位数的标记符号（虚线）和颜色
     medianprops = {'linestyle':'--', 'color':'orange'},
     labels = [''])                                       # 去除x轴刻度值
     plt.show()
[out]
```

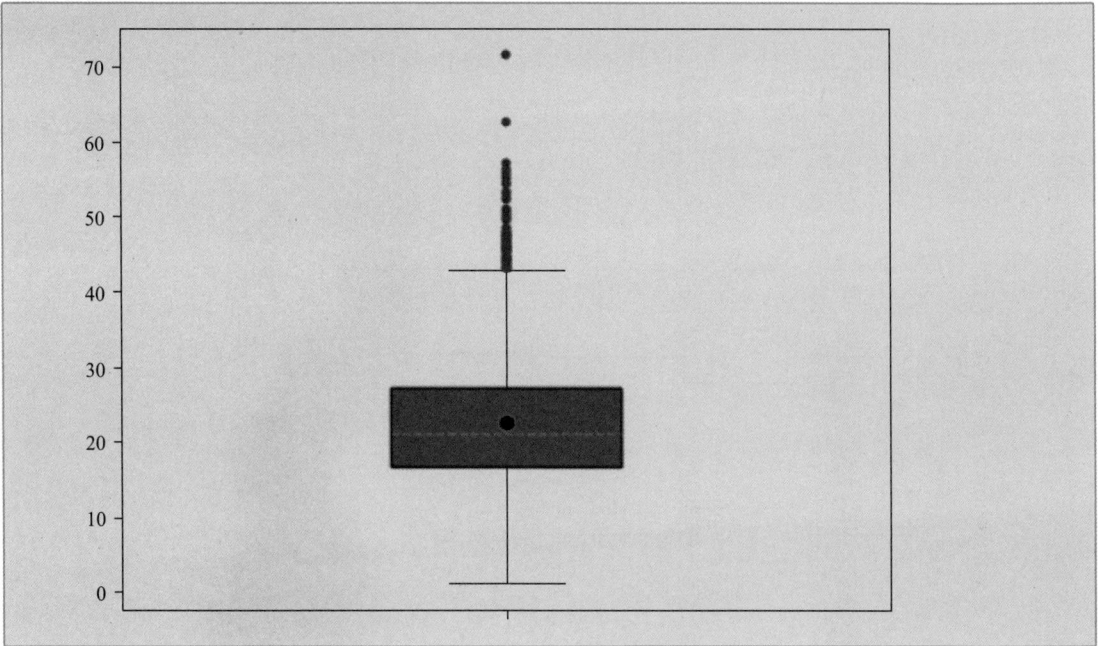

通过箱线图我们了解到，"ESG得分"中有50%的数据的范围为25～28，在箱体内，75%以上的数据在28分以下。高分的异常值较多，表现为图中上方的点。而低分没有异常值，没有数据点在内限以下。现在获取这些异常值，参见代码Code8-14。

Code8-14

```
[in] score = data_box['ESG得分']
    Q1 = score.quantile(q = 0.25)   # 计算下四分位数
    Q3 = score.quantile(q = 0.75)   # 计算上四分位数
    # 基于1.5倍的四分位差计算上下限对应的值
    low_limit = Q1 - 1.5*(Q3 - Q1)
    up_limit = Q3 + 1.5*(Q3 - Q1)
    val=score[(score > up_limit) | (score < low_limit)]      # 查找异常值
    print('异常值如下: \n', val)
[out]
```

```
异常值如下：
 1        47.1257
114       52.3442
141       43.8989
155       46.2704
172       45.2567
           ...
2129      45.7054
2150      44.6733
2232      44.8689
2258      44.0895
2322      43.2932
Name: ESG得分, Length: 75, dtype: float64
```

现在采用多个箱线图比较数据集中的E得分、S得分和G得分，参见代码Code8-15。

```
                                                                              Code8-15
[in]  plt. boxplot ([data_box['E得分'], data_box['S得分'], data_box['G得分']],
      notch=True,  sym = 'o',
      vert = False,  whis=1.5,
      abels = ['E得分', 'S得分', 'G得分'])
      plt. show ()
[out]
```

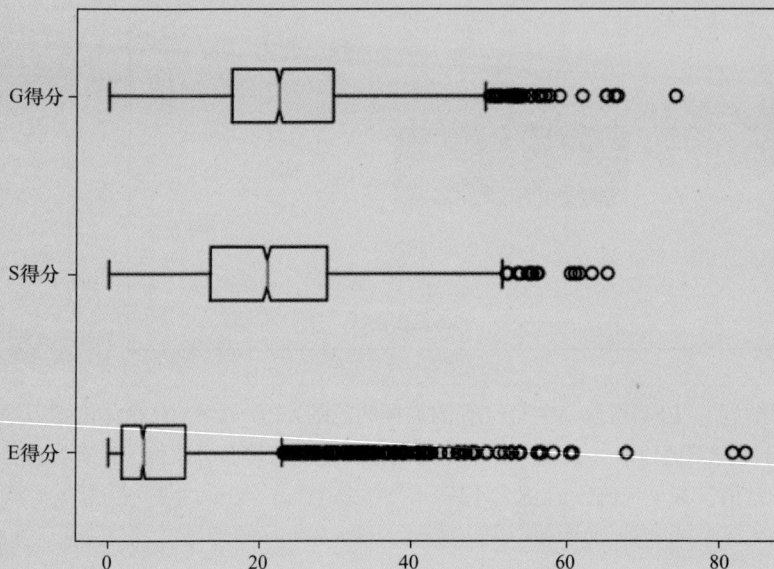

通过对比E得分、S得分和G得分数据箱线图可知，S得分和G得分相近，E得分较低，整体而言，只有高分异常值，没有低分异常值。

（3）间隔数据可视化。

间隔数据是有相对0点的等距数据。间隔数据可视化重点通过直方图来实现。

① 数据集。

读取"上市公司高管任职变动.csv"文件，以上市公司公布高管变动的日期进行可视化绘图，参见代码Code8-16。

```
                                                                              Code8-16
[in]  data_hist = pd. read_csv('..\data\plot\上市公司高管任职变动.csv',
                                dtype={'股票代码':str})
      display (data_hist. head ())
[out]
```

	股票代码	公司简称	统计日期	高管编码	高管姓名	高管职务	高管职务编码	任职年月	是否在职
0	000001	平安银行	2010-12-31	1200019	刘宝瑞	副行长	11d	2000-03-24	0
1	000001	平安银行	2010-12-31	1200051	徐进	董事会秘书	14	2005-05-16	0
2	000001	平安银行	2010-12-31	1200051	徐进	首席法律事务执行官	23	2009-08-01	1
3	000001	平安银行	2010-12-31	1200052	胡跃飞	副行长	11d	2006-03-30	0
4	000001	平安银行	2010-12-31	1200052	胡跃飞	执行董事	16	2007-12-19	1

通过data_hist.info()可知，"任职年月"列有缺失值，清除缺失值，并把该列转换为datetime数据类型（在第9章详细介绍该数据类型），参见代码Code8-17。

Code8-17

```
[in] data_hist.dropna(subset=['任职年月'])
     x = pd.to_datetime(data_hist['任职年月'])
```

② 绘制直方图。

a．通过plt.hist()函数绘制。

采用plt.hist()函数绘制直方图，参见代码Code8-18。

Code8-18

```
[in] plt.hist(x,  # 必选参数，表示数组或者数组序列
         bins=None,  # 表示每个间隔的边缘，默认会生成10个间隔
         color='g',  histtype='bar',
         density=True,   # 返回概率密度直方图；若为False，则返回区间元素的个数
         rwidth=1,  alpha=0.4,  edgecolor='black')
     plt.xlabel('年')
     plt.ylabel('上市公司高管变动')
     plt.show()
[out]
```

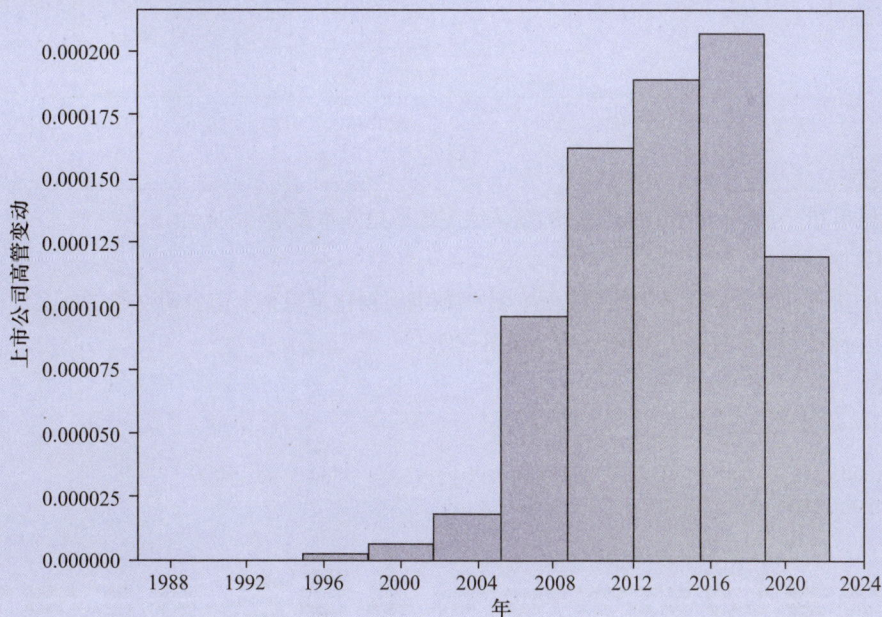

通过直方图可知，上市公司在2012年至2020年高管变动比较频繁，在2005年之前，高管变动较少。前面讲过，Series和DataFrame对象本身也封装了绘图plot()函数，也可以通过调用对象的hist()方法绘制图形，具体示例请参考资源包中的代码文件。

这里介绍有点复杂的Seaborn绘图。Seaborn是Matplotlib的相对高级的一个封装，对数理统计更友好。

b．通过sns.histplot()函数绘制。

Seaborn.histplot()函数同样可以画这个直方图，参见代码Code8-19。

Code8-19

```
[in]  import seaborn as sns
      sns. histplot (x, kde=True, bins=10)
      plt. show ()
[out]
```

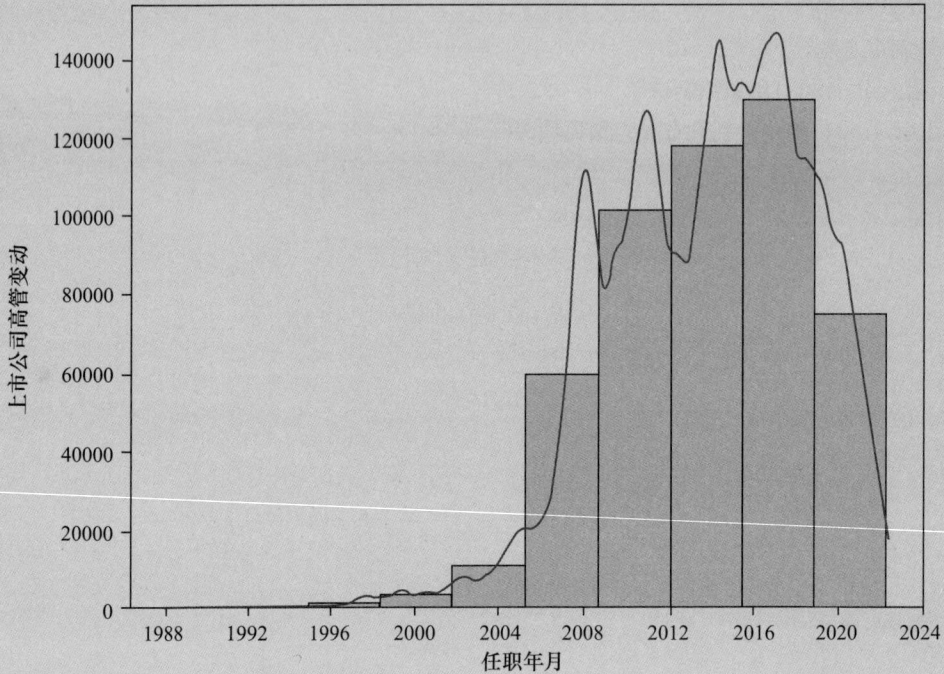

从执行结果可知，sns. histplot ()函数的默认绘图数值是样本数量（count）。

（4）比例数据可视化。

会计财务的货币计量数据大多为比例数据。比例数据可视化采用某上市公司财务指标文件"成长能力_long_filtered. csv"数据，参见代码Code8-20。

① 数据集。

Code8-20

```
[in]  df = pd. read_csv('. . \data\plot\成长能力_long_filtered. csv', encoding = 'gb18030')
      display (df. head ())
[out]
```

	股票代码	统计日期	基本每股收益增长率（%）	稀释每股收益增长率（%）	每股经营活动产生的现金流量净额增长率（%）	营业总收入增长率（%）	营业收入增长率（%）	营业利润增长率（%）	利润总额增长率（%）	净利润（同比增长率）	归属母公司股东的净利润增长率（%）	经营活动产生的现金流量净额增长率（%）	总负债增长率（%）	总资产增长率（%）	货币资金增长率（%）	固定资产增长率（%）
0	2	2012-12-31	29.5455	29.5455	10.0600	43.6505	43.6505	33.3043	33.3060	35.0269	30.4036	9.9289	29.9014	27.8835	52.7228	1.0273
1	2	2014-06-30	7.3171	7.3171	135.0500	-1.0351	-1.0351	-3.5038	-0.1533	2.9346	5.5513	135.0546	15.0731	16.0864	13.9829	10.2245
2	2	2019-09-30	28.7293	28.7293	106.5854	27.2083	27.2083	32.5607	32.0973	31.1619	30.4349	106.7405	14.5997	14.4210	-19.2258	11.1675
3	2	2019-12-31	13.3987	13.3987	32.7346	23.5873	23.5873	13.5033	13.4584	11.8917	15.0993	35.8991	12.8691	13.1724	-11.7945	7.5087
4	2	2020-03-31	8.8235	8.3333	89.1975	-1.2409	-1.2409	-18.0492	-18.3255	-24.1945	11.4876	88.9421	11.4608	12.1604	20.9825	4.5479

数据第1、2列为分类数据，其他列为财务增长率指标。为了可视化效果，在原始数据集上对数据进行了适当处理，具体处理过程参考资源包代码"practice8 (数据清洗). ipynb"文件。

② 可视化。

a．绘制箱线图。

为了了解数据集的数据分布情况，画箱线图，参见代码Code8-21。

Code8-21

```
[in]  ax = df.iloc[:,2:].boxplot()
      ax.set_xticklabels(list(range(1,15)),fontsize = 'small')    # 设置刻度标签
      ax.set_xlabel('指标')
      ax.set_ylabel('百分数')
      ax.set_title('上市公司增长率')
      # ax.legend(['数量'])
      plt.show()
[out]
```

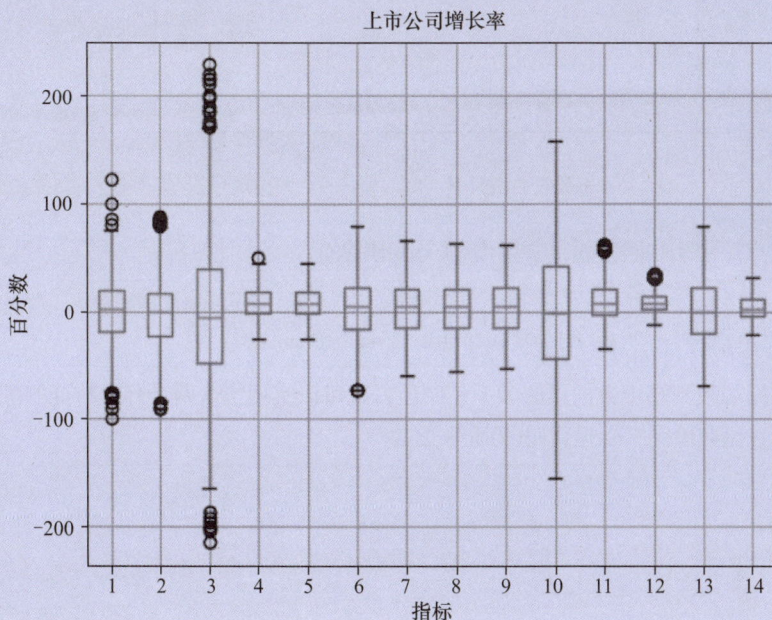

从代码Code8-21输出的图中可以看出，数据分布基本一致，部分极端的异常值已经被清洗，数据能够满足我们可视化的需求。

b．绘制散点图。

散点图用于展示两个连续变量X和Y之间的关系，图中的每个点表示目标数据集中的每个样本在直角坐标系上的分布。可以选择合适的函数进行拟合，以用来表示某些模型，进而找到变量之间的函数关系。

当前数据集df样本点过多，随机取样100个样本点，作为新的数据集，并绘制散点图，参见代码Code8-22。

Code8-22

```
[in]  df_small = df.sample(100)   # 取100个样本点
      sns.scatterplot(x=df_small['基本每股收益增长率（%）'],
         y=df_small['营业利润增长率（%）'],data=df_small)
      plt.show()
[out]
```

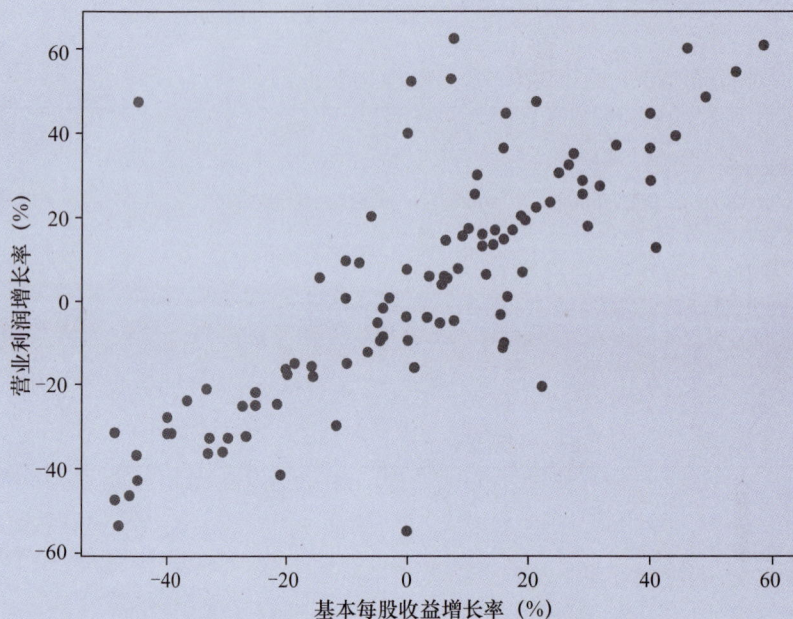

Seaborn可以在散点图中绘制回归线，参见代码Code8-23。

Code8-23

```
sns.regplot(x='基本每股收益增长率（%）',y='营业利润增长率（%）',data=df_small)
```

利用在散点图中数据加载到图中数据点的大小和颜色，就可以实现包含两个分类特征的散点图。这次使用add_subplot()函数绘图，参见代码Code8-24。

Code8-24

```
[in] def recode_type(scode):
       if len(str(scode)) == 6:
         return 0
       else:
         return 1
     df_small['分类'] = df_small['股票代码'].apply(recode_type)
     df_small['规模增长'] = df_small['总资产增长率（%）']*5
     scatter_plot = plt.figure()
     axes1 = scatter_plot.add_subplot(1,1,1)
     axes1.scatter(\
       x=df_small['基本每股收益增长率（%）'],
       y=df_small['营业利润增长率（%）'],
       s = df_small['规模增长'],        # 根据规模增长设置点的大小
       c = df_small['分类'] ,          # 根据颜色区分不同分类
       alpha = 0.8)                  # 增加点的透明度，用来表现重叠的点
     axes1.set_title('基本每股收益VS营业利润——增长率')
     axes1.set_xlabel("基本每股收益增长率（%）")
     axes1.set_ylabel("营业利润增长率（%）")
     plt.show()
[out]
```

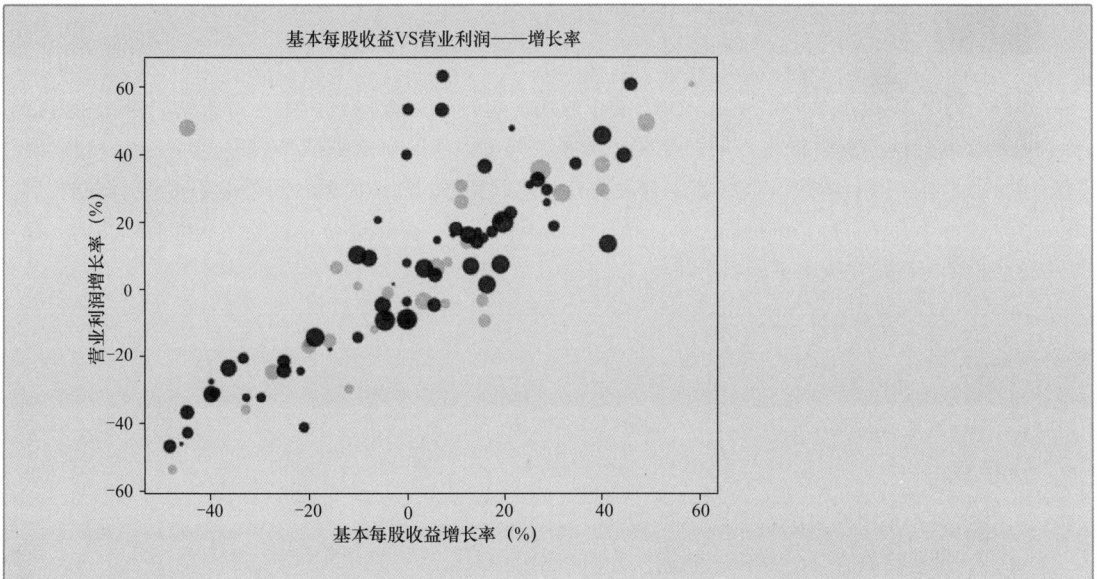

基本每股收益VS营业利润——增长率

c．绘制蜂巢图。

散点图对于可视化两组数值变量确实非常有用。但是，当有成千上万的数据样本点时，散点图会变得过于密集而无法解释。

当数据量大时，采用蜂巢图来展示数据。蜂巢图将图表划分为一个六边形区域，基于聚合方法（如样本的数量），为区域的不同部分添加不同"灰度"的颜色。hexbin()函数用于制作点x、y的二维边形分箱图（2D Hexagonal Binning Plot），颜色深度表示样本点数量，参见代码Code8-25。

Code8-25

```
[in]  df.plot.hexbin(x='基本每股收益增长率（%）',
                     y='营业利润增长率（%）',
                     gridsize=20   # 此参数表示x轴或x轴、y轴上的六边形数量
                     )
      plt.show()
[out]
```

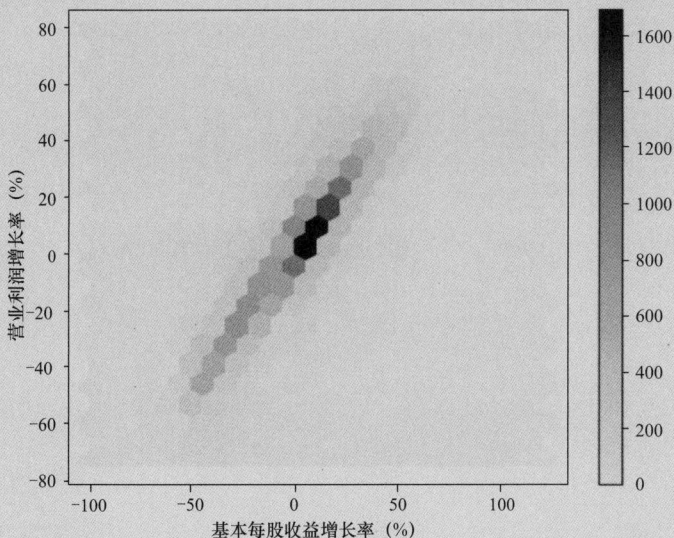

本章小结

本章介绍了Matplotlib和Seaborn的简单应用。可视化是数据分析中不可或缺的步骤和方法。有关可视化的知识内容有很多，学习初期，掌握数据可视化的每个细节不是很容易，也没有必要。Matplotlib和Seaborn案例丰富，本章并没有介绍它们完整的知识体系，而是试图通过具体的实例，展示其功能。读者在掌握基础操作之后，首先做到模仿绘图，然后逐步掌握绘图的细节和技巧，在实践中逐步提升可视化技能水平。

习题

一、选择题

1. 以下关于Matplotlib绘图流程的说法，错误的是（　　）。

　　A. 对于简单的单个图形，无须手动创建画布

　　B. 数据准备是绘图的基础

　　C. 标签设置与绘制图形不分先后

　　D. 添加图例可在绘制图形之前

2. 以下有关数据量化分类的说法，错误的是（　　）。

　　A. 定类尺度的主要数学特征是"="或"≠"

　　B. 顺序尺度不能用来表示类别量

　　C. 定距尺度是比顺序尺度高一层次的测定尺度

　　D. 定比尺度的主要数学特征是"÷"或"×"

3. 以下关于Matplotlib绘图的说法，错误的是（　　）。

　　A. 绘图无法正确显示中文

　　B. 在同一子图绘图一定会覆盖原图形

　　C. 一个画布只能创建一个子图

　　D. Matplotlib绘图可以存储为不同格式的图形文件

4. obj.plot()或plt.plot()函数中的kind参数表示的是（　　）。

　　A. 垂直柱形图　　　B. 绘图类型　　　C. 不存在　　　D. None

5. 绘制直方图时，plt.plot()函数的kind参数应该赋值为（　　）。

　　A. 'kde'　　　B. 'bar'　　　C. 'hist'　　　D. 'pie'

6. 下列函数中用于绘制散点图的是（　　）。

　　A. plt.plot()　　B. plt.scatter()　　C. plt.legend()　　D. plt.box()

7. 下列代码的执行结果是（　　）。

```
import matplotlib.pyplot as plt
import pandas as pd
df=DataFrame([[20,60,178],[50,20,165],[45,67,167]],
           index=[1,2,3],columns=['age','weight','height'])
df.plot(kind='bar')
plt.show()
```

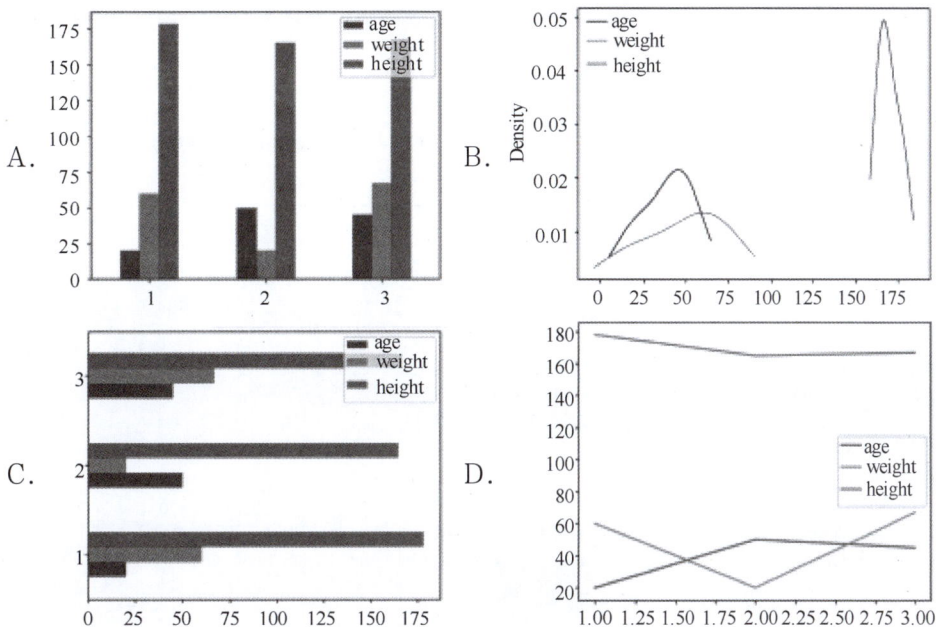

8．基于如下代码，说法正确的是（　　　）。

```
import matplotlib.pyplot as plt
fig = plt.figure()
ax = plt.axes()
```

A．ax是画布对象　　B．fig是子图对象　　C．axes是子图构造函数　　D．figure是子图类

二、判断题

1．无序类别数据仅表示不同类别，而不表示与其他量之间的顺序或量的大小。（　　　）

2．定距尺度的主要数学特征是"÷"或"×"。（　　　）

3．obj.plot()或plt.plot()的参数完全一致。（　　　）

4．plt.plot()默认绘制折线图。（　　　）

5．Series对象的plot()方法的参数use_index默认为True时，用索引作为x轴刻度。（　　　）

6．plt.xlabel()和plt.ylabel()用于设置子图x轴、y轴标题。（　　　）

7．在同一个图形中绘制多条线条，不能多次调用plot()函数来实现。（　　　）

8．一个画布可以有若干子图，一个子图一般有两个数轴。（　　　）

三、程序题

1．利用DataFrame绘图。

（1）data是某城市GDP（Gross Domestic Product，国内生产总值）的DataFrame数据。

```
r = [0.83, 0.92, 1.12, 1.23, 1.21, 1.52, 2.24, 2.52, 2.54]     # 总收入，单位百万
data = pd.DataFrame({'总收入: 百万':r},
      index=['2014', '2015', '2016', '2017', '2018', '2019', '2020', '2021', '2022'])
```

请分别采用plt、sns和DataFrame的函数绘制该数据的折线图、柱形图、直方图和箱形图。

（2）给（1）的数据增加2列，如下。

```
data['投资收益占比'] = [0.1, 0.15, 0.20, 0.14, 0.25, 0.23, 0.3, 0.32, 0.35]
data['ESG评级'] = ['合格', '良', '良', '良', '优', '良', '优', '良', '优']
```

请分别采用plt、sns和DataFrame的函数，针对数据集的不同数据类型绘制折线图、柱形图、直方图和箱形图，再将这些图集成为一张图。

（3）精细绘图。

请根据（2）的数据data，绘制画布大小为8×6、样式如图8-5所示的图形。

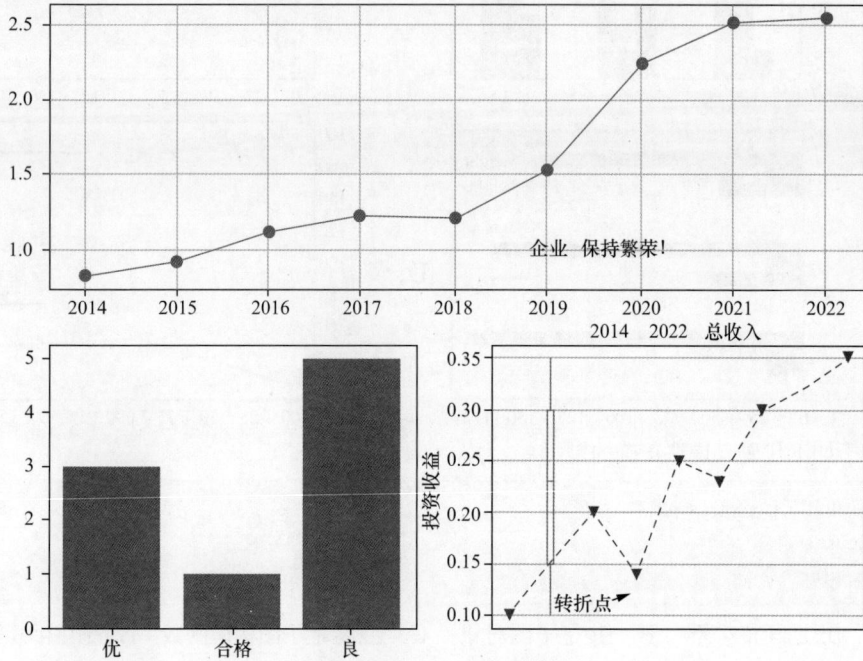

图8-5　data精细绘图样本

2．数据集可视化。

读入资源包"..\data\plot\固定资产.csv"数据集。

（1）对该数据集进行清洗，得到上市公司年报固定资产数据，并填充缺失数据，得到新的数据集。要求如下。

- 读取"固定资产.csv"数据文件，对"股票代码"列补充适当的"0"，使代码为6位字符串。
- 对数据集DataFrame进行变形操作，得到图8-6所示的新数据集fixedAsset。

	固定资产科目	固定资产账面原值		固定资产账面价值		固定资产累计折旧		固定资产减值准备		固定资产账面净值
	数据类型	期初余额	期末余额	期初余额	期末余额	期初余额	期末余额	期初余额	期末余额	期末余额
股票代码	统计日期									
000001	2010/12/31	3.356314e+09	4.340394e+09	1.714461e+09	2.470051e+09	1.635564e+09	1.864054e+09	6289000.00	6289000.00	NaN
	2011/12/31	4.313176e+09	6.269562e+09	2.392293e+09	3.524265e+09	1.914594e+09	2.739008e+09	6289000.00	6289000.00	NaN
	2012/12/31	6.269562e+09	6.673818e+09	3.524265e+09	3.536443e+09	2.739008e+09	3.131086e+09	6289000.00	6289000.00	NaN
	2013/12/31	6.672000e+09	7.312000e+09	NaN	NaN	3.130000e+09	3.618000e+09	6000000.00	NaN	NaN
	2014/12/31	7.312000e+09	7.887000e+09	3.694000e+09	3.812000e+09	3.618000e+09	4.075000e+09	NaN	NaN	NaN
...	...	...	...	...	...	...	...	...	...	...
871642	2021/6/30	1.136013e+08	1.228592e+08	8.534944e+07	9.064018e+07	2.825184e+07	3.221902e+07	NaN	NaN	NaN
871981	2021/12/31	2.399124e+08	3.095034e+08	1.719093e+08	2.230463e+08	6.741208e+07	8.609434e+07	591056.53	362808.19	NaN
	2021/6/30	2.399124e+08	2.746050e+08	1.719093e+08	1.976734e+08	6.741208e+07	7.656880e+07	591056.53	362808.19	NaN
872925	2021/12/31	8.044588e+06	1.162440e+07	5.692060e+06	8.213260e+06	2.352528e+06	3.411144e+06	NaN	NaN	NaN
	2021/6/30	8.044588e+06	8.816282e+06	5.692060e+06	5.929212e+06	2.352528e+06	2.887070e+06	NaN	NaN	NaN

图8-6　固定资产数据集DataFrame变形后的数据集

- 操作新数据集fixedAsset，将"固定资产减值准备,期初余额"和"固定资产减值准备,期末余额"数据列的缺失数据填充为0。
- 操作新数据集fixedAsset，删除"固定资产账面原值"和"固定资产累计折旧"数据列具有缺失数据的样本。
- 操作新数据集fixedAsset，计算"固定资产账面价值期初余额""固定资产账面价值期末余额"和"固定资产账面净值期末余额"，并赋值给新的列。

（2）对（1）得到的数据集进行可视化，要求如下。

- 通过数据处理得到一组无序类别数据，样本点数不大于50，并将其可视化。
- 通过数据处理得到一组顺序数据，样本点数不大于50，并将其可视化。
- 通过数据处理得到一组间隔数据，样本点数大于1000，并将其可视化。
- 通过数据处理得到一组比例数据，样本点数大于1000，并将其可视化。

第**9**章

Python财务数据分析进阶 ≫

通过前文的学习，读者应该掌握了基于Python语言的程序设计知识，以及Python的第三方数据分析工具NumPy、Pandas和Matplotlib的相关知识。在此基础上，本章介绍财经领域较为常规的数据分析实践，包括文本数据处理、时间序列数据分析，以及基于机器学习的财务应用。[1]

本章学习目标：

（1）掌握文本数据的拆分、合并、匹配、提取和替换，熟悉正则表达式的基本语法，以及其在文本数据处理中的应用方法；

（2）掌握Datetime、Timedeltas、DateOffset数据类型的属性和方法，利用Pandas进行简单的时间序列分析；

（3）掌握简单的机器学习算法及Python编程方法。

9.1 文本数据处理

文本数据一般是非结构化数据。非结构化数据用于深度数据分析的必要条件是进行向量化，变成结构化数据。

请扫描二维码，观看微课学习本节知识。

9.1 节导学

【Python财务数据分析】——上市公司基本信息文本数据处理

1. 实践目的

通过对"公司基本信息.csv"数据集中的"注册地址"数据列的文本数据的处理，掌握文本数据的常见拆分、匹配、替换等操作，并熟悉正则表达式的使用方法。

2. 财务问题

"公司基本信息.csv"数据集包含"注册地址"数据列，由于需要将上市公司按地区进行统计，因此要把"注册地址"拆分为"所在省""所在市"和"所在区"。

3. 实践指南

本实践均用Python编写代码，具体请参考资源文件practice9_1.ipynb。

（1）读入数据集。

通过"公司基本信息.csv"数据集深入体会文本数据处理的一般性操作。读入数据集，参见代码Code9-1。

---

1 本章配套扩展学习包，供用书教师教学使用，用书教师可前往人邮教育社区本书页面下载使用。

```
                                                                            Code9-1
[in] df = pd.read_csv('..\data\ch9\公司基本信息（掩码）.csv',encoding='gbk')
     df.sample(5)
[out]
```

	股票代码	公司简称	注册地址
3810	600997	开滦股份	河北省唐山市新华东道70号东楼区XXX
1610	200024	招商局B	广东省深圳市南山区XXX
925	2343	慈文传媒	江西省南昌市新建区XXX
3003	600076	康欣新材	山东省潍坊市高新技术产业开发区XXX
2421	300777	中简科技	江苏省常州市新北区XXX

（2）股票代码补全。

pd.read_csv()在读入"公司基本信息.csv"时，会把"股票代码"列视为int64数据类型，这样会把深交所的主板公司和中小板公司的股票代码的0前缀删除，如代码Code9-1输出所示，"慈文传媒"公司的股票代码应该为002343，被读入为2343。把这类公司的股票代码前缀补全，参见代码Code9-2。

```
                                                                            Code9-2
[in] df['股票代码'] = df['股票代码'].astype('string').str.pad(6,'left','0')
     df.sample(5)
[out]
```

	股票代码	公司简称	注册地址
385	000833	粤桂股份	广西壮族自治区贵港市贵港高新区XXX
1177	002596	海南瑞泽	海南省三亚市崖城镇创意产业园区XXX
338	000779	甘咨询	甘肃省兰州市七里河区XXX
1680	300023	宝德退	陕西省西安市鄠邑区XXX
235	000638	万方发展	吉林省白山市江源区XXX

（3）提取上市公司注册地址中的地址信息，形成新的列。

"注册地址"列的地址信息文本特征有特别之处，直辖市和自治区应属于省一级，需要特殊处理。

首先把省级地址分拆，参见代码Code9-3。

```
                                                                            Code9-3
[in] pat = '(\w+?[省市区])'
     def my_p(m):
     new = m.group(1)[:-1]+'P'
     return new
     s = df['注册地址'].str.replace(pat, my_p, n=1,regex=True)
     display(s)
[out]
0            广东P深圳市罗湖区XXX
1            广东P深圳市盐田区XXX
2            广东P深圳市盐田区XXX
3            广东P深圳市福田区XXX
4            广东P深圳市罗湖区XXX
              . . .
5454         辽宁P锦州市太和区XXX
5455          上海P浦东新区XXX
5456         海南P三亚市天涯区XXX
5457      湖北P黄石市经济技术开发区XXX
5458          上海P浦东新区XXX
Name: 注册地址, Length: 5459, dtype: object
```

可以得到"所在省"列的值，参见代码Code9-4。

```
[in]  df['所在省'] = (s.str.split(r'P',n=1)).str[0]
      直辖市 = ['北京','上海','天津','重庆']
      df['所在省'] = df['所在省'].map(lambda x: f'{x}市' if x in 直辖市 else f'{x}省')
      df['所在省'] = df['所在省'].str.replace(r'(自治省)', '自治区')
```

Code9-4

然后获取"所在市"列的值。我们发现直辖市没有"所在市"列，这会给我们的分拆带来麻烦，参见代码Code9-5。

```
[in]  s2 = (s.str.split(r'P',n=1)).str[1]
      display(s2)
[out]
         0              深圳市罗湖区XXX
         1              深圳市盐田区XXX
         2              深圳市盐田区XXX
         3              深圳市福田区XXX
         4              深圳市罗湖区XXX
                        ...
         5454           锦州市太和区XXX
         5455           浦东新区XXX
         5456           三亚市天涯区XXX
         5457           黄石市经济技术开发区XXX
         5458           浦东新区XXX
      Name: 注册地址, Length: 5459, dtype: object
```

Code9-5

接着按照字符"市"拆分出"所在市"列，参见代码Code9-6。

```
[in]  dftemp = s2.str.split(r'[市]',n=1,expand=True)
      display(dftemp.Sample(5))
[out]
```

	0	1
332	太原	小店区XXX
1219	东莞	常平镇横江厦工业四路3号区XXX
4098	温州	乐清市北白象镇温州大桥工业园区XXX
2247	合肥	蜀山区XXX
3941	合肥	经济技术开发区XXX

Code9-6

从上述执行结果可以看出，把直辖市的上市公司的"所在区"分到了"所在市"，通过iterrows()函数进行处理，参见代码Code9-7。

```
[in]  for index,row in dftemp.iterrows():
        if row[1] is None:
          row[1] = row[0]
          row[0] =None
      display(dftemp)
[out]
```

	0	1
829	泸州	高坝区XXX
1755	泰安	岱岳区XXX
3491	None	浦东新区XXX
3892	None	浦东新区XXX
5147	益阳	赫山区XXX

Code9-7

最后拆分dftemp[1]得到"所在区"列的值，参见代码Code9-8。

Code9-8

```
[in]  df['所在市'] = dftemp[0]
      df['所在区'] = dftemp[1].str.split('区').str[0]+'区'
[out]
```

	股票代码	公司简称	注册地址	所在省	所在市	所在区
3374	600513	联环药业	江苏省扬州市邗江区XXX	江苏省	扬州	邗江区
907	002325	洪涛股份	广东省深圳市罗湖区XXX	广东省	深圳	罗湖区
2705	301078	孩子王	江苏省南京市江宁区XXX	江苏省	南京	江宁区
758	002175	东方智造	广西壮族自治区桂林市七星区XXX	广西壮族自治区	桂林	七星区
5398	873169	七丰精工	浙江省嘉兴市海盐县武原街道武原工业园盐东区XXX	浙江省	嘉兴	海盐县武原街道武原工业园盐东区

从字符、字符串、字符序列到文本文件，文本数据的处理比较烦琐。我们以Pandas str对象为例，讲述了Pandas的文本数据处理的基本方法。熟练掌握这些方法将有助于提升读者的办公自动化处理能力。文本数据处理，尤其是基于正则表达式的处理较为复杂，本节介绍的内容较为基础，较深的内容需要借助第三方模块，如中文分词、词性标注、自然语言处理等库来介绍，需要读者自行不断学习，拓宽知识面。

9.2　时间序列数据分析

时间序列是由按时间顺序索引的一系列数据点构成的序列。常见的时间序列是在连续的等间隔时间点上获得的序列。进行时间序列数据分析的主要目的是根据历史数据对未来进行预测。

大多数财务数据是以时间序列的形式给出的。根据观察时间的不同，时间序列中的时间可以是年份、季度、月份或其他任何形式的时间。

请扫描二维码，观看微课学习本节知识。

9.2 节导学

【Python财务数据分析】——财务数据的时间序列数据分析

1. 实践目的

通过对A股上市公司的IPO（Initial Public Offering，首次公开募股）基本数据文件"ipo.csv"的时间序列数据的处理，掌握基本的时间序列数据分析技能。

2. 财务问题

依据历年A股上市公司的IPO基本数据，考察历年募资的情况，即募集资金和IPO数量，考察资本市场IPO一般时间分布（按周的序列），以及首发上市和公司成立的时间差分布。

3. 实践指南

本实践均用Python编写代码，具体请参考资源文件practice9_2.ipynb。

（1）读入数据文件和数据预处理。

本节使用的数据集来自资源包"ipo.csv"数据文件。读入数据文件，获取IPO数据集，参见代码Code9-9。

```
Code9-9
[in] df_na = pd.read_csv('..\data\ch9\ipo.csv'), encoding='gb18030'
     display(df_na)
[out]
```

	股票代码	上市日期	证券简称	公司成立日期	首次招股日期	发行价	发行数量	募集资金	最新行业代码	最新行业
0	166	2015/1/26	申万宏源	1996/9/16	2015/1/25	4.86	8.140985e+09	NaN	J67	资本市场服务
1	333	2013/9/18	美的集团	2000/4/7	2013/9/17	44.56	6.863234e+08	NaN	C38	电气机械及器材制造业
2	1201	2021/4/28	东瑞股份	2002/3/27	2021/4/14	63.38	3.167000e+07	2.007245e+09	A03	畜牧业
3	1202	2021/4/29	炬申股份	2011/11/10	2021/4/19	15.09	3.224200e+07	4.865318e+08	G58	装卸搬运和运输代理业
4	1203	2021/5/10	大中矿业	1999/10/29	2021/4/20	8.98	2.189400e+08	1.966081e+09	B08	黑色金属矿采选业
...	...	...	...	...	...	...	...	...	...	...
3577	873223	2022/6/9	荣亿精密	2002/3/7	2022/5/23	3.21	4.358500e+07	1.216590e+08	C34	通用设备制造业
3578	873305	2022/12/21	九菱科技	2002/11/18	2022/12/9	11.72	1.120000e+07	1.312640e+08	C33	金属制品业
3579	873339	2022/11/17	恒太照明	2013/11/20	2022/11/7	6.28	2.220000e+07	1.394160e+08	C38	电气机械及器材制造业
3580	873527	2022/10/27	夜光明	2005/8/12	2022/10/10	10.99	1.349270e+08	1.482848e+08	C26	化学原料及化学制品制造业
3581	873593	2023/4/13	鼎智科技	2008/4/16	2023/3/29	30.60	1.330780e+07	3.541032e+08	C38	电气机械及器材制造业

该数据集是资本市场A股上市公司的IPO统计数据，反映了资本市场首次发行股票募资的情况。

通过考察，数据有缺失情况，需要进行数据清洗。清除缺失数据，以GBK编码形式存储新的数据集为"ipo_na.csv"，参见代码Code9-10。

```
Code9-10
[in] df_na.info()
     df_na.dropna(subset='募集资金', inplace=True)
     df_na.to_csv(r'..\data\ipo_na.csv', encoding='gbk', index=False)
```

对数据进行预处理。读入ipo_na.csv，将其赋值给df，更改"公司成立日期""首次招股日期"列为Datetime数据类型，并将"首次招股日期"列设置为索引，进行排序，参见代码Code9-11。

```
Code9-11
[in] df['首次招股日期'] = pd.to_datetime(df['首次招股日期'])
     df['公司成立日期'] = pd.to_datetime(df['公司成立日期'])
     df = df.set_index('首次招股日期').sort_index()
     display(df.head())
[out]
```

首次招股日期	股票代码	上市日期	证券简称	公司成立日期	发行价	发行数量	募集资金	最新行业代码	最新行业
2010-03-19	2379	2010/3/31	宏创控股	2000-08-11	33.0	19500000.0	6.435000e+08	C32	有色金属冶炼及压延加工业
2010-03-19	2380	2010/3/31	科远智慧	1993-05-27	39.0	17000000.0	6.630000e+08	I65	软件和信息技术服务业
2010-03-19	2378	2010/3/31	章源钨业	2000-02-28	13.0	43000000.0	5.590000e+08	C32	有色金属冶炼及压延加工业
2010-03-23	601101	2010/3/31	昊华能源	2002-12-31	29.8	110000000.0	3.278000e+09	B06	煤炭开采和洗选业
2010-03-24	2382	2010/4/2	蓝帆医疗	2007-09-25	35.0	20000000.0	7.000000e+08	C35	专用设备制造业

（2）数据分析与数据可视化。

考察历年募资的情况，即募资资金和IPO数量，并用柱形图和箱线图展示，参见代码Code9-12。

```
[in]  df['首次年'] = df.index.to_series().dt.year
      df_year = df.groupby('首次年').agg({'募集资金':'sum', '股票代码':'count'})
      df_year['募集资金'] = df_year['募集资金'] /1000000000.0   # 单位改成10亿
      df_year.columns=['募集资金', 'IPO数量']
      fig, ax = plt.subplots(1, 2, figsize=(12, 5))
      df_year.plot(kind='bar', ax=ax[0])
      ax[0].set_xlabel('资本市场IPO募资规模（10亿）')
      df_year.plot(kind='box', ax=ax[1])
      plt.show()
```

Code9-12

[out]

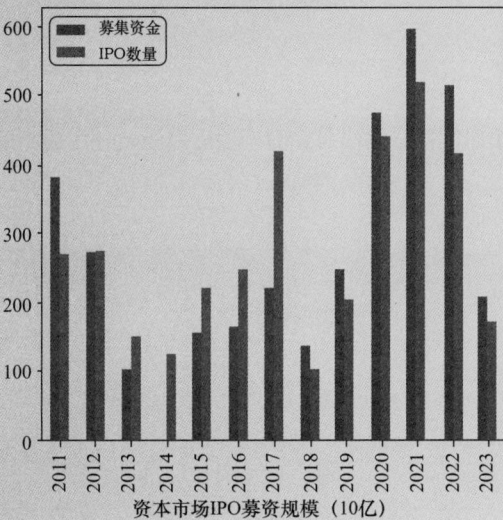

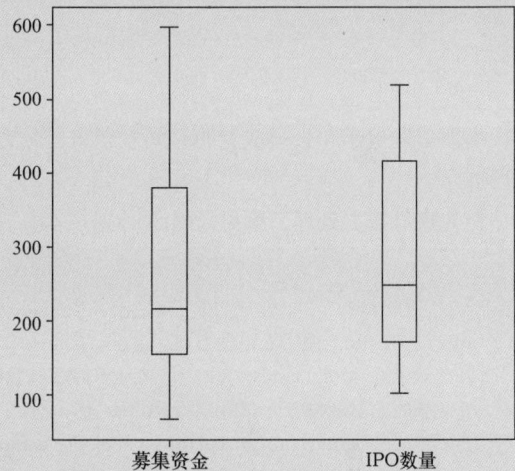

考察资本市场IPO一般集中在一周的哪天，并用柱形图和饼图展现出来，参见代码Code9-13。

Code9-13

```
[in]  # 得到周IPO Series
      df['weekday'] = df.index.to_series().dt.dayofweek
      df_weekday = df.groupby('weekday')['发行数量'].count()
      df_weekday.index = ['星期一', '星期二', '星期三', '星期四', '星期五']
      fig, ax = plt.subplots(1, 2, figsize=(12, 5))
      df_weekday.plot(kind='barh', align='center', color='g',
           alpha=0.5, edgecolor="black", ax=ax[0])
      ax[0].set_title('IPO数量')
      df_weekday.plot(kind='pie', colormap = plt.get_cmap('Greens'),
           autopct='%3.1f%%',
           ax=ax[1])
      ax[1].set_title('IPO比例')
      ax[1].set_ylabel('')
      plt.show()
```

[out]

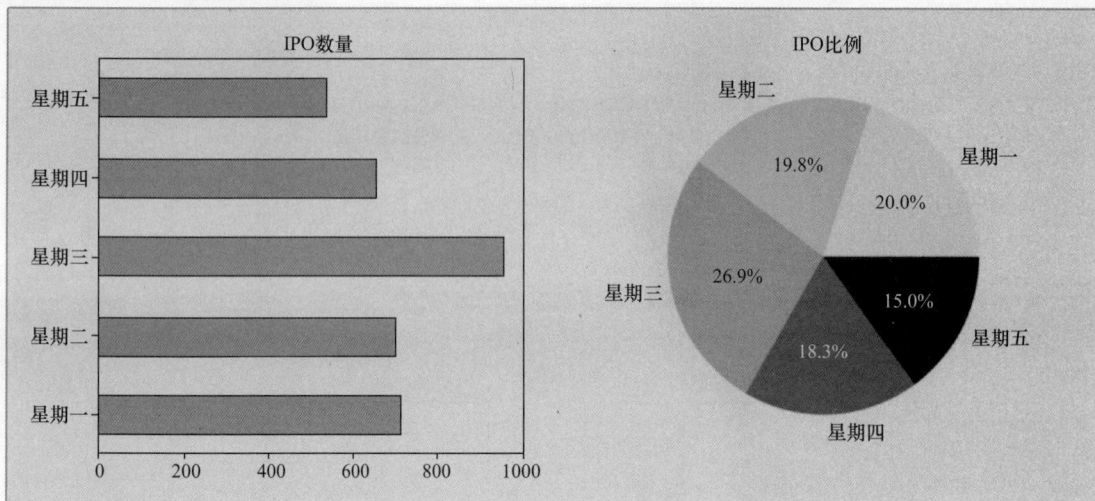

考察首发上市和公司成立的时间差分布，分为10个时间段，给出每个时间段的数量，并用适当的图形展示。

首先进行数据处理，参见代码Code9-14。

Code9-14

```
[in] # 对IPO数据集的"首次招股日期"列数据与"公司成立日期"列数据做差值运算，并对结果排序
     diff = (df.index-df['公司成立日期']).sort_values().reset_index(drop=True)
     diff_years = diff.dt.days/365   # 将差值序列的天数换算成年数
     # 对新的差值序列进行分箱操作，设置bins=10
     data = pd.DataFrame(pd.cut(diff_years, precision=0, bins=10), columns=['区间'])
     data_delt = data.groupby('区间')['区间'].count()    # 对每个bin（区间，即时间段）计数
```

然后绘图，参见代码Code9-15。

Code9-15

```
[in] fig, ax = plt.subplots(1, 2, figsize=(12, 5))
     data_delt.plot(kind='barh', ax=ax[0])
     diff_years.plot(kind='box', ax=ax[1])
[out]
```

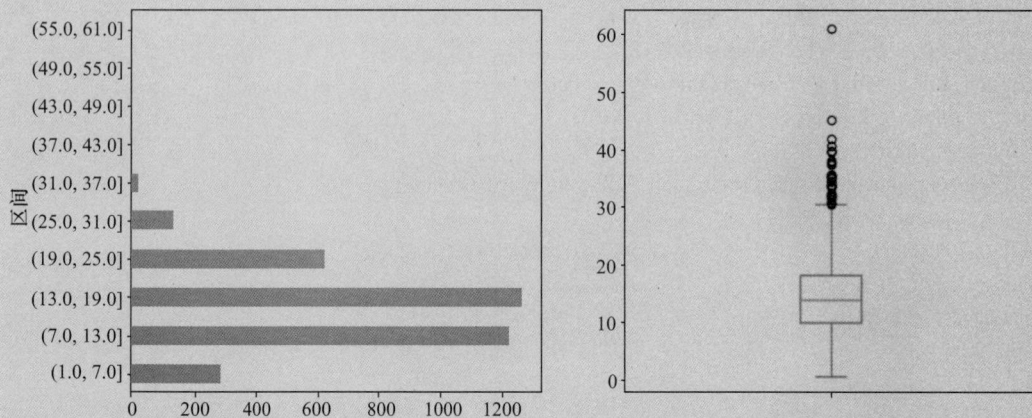

本节主要介绍了时间序列数据处理。时间序列是财务数据分析的重要内容，因此，Pandas对其提供了较为丰富的对象属性和方法。本节内容较为综合，需要读者不断实践、练习，才能逐渐掌握。

9.3　基于机器学习的财务应用

9.3 节导学

数据分析是会计与财务的基本工作之一，其目的是从财务数据中获取有用信息。具体的财经数据分析是利用计算机建立数据分析模型。

请扫描二维码，观看微课学习本节知识。

【Python财务数据分析】——基于上市公司年报财务指标的机器学习财务应用

1. 实践目的

我们通过数据处理，整理了上市公司中3个行业的杜邦分析数据作为数据集，进行本节的机器学习财务应用实践。

2. 财务问题

根据上市公司基本行业分类"行业代码B"，分类编码K70、C39、C27分别表示"房地产业"、"计算机、通信和其他电子设备制造业"和"医药制造业"。要求得到3个行业的上市公司的净资产收益率、权益乘数等杜邦分析数据。要求如下。

（1）使用线性回归，通过权益乘数、销售净利率等6种数据，预测净资产收益率。参阅资源包practice9_3regression代码等文件。

（2）依据杜邦分析的财务指标，利用机器学习的K最近邻模型进行行业分类。尝试把3个行业的财务数据分别分为2类和3类，即考查财务数据是否具有行业特征，比较这两种分类的不同。参阅资源包practice9_3regression, practice9_3classification2和practice9_3classification3代码文件。

3. 实践指南

（1）读入数据文件和数据预处理——杜邦分析数据集。

导入"data\ch9\杜邦分析_new.csv"数据文件，并考察其数据分布，参见代码Code9-16。

Code9-16

```
[in] df = pd.read_csv(r'..\data\ch9\杜邦分析_new.csv',
        dtype={'股票代码':str}, encoding='gb18030')
    display(df.sample(5))
[out]
```

	股票代码	统计日期	净资产收益率	权益乘数	销售净利率	总资产周转率	净利润/利润总额	利润总额/息税前利润	息税前利润/营业总收入	行业名称B	行业代码B
423	000514	2007-12-31	0.1326	1.7034	0.2885	0.2699	0.8486	0.8762	0.3879	房地产业	K70
6976	603936	2022-12-31	0.0215	1.8458	0.0270	0.4324	0.8736	0.7935	0.0400	计算机、通信和其他电子设备制造业	C39
2254	002349	2022-12-31	0.0915	1.3457	0.1349	0.5042	0.8485	1.0640	0.1495	医药制造业	C27
2084	002262	2021-12-31	0.1764	1.1550	0.2027	0.7536	0.8714	1.0115	0.2300	医药制造业	C27
5491	600488	2019-12-31	0.0505	1.7509	0.0498	0.5784	0.7240	0.8860	0.0980	医药制造业	C27

```
[in] grid = sns.FacetGrid(df, col='行业代码B', sharey=True, aspect=1)
    grid.map(sns.scatterplot, '净资产收益率', '权益乘数')
```

199

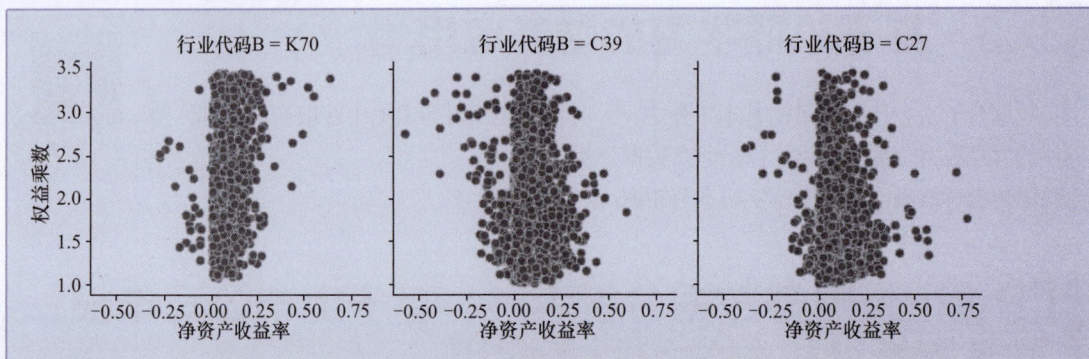

代码Code9-16的输出为3个行业的上市公司的净资产收益率与权益乘数的分布情况。

代码Code9-17的输出为3个行业的上市公司的净资产收益率与总资产周转率、息税前利润/营业总收入的散点图。

```
[in]  joint = sns.jointplot(x=df['净资产收益率'], y=df['总资产周转率'], hue=df['行业代码B'], data=df)
      joint.set_axis_labels(xlabel='净资产收益率', ylabel='总资产周转率')
      joint = sns.jointplot(x=df['净资产收益率'], y=df['息税前利润/营业总收入'], hue=df['行业代码B'], data=df)
      joint.set_axis_labels(xlabel='净资产收益率', ylabel='息税前利润/营业总收入')
[out]
```

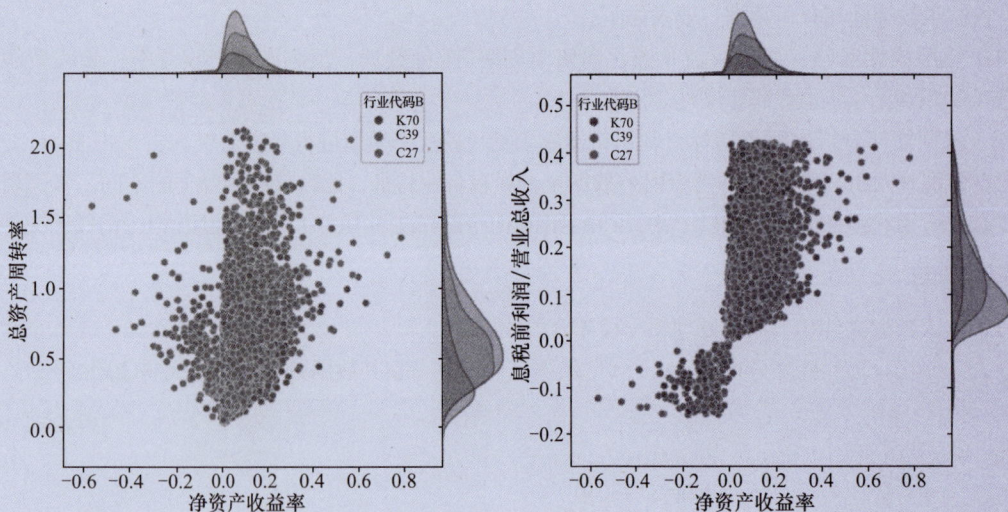

（2）回归预测。

使用线性回归，通过权益乘数、销售净利率等6种数据，预测净资产收益率。

① 数据准备，参见代码Code9-18。

```
[in]  from sklearn.model_selection import train_test_split
      X = df.iloc[:, [3, 4, 5, 6, 7, 8]]
      Y = df.iloc[:, 2]
      X_train, X_test, y_train, y_test = train_test_split(
          X, Y, random_state=0)
```

② 模型选择，参见代码Code9-19。

Code9-19

```
[in] from sklearn import linear_model  as H
     h = H. LinearRegression ()
```

③ 学习训练，参见代码Code9-20。

Code9-20

```
[in] g = h. fit (X_train, y_train)
     print ("W值为:", g. coef_)
     print ("b为:", g. intercept_)
[out] W值为: [0.02337581 0.5071558  0.13703506 0.00946801 0.00621047 0.22155912]
     b为: -0.13151489200877942
```

④ 模型验证。

得到在验证集上的预测值y_pre，参见代码Code9-21。

Code9-21

```
[in] y_pre = g. predict (X_test)
```

基于权益乘数、净资产收益率的真实值与预测值的差别绘图，参见代码Code9-22。

Code9-22

```
[in] plt. scatter (y_test, X_test. iloc [:, 3], alpha=0. 3, marker='v')
     plt. scatter (y_pre, X_test. iloc [:, 3], color="r", alpha=0. 3, marker='o')
     plt. xlabel ('权益乘数')
     plt. ylabel ('净资产收益率')
     plt. legend (["数据", "预测"], loc=0)
```

基于销售净利率、净资产收益率的真实值与预测值的差别绘图，参见代码Code9-23。

Code9-23

```
[in] plt. scatter (y_test, X_test. iloc [:, 5], alpha=0. 3, marker='v')
     plt. scatter (y_pre, X_test. iloc [:, 5], color="r", alpha=0. 3, marker='o')
     plt. xlabel ('净资产收益率')
     plt. ylabel ('销售净利率')
     plt. legend (["数据", "预测"], loc=0)
     plt. show ()
[out]
```

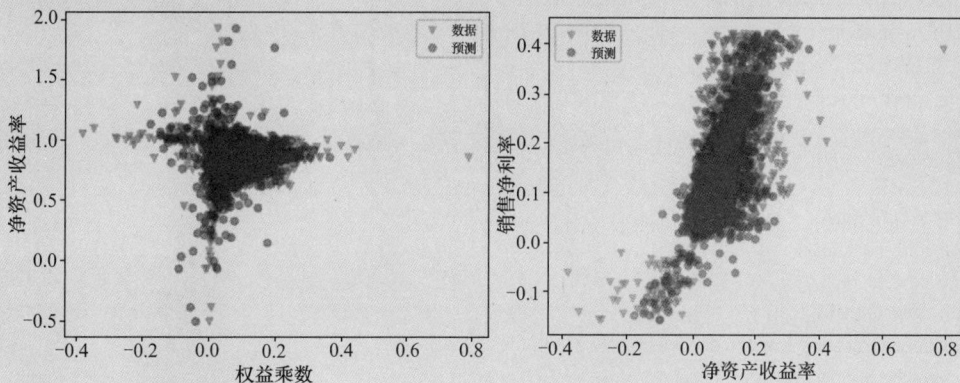

⑤ 模型评价，参见代码Code9-24。

```
                                                                              Code9-24
[in]  from sklearn.metrics import mean_squared_error
      from sklearn.metrics import r2_score
      print("均方误差:", mean_squared_error(y_test, y_pre))
      print("决定系数R^2:", r2_score(y_test, y_pre))
[out] 均方误差: 0.0017927124587969905
      决定系数R^2: 0.6948589137432251
```

Code9-24代码的结果展示出此模型的预测结果不是很理想。这说明机器学习不是万能的，需要对数据或者模型进行深入研究。

（3）分类问题。

根据样本数据的行业特征，在这里演示分为2类的情况，具体示例请参考资源包的chapter9_practice_classification2程序代码。3分类代码参考chapter9_practice_classification3程序代码。资源包中的3分类代码的分类准确率不高，读者可以深入分析其中的原因。

依据杜邦分析的财务指标，利用机器学习的K最近邻模型进行行业分类。

① 数据准备。

选择2019年的3个行业的杜邦分析数据，参见代码Code9-25。

```
                                                                              Code9-25
[in]  df = pd.read_csv(r'..\data\ch9\杜邦分析_new.csv', dtype={'股票代码':str}, encoding='gb18030')
      df['统计日期'] = pd.to_datetime(df['统计日期'])
      df = df[df['统计日期'].dt.year==2019]
```

将数据分成2类，即K70和['C27', 'C39']，参见代码Code9-26。

```
                                                                              Code9-26
[in]  from sklearn.model_selection import train_test_split
      X = df.iloc[:, [2, 3, 4, 5, 6, 7, 8]]
      Y = df.iloc[:, 10]
      Y = Y.map(lambda x: x if x not in ['C27', 'C39'] else 'K70')
      X_train, X_test, y_train, y_test = train_test_split(X, Y, random_state=0)
```

② 模型选择和学习，参见代码Code9-27。

```
                                                                              Code9-27
[in]  from sklearn.neighbors import KNeighborsClassifier as H
      h = H(n_neighbors=5)
      g = h.fit(X_train, y_train)
      print(g.score(X_test, y_test))
      y_pre = g.predict(X_test)
[out] 0.9385964912280702
```

③ 模型验证和评价，参见代码Code9-28。

```
                                                                              Code9-28
[in]  y_pre = g.predict(X_test)
      from sklearn.metrics import accuracy_score
      from sklearn.metrics import classification_report
      print("预测精度:", accuracy_score(y_test, y_pre))
print(classification_report(y_test, y_pre))
```

```
[out]
    预测精度：0.9385964912280702
                 precision    recall  f1-score   support

            C       0.95      0.99      0.97       105
          K70       0.75      0.33      0.46         9

     accuracy                           0.94       114
    macro avg       0.85      0.66      0.71       114
 weighted avg       0.93      0.94      0.93       114
```

④ 模型参数选择。

选择不同的K值，参见代码Code9-29。

Code9-29

```
[in] X_train, X_test, y_train, y_test = train_test_split(X, Y)
     for k in range(10, 20, 2):
         h = H(n_neighbors = k)
         g = h.fit(X_train, y_train)
         y_pre = g.predict(X_test)
         acc = accuracy_score(y_test, y_pre)
         print( f'当K值是{k}时，预测准确率是 {acc}' )
[out]
    当K值是10时，预测准确率是 0.9473684210526315
    当K值是12时，预测准确率是 0.9473684210526315
    当K值是14时，预测准确率是 0.9473684210526315
    当K值是16时，预测准确率是 0.9385964912280702
    当K值是18时，预测准确率是 0.9385964912280702
```

通过超参数设置，可以看到，该算法的预测准确率都很高。

机器学习是比较大的专题，本节介绍的内容是其最基本的应用之一。通过学习，我们知道入门机器学习很简单，尤其是模型化之后，其更容易应用。但是要深入了解机器学习，需要学习的内容还有很多。熟练掌握本书介绍的基础应用知识，读者应该能够具备数据分析基础，并将具有广阔的进步空间。

参考文献 »

[1] 甄阜铭. 大数据与智能会计 [M]. 大连:东北财经大学出版社, 2023.

[2] 丁世飞. 人工智能 [M]. 3版. 北京:清华大学出版社, 2022.

[3] 李航. 统计学习方法 [M]. 2版. 北京:清华大学出版社, 2019.

[4] 吴卿, 骆诚, 韩建平. Python编程:从入门到精通 [M]. 北京:人民邮电出版社, 2020.

[5] 吕晓玲, 黄丹阳. 数据科学统计基础 [M]. 北京:中国人民大学出版社, 2021.

[6] 锡南·厄兹代米尔, 迪夫娅·苏萨拉. 特征工程入门与实践 [M]. 庄嘉盛, 译. 北京:人民邮电出版社, 2019.

[7] 耿远昊. pandas数据处理与分析 [M]. 北京:人民邮电出版社, 2022.